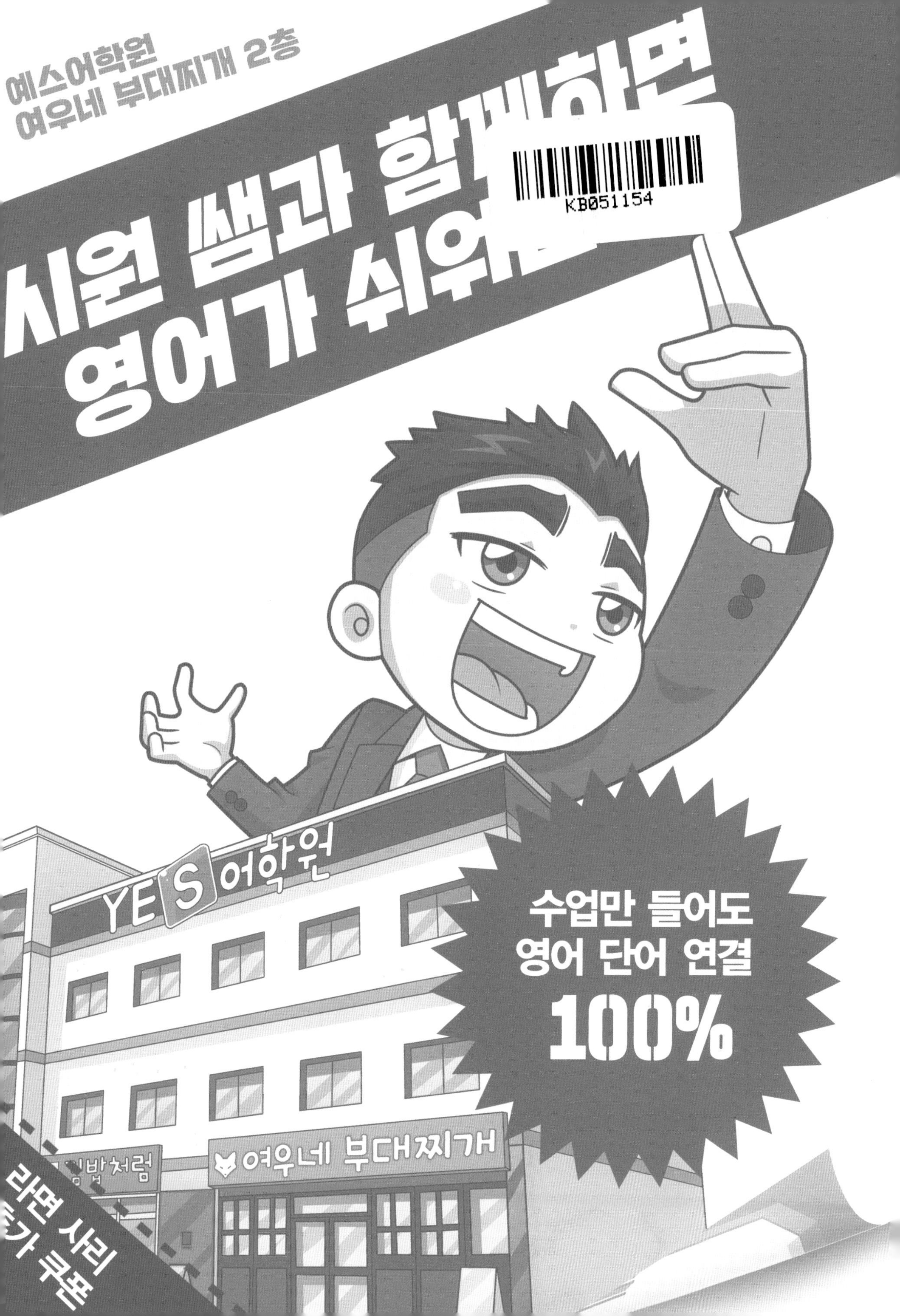
예스어학원
여우네 부대찌개 2층
시원 쌤과 함께하면
영어가 쉬워
YES 어학원
수업만 들어도
영어 단어 연결
100%
여우네 부대찌개
라면 사리

예스잉글리시
신입 단원 모집

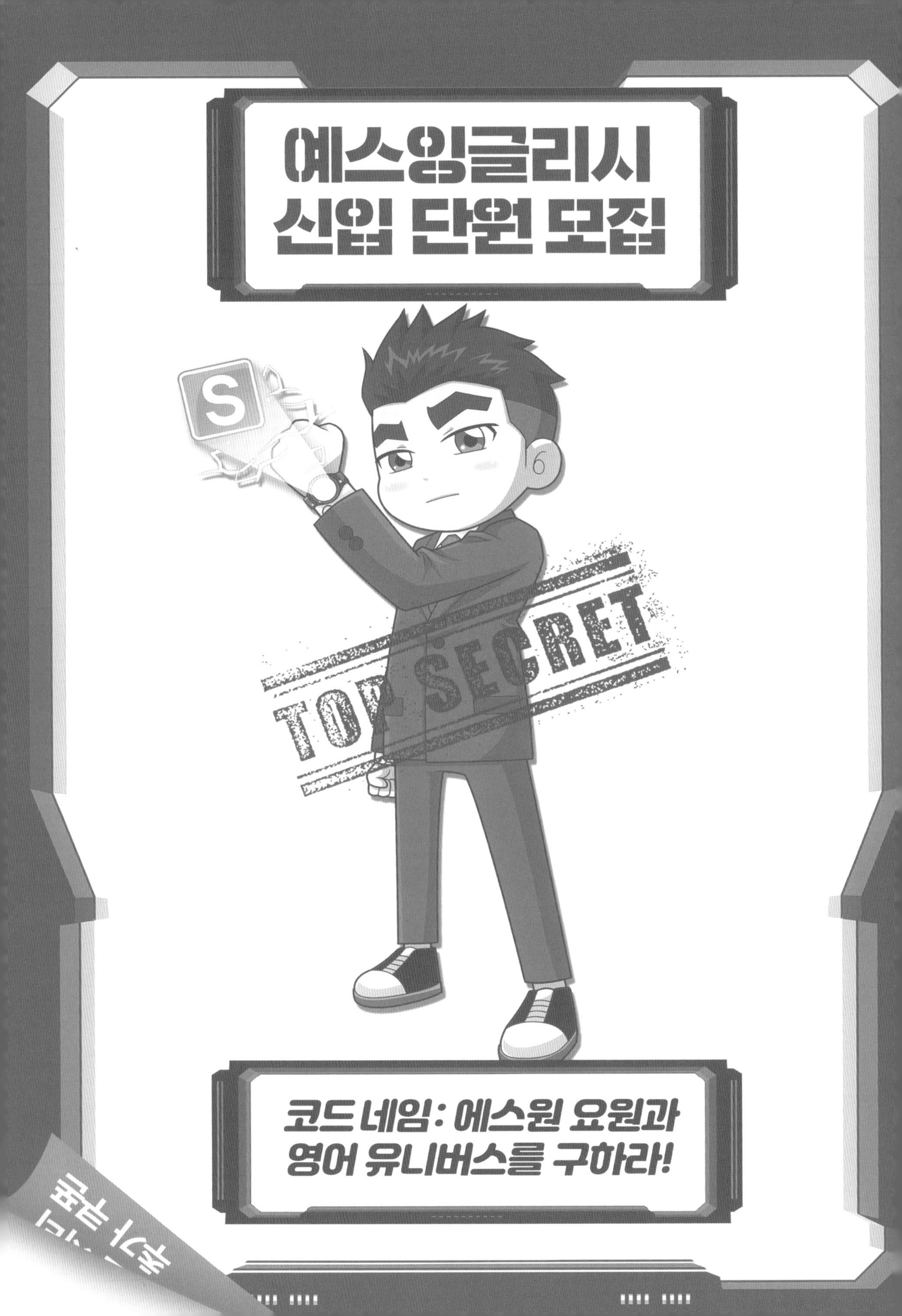
S
TOP SECRET

코드 네임 : 에스원 요원과 영어 유니버스를 구하라!

English Adventure
이시원의 영어 대모험

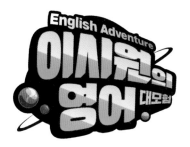

일러두기

이 책의 만화에 나오는 영어 문장 중 일부는 이야기의 자연스러운 이해를 위해 의역했습니다.
그 외의 영어 문장은 학습적인 이해를 돕기 위해 직역했습니다.

이시원의 영어 대모험 ⑮
의문사

기획 시원스쿨 | **글** 박시연 | **그림** 이태영

1판 1쇄 인쇄 | 2022년 5월 10일
1판 1쇄 발행 | 2022년 5월 23일

펴낸이 | 김영곤
이사 | 은지영
키즈스토리본부장 | 김지은
키즈스토리2팀장 | 윤지윤 **기획개발** | 고아라
아동마케팅영업본부장 | 변유경
아동마케팅1팀 | 김영남 황혜선 최예슬 이규림
아동마케팅2팀 | 원정아 이해림 고아라
아동영업1팀 | 이도경 오다은 김소연 **아동영업2팀** | 한충희 오은희
윤문 | 이선지

펴낸곳 | (주)북이십일 아울북
등록번호 | 제406-2003-061호
등록일자 | 2000년 5월 6일
주소 | 경기도 파주시 회동길 201(문발동) (우 10881)
전화 | 031-955-2155(기획개발), 031-955-2100(마케팅·영업·독자문의)
브랜드 사업 문의 | license21@book21.co.kr
팩시밀리 | 031-955-2177
홈페이지 | www.book21.com

ISBN 978-89-509-8506-6
ISBN 978-89-509-8491-5(세트)

• 잘못 만들어진 책은 **구입하신 서점**에서 교환해 드립니다.
• 가격은 책 뒤표지에 있습니다.
⚠ 주의 1. 책 모서리가 날카로워 다칠 수 있으니 사람을 향해 던지거나 떨어뜨리지 마십시오.
       2. 보관 시 직사광선이나 습기 찬 곳을 피해 주십시오.

KC
• **제조자명** : (주)북이십일
• **주소 및 전화번호** : 경기도 파주시 회동길 201(문발동) / 031-955-2100
• **제조연월** : 2022.5.23
• **제조국명** : 대한민국
• **사용연령** : 3세 이상 어린이 제품

만화로 시작하는 이시원표 초등영어

English Adventure 이시원의 영어 대모험 15

기획 **시원스쿨**

글 **박시연**

그림 **이태영**

의문사

아울북 × S 시원스쿨닷컴

작가의 말

안녕하세요? 시원스쿨 대표 강사 이시원 선생님이에요. 여러분은 영어를 좋아하나요? 아니면 영어가 어렵고 두려운가요? 혹시 영어만 생각하면 속이 울렁거리고 머리가 아프진 않나요? 만약 그렇다면 지금부터 선생님이 영어와 친해지는 방법을 가르쳐 줄게요.

하나, 지금까지 배운 방식과 지식을 모두 지워요!

보기만 해도 스트레스를 받고, 나를 힘들게 만드는 영어는 이제 잊어버려요. 선생님과 함께 새로운 마음으로 영어를 다시 시작해 봐요.

둘, 하나를 배우더라도 정확하게 습득해 나가요!

눈으로만 배우고 지나가는 영어는 급할 때 절대로 입에서 나오지 않아요. 하나를 배우더라도 완벽하게 습득해야 어디서든 자신 있게 영어로 말할 수 있어요.

셋, 생활 속에서 자주 쓰이는 표현을 배워요!

우리 생활에서 쓸 일이 별로 없는 단어를 오래 기억할 수 있을까요? 자주 사용하는 단어 위주로 영어를 배워야 쓰기도 쉽고 잊어버리지도 않겠죠? 자연스럽게 영어가 튀어나올 수 있도록 여러 번 말하고, 써 보면서 잊지 않게 하는 것이 중요해요.

이 세 가지만 지키면 어느새 영어가 정말 쉽고, 재밌게 느껴질 거예요. 그리고 이 세 가지를 충족시키는 힘이 바로 이 책에 숨어 있어요. 여러분이 〈이시원의 영어 대모험〉을 읽는 것만으로도 최소한 영어 한 문장을 습득할 수 있어요.

단어와 단어를 연결하는 방법도 자연스럽게 익히게 될 거예요. 게다가 영어에 관련된 흥미로운 이야기들을 알게 되면 영어가 좀 더 친숙하고 재미있게 다가올 거라 믿어요!

자, 그럼 만화 속 '시원 쌤'과 신나는 영어 훈련을 하면서 모두 함께 영어의 세계로 떠나 볼까요?

시원스쿨 기초영어 대표 강사 **이시원**

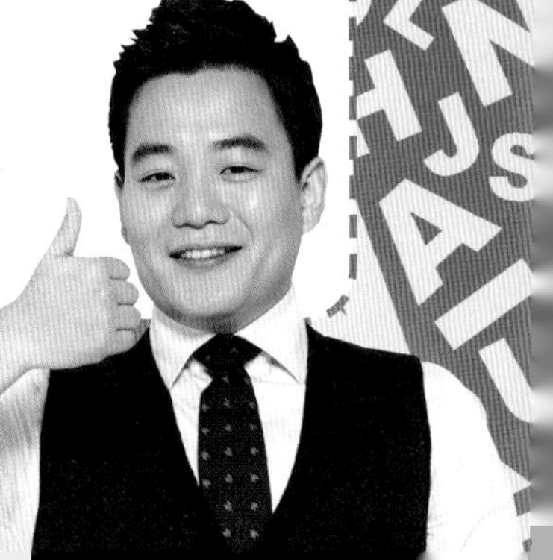

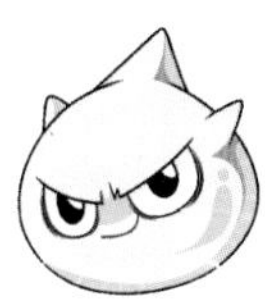

영어와 친해지는 영어학습만화

영어는 이 자리에 오기까지 수많은 경쟁과 위험을 물리쳤답니다. 영어에는 다른 언어와 부딪치고 합쳐지며 발전해 나간 강력한 힘이 숨겨져 있어요. 섬나라인 영국 땅에서 시작된 이 언어가 어느 나라에서든 통하는 세계 공용어가 되기까지는 마치 멋진 히어로의 성장 과정처럼 드라마틱하고 매력적인 모험담이 있었답니다. 이 모험담을 듣게 되는 것만으로도 우리 어린이들은 영어를 좀 더 좋아하게 될지도 몰라요.

영어는 이렇듯 강력하고 매력적인 언어지만 친해지기는 쉽지 않아요. 우리 어린이들에게 영어는 어렵고 힘든 시험 문제를 연상시키지요. 영어를 잘하면 장점이 많다는 것은 알지만 영어를 공부하는 과정은 어렵고 힘들어요. 이 책에서 시원 쌤은 우리 어린이 주인공들과 영어 유니버스라는 새로운 세계로 신나는 모험을 떠난답니다.

여러분도 엄청난 비밀을 지닌 시원 쌤과 미지의 영어 유니버스로 모험을 떠나 보지 않을래요? 영어 유니버스의 어디에선가 영어를 좋아하게 된 자신의 모습을 발견하게 될지도 몰라요.

글 작가 **박시연**

영어의 세계에 빠져드는 만화

영어 공부를 시작하는 어린이들은 모두 자기만의 목표를 가지고 있을 거예요. 영어를 잘해서 선생님께 칭찬받는 모습부터 외국 친구들과 자유롭게 영어로 소통하는 모습, 세계적인 유명인이 되어서 영어로 멋지게 인터뷰하는 꿈까지도요.

이 책에서는 어린이들이 공감할 수 있도록 영어를 배우며 느끼는 기분, 상상한 모습들을 귀엽고 발랄한 만화로 표현했어요. 이 책을 손에 든 어린이들은 만화 속 인물들에게 무한히 공감하며 이야기에 빠져들 수 있을 거예요. 마치 내가 시원 쌤과 함께 멋진 모험을 떠나는 것 같은 기분을 느낄 수 있도록요.

보는 재미와 읽는 재미를 함께 느낄 수 있는 만화를 통해 영어의 재미도 발견하기를 바라요!

그림 작가 **이태영**

차례

Good job!

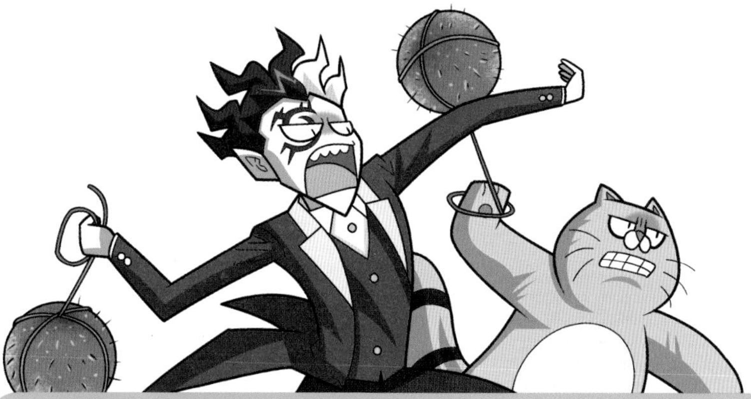

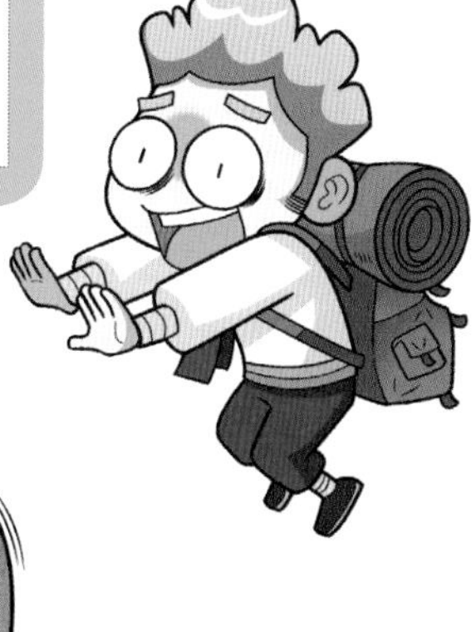

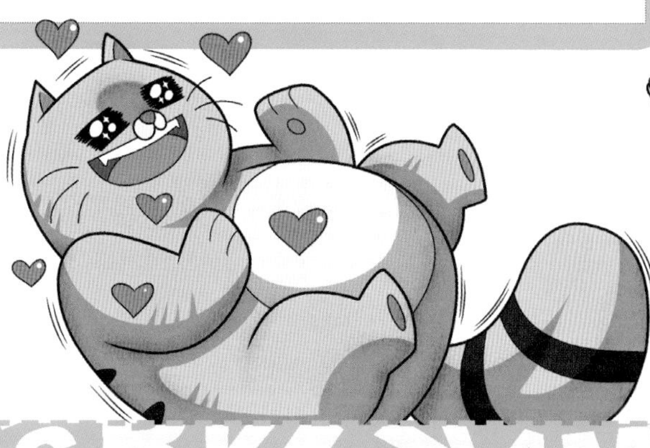

등장인물

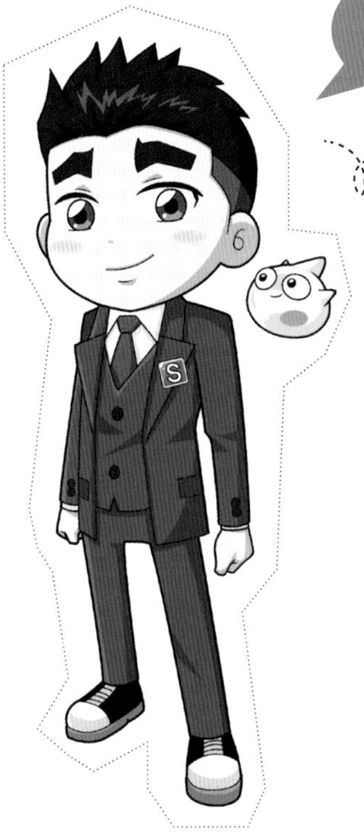
영어를 싫어하는 자, 모두 나에게로 오라! 굿 잡!

시원 쌤

비밀 요원명 에스원(S1)
직업 영어 선생님
좋아하는 것 영어, 늦잠, 힙합
싫어하는 것 노잉글리시단
취미 수수께끼 풀기
특기 굿 잡 외치기
성격 귀차니스트 같지만 완벽주의자
좌우명 영어는 내 인생!

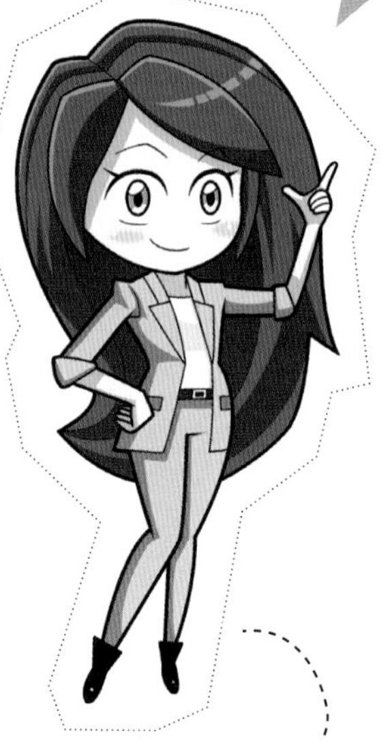
헬로, 에브리원~! 내가 누구인지 궁금하지?

줄리 쌤

비밀 요원명 제이원(J1)
직업 영어 선생님

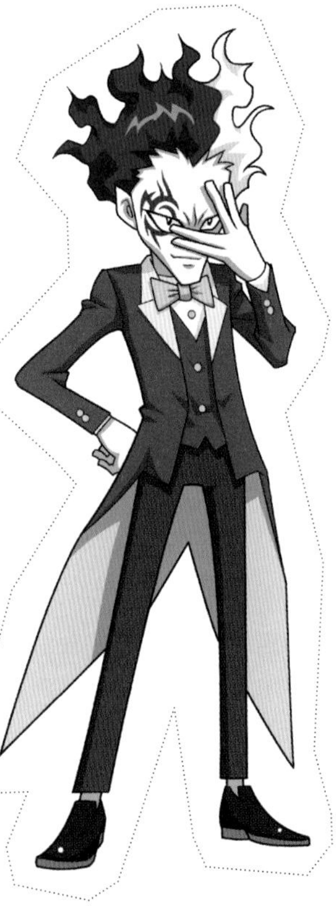
영어가 싫다고?! 내가 더더더 싫어지게 만들어 주마!

트릭커

직업 한두 개가 아님
좋아하는 것 영어 싫어하는 아이들
싫어하는 것 영어, 예스잉글리시단
취미 속임수 쓰기
특기 이간질하기, 변장하기
성격 우기기 대마왕
좌우명 영어 없는 세상을 위하여!

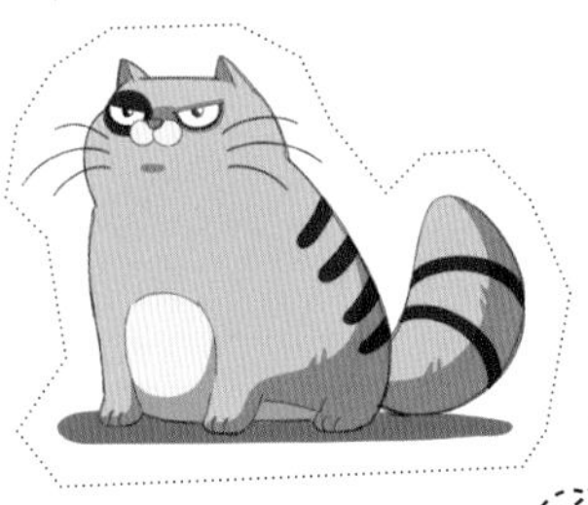
냥냥라이드에 태워 줄 테니 쭈루 하나만 줄래냥~!

빅캣

좋아하는 것 쭈루, 개박하
싫어하는 것 예스잉글리시단

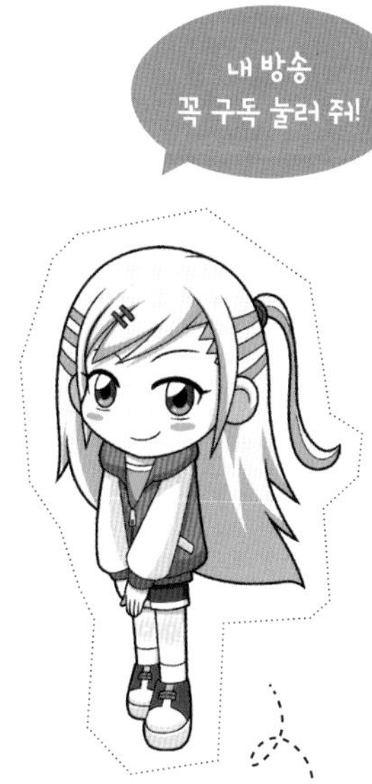
내 방송
꼭 구독 눌러 줘!

루시

좋아하는 것 너튜브 방송
싫어하는 것 나우, 우쭐대기
좌우명 일단 찍고 보자!

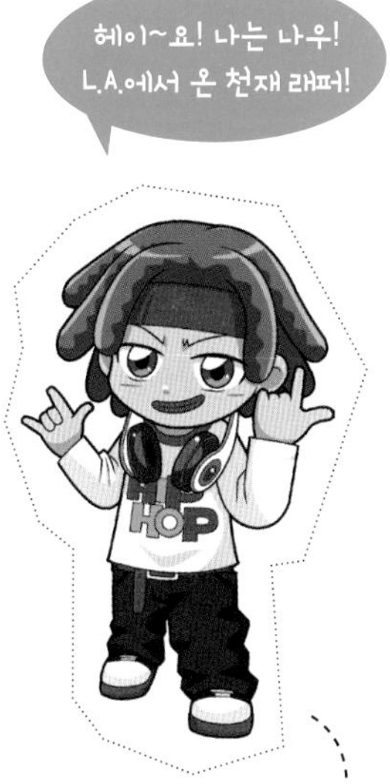
헤이~요! 나는 나우!
L.A.에서 온 천재 래퍼!
HIP HOP

나우

좋아하는 것 랩, 힙합,
추리하기
싫어하는 것 영어로 말하기,
혼자 놀기
좌우명 인생은 오로지 힙합!

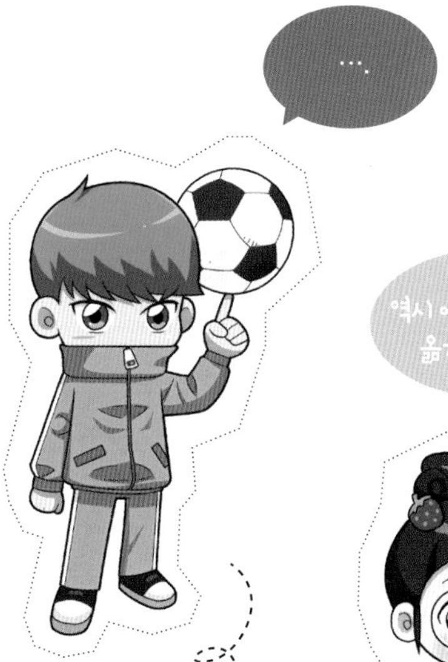
….

후

좋아하는 것 축구
싫어하는 것 말하기
좌우명 침묵은 금이다!

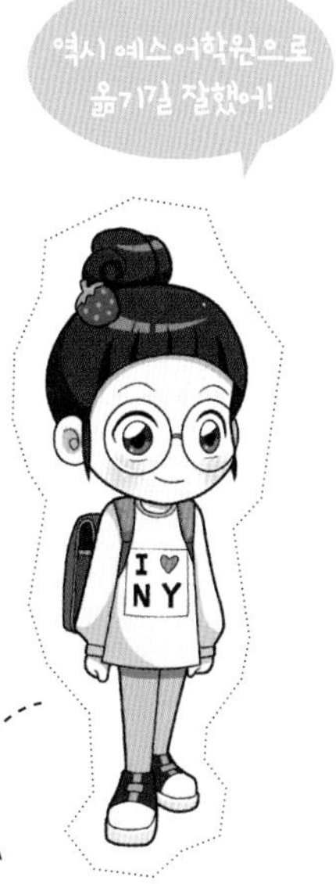
역시 예스어학원으로
옮기길 잘했어!
I ♥ NY

리아

좋아하는 것 동물
싫어하는 것 빅캣 타임
좌우명 최선을 다하자!

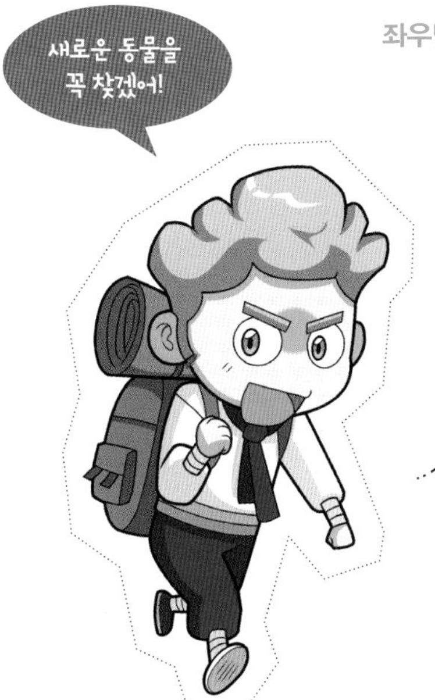
새로운 동물을
꼭 찾겠어!

다윈

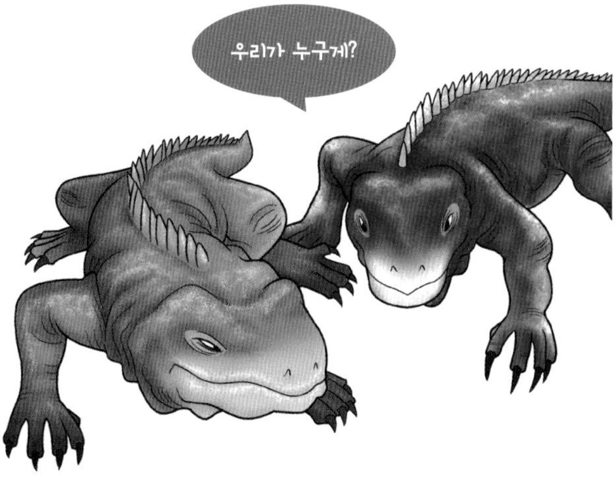
우리가 누구게?

Chapter 1

갈라파고스 제도의 저주

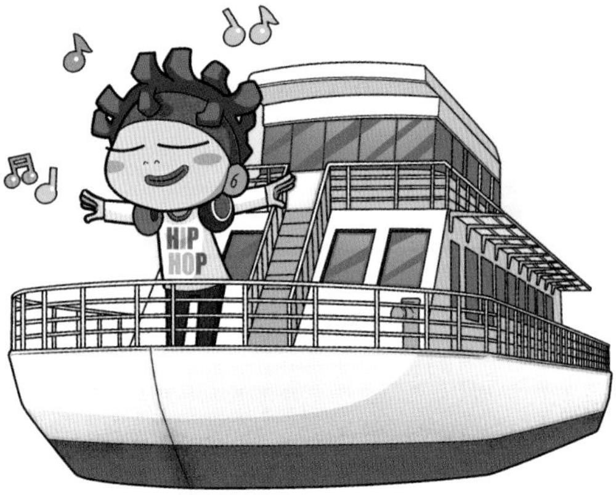

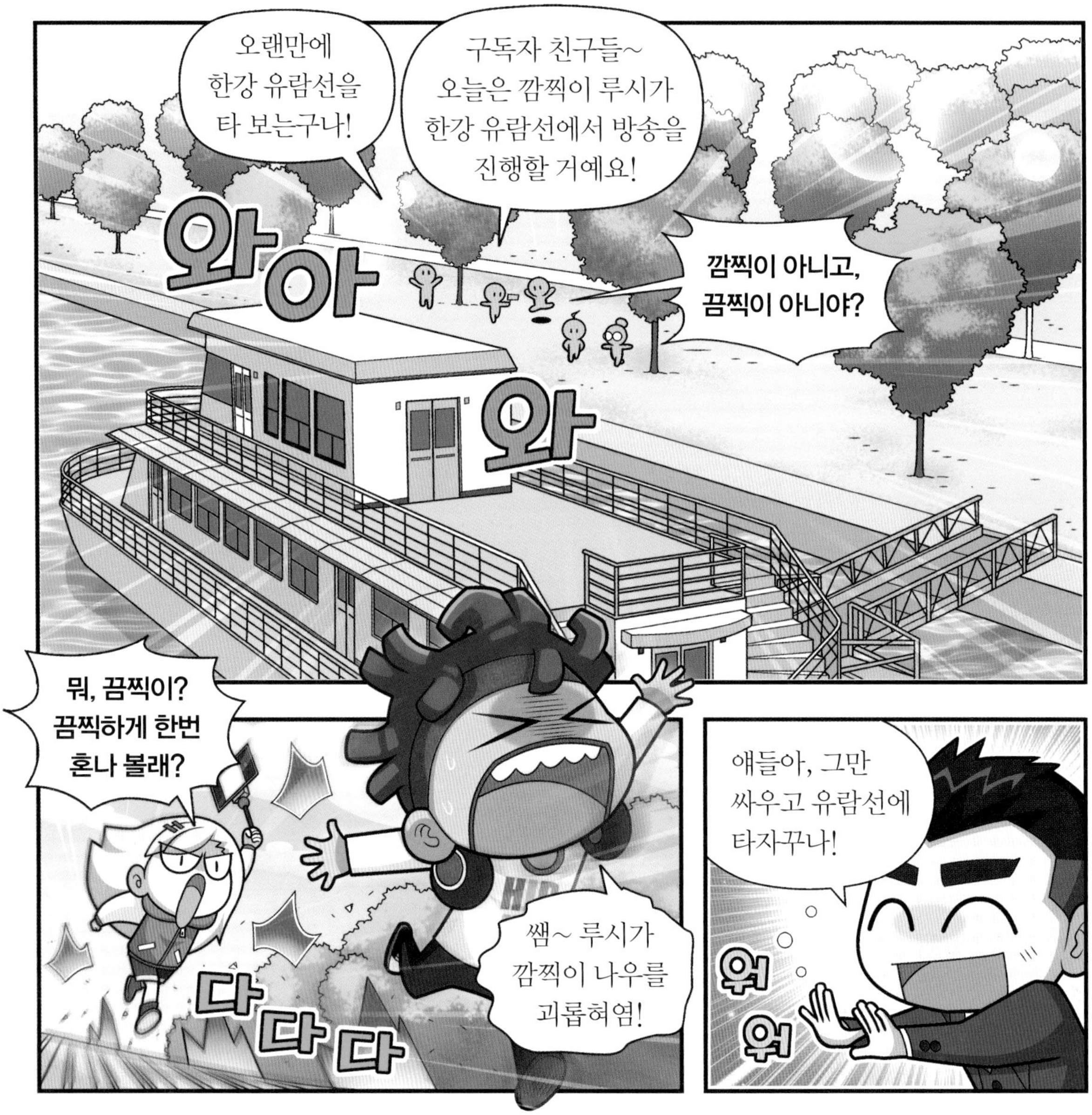

오랜만에 한강 유람선을 타 보는구나!
구독자 친구들~ 오늘은 깜찍이 루시가 한강 유람선에서 방송을 진행할 거예요!
와아
깜찍이 아니고, 끔찍이 아니야?
와
뭐, 끔찍이? 끔찍하게 한번 혼나 볼래?
쌤~ 루시가 깜찍이 나우를 괴롭혀염!
다다다
얘들아, 그만 싸우고 유람선에 타자꾸나!
워워

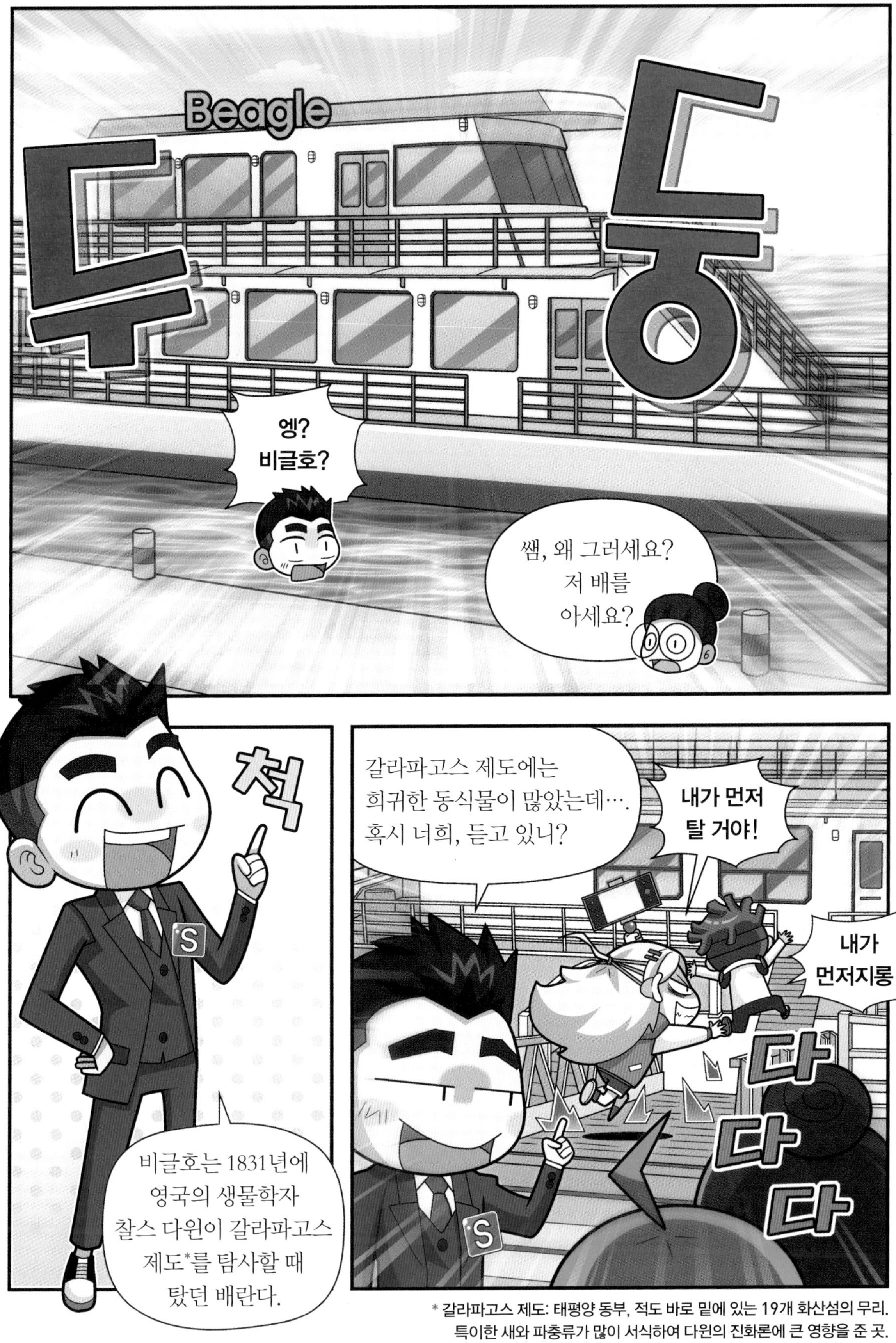
Beagle
두둥
엥? 비글호?
쌤, 왜 그러세요? 저 배를 아세요?
척
비글호는 1831년에 영국의 생물학자 찰스 다윈이 갈라파고스 제도*를 탐사할 때 탔던 배란다.
갈라파고스 제도에는 희귀한 동식물이 많았는데…. 혹시 너희, 듣고 있니?
내가 먼저 탈 거야!
내가 먼저지롱!
다다다

* 갈라파고스 제도: 태평양 동부, 적도 바로 밑에 있는 19개 화산섬의 무리. 특이한 새와 파충류가 많이 서식하여 다윈의 진화론에 큰 영향을 준 곳.

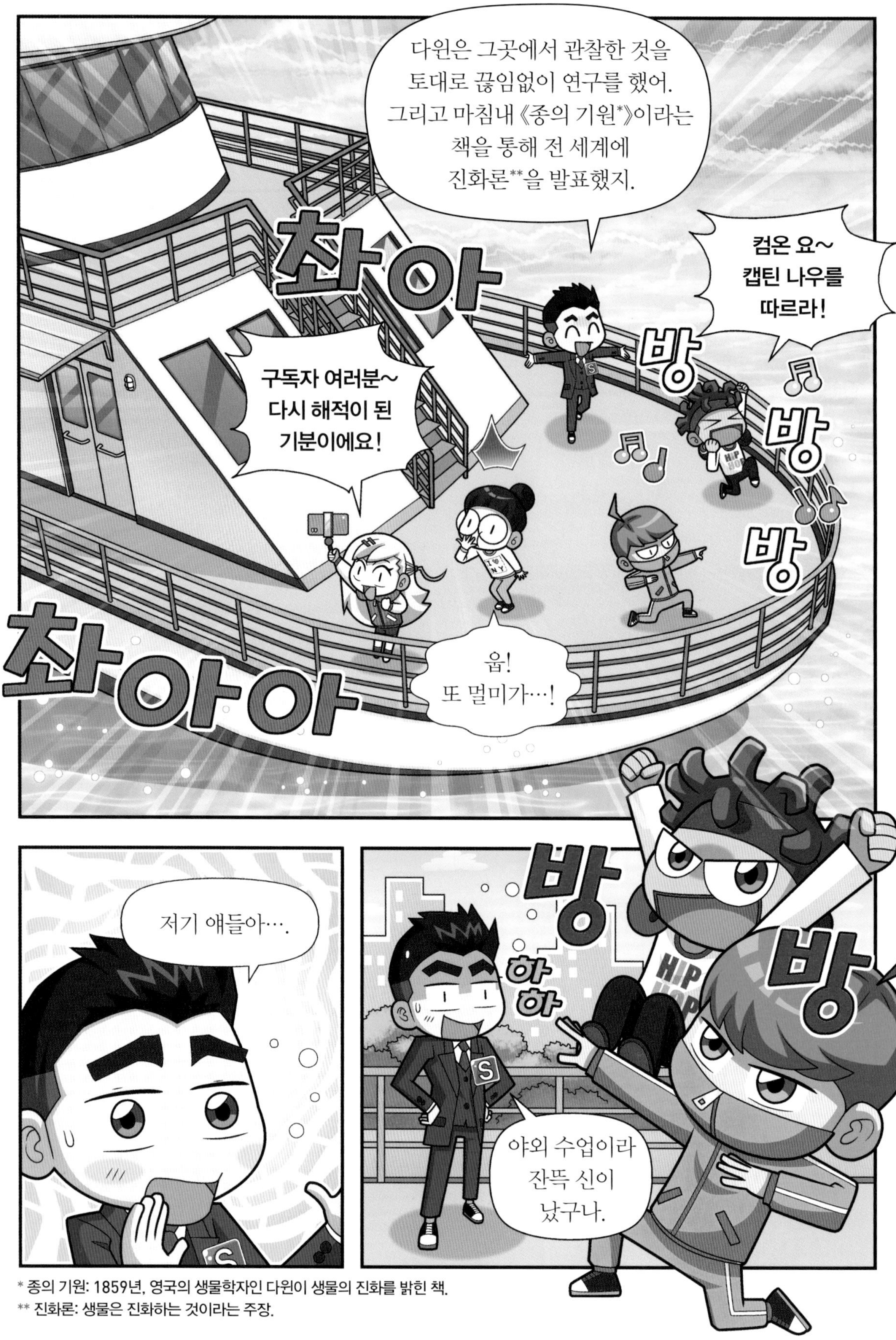
다윈은 그곳에서 관찰한 것을
토대로 끊임없이 연구를 했어.
그리고 마침내 《종의 기원*》이라는
책을 통해 전 세계에
진화론**을 발표했지.
컴온 요~
캡틴 나우를
따르라!
촤아
구독자 여러분~
다시 해적이 된
기분이에요!
방
방
방
촤아아
읍!
또 멀미가…!
저기 얘들아….
방
방
하하
야외 수업이라
잔뜩 신이
났구나.

* 종의 기원: 1859년, 영국의 생물학자인 다윈이 생물의 진화를 밝힌 책.
** 진화론: 생물은 진화하는 것이라는 주장.

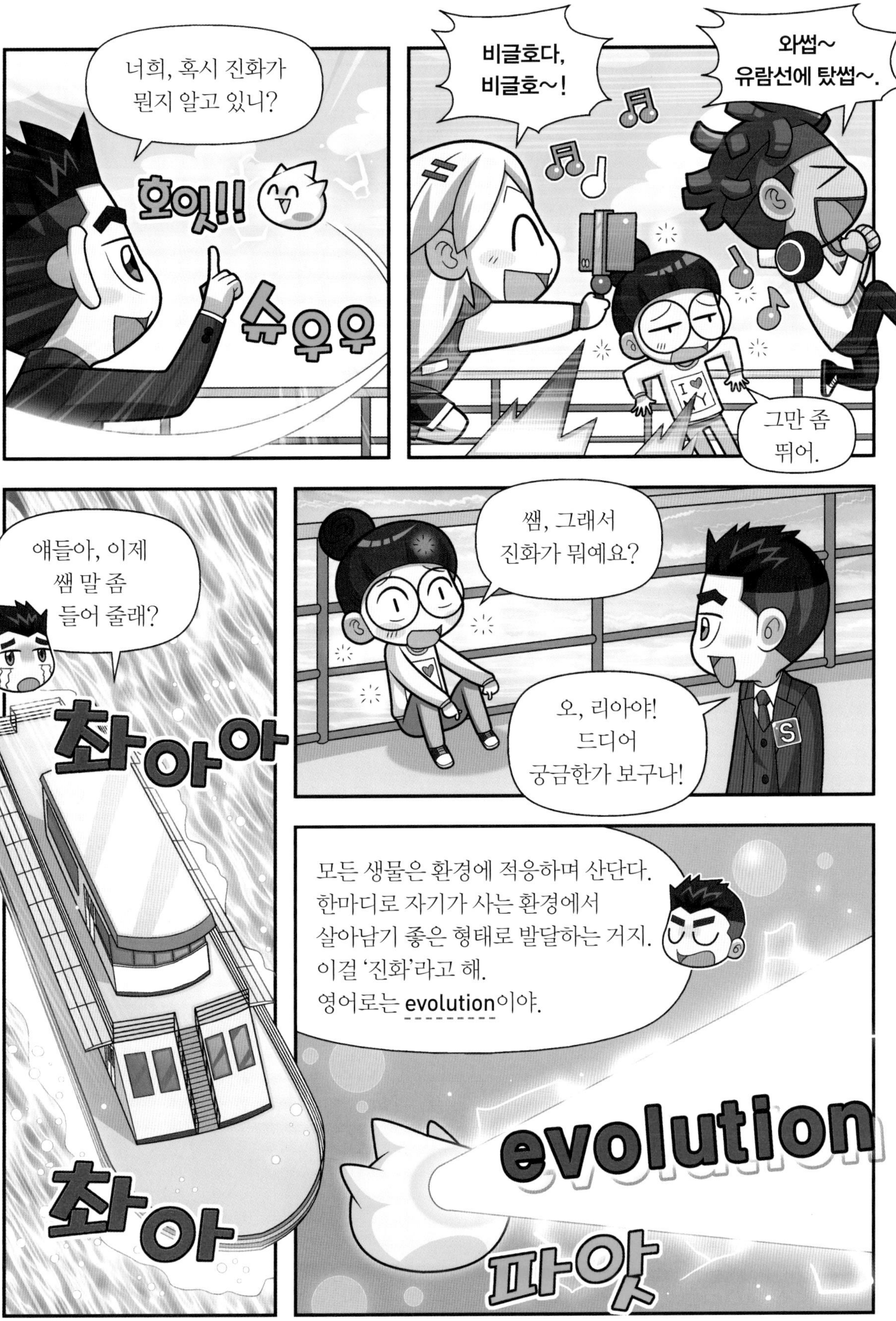
너희, 혹시 진화가 뭔지 알고 있니?
호잇!!
슈우우
비글호다, 비글호~!
와썹~ 유람선에 탔썹~.
그만 좀 뛰어.
애들아, 이제 쌤 말 좀 들어 줄래?
차아아
차아
쌤, 그래서 진화가 뭐예요?
오, 리아야! 드디어 궁금한가 보구나!
모든 생물은 환경에 적응하며 산단다.
한마디로 자기가 사는 환경에서
살아남기 좋은 형태로 발달하는 거지.
이걸 '진화'라고 해.
영어로는 evolution이야.
evolution
파앗

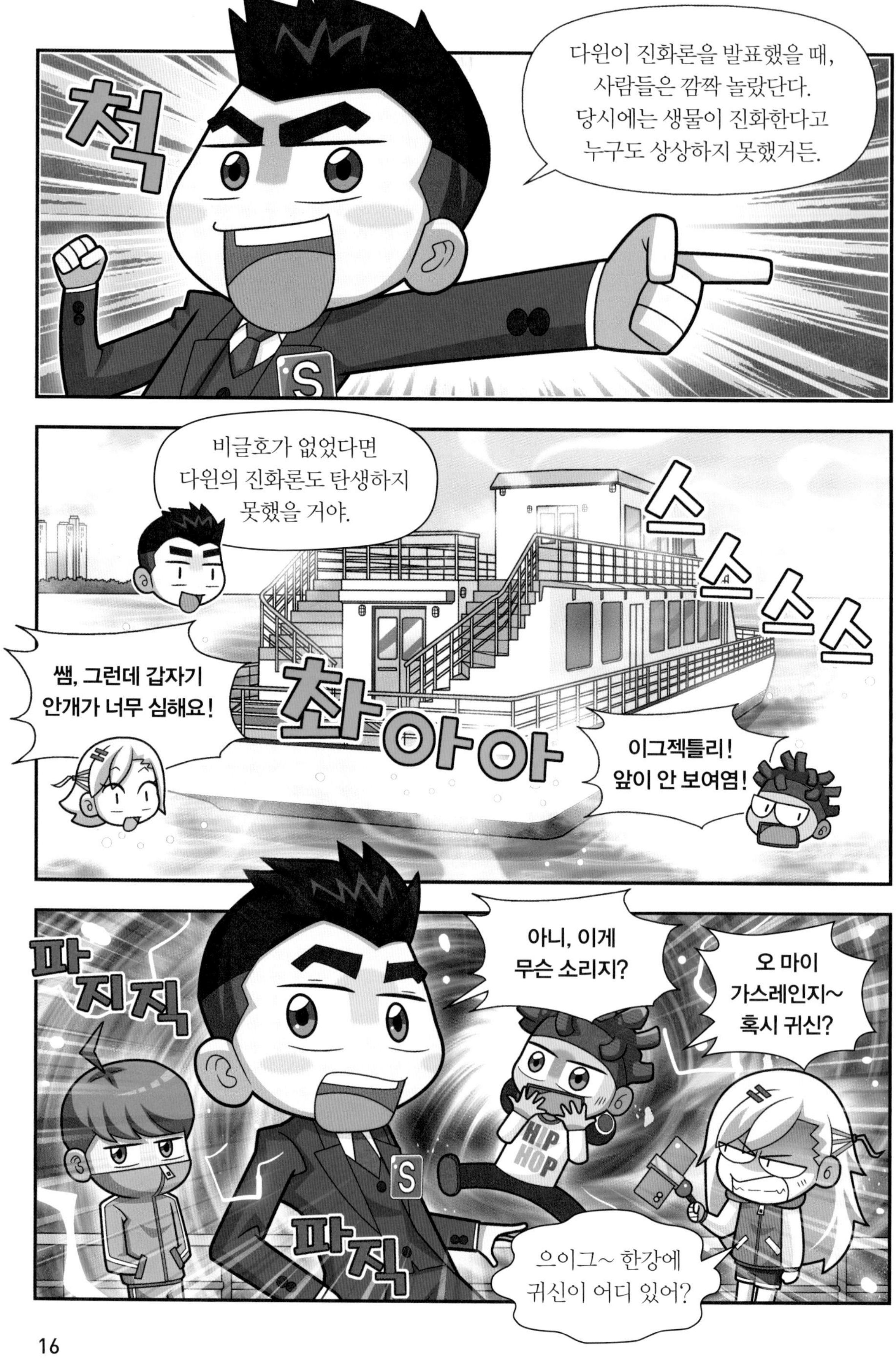
척
다원이 진화론을 발표했을 때, 사람들은 깜짝 놀랐단다. 당시에는 생물이 진화한다고 누구도 상상하지 못했거든.
비글호가 없었다면 다윈의 진화론도 탄생하지 못했을 거야.
스스스스
쌤, 그런데 갑자기 안개가 너무 심해요!
촤아아
이그젝틀리! 앞이 안 보여염!
파지직
아니, 이게 무슨 소리지?
오 마이 가스레인지~ 혹시 귀신?
HIP HOP
파직
으이그~ 한강에 귀신이 어디 있어?

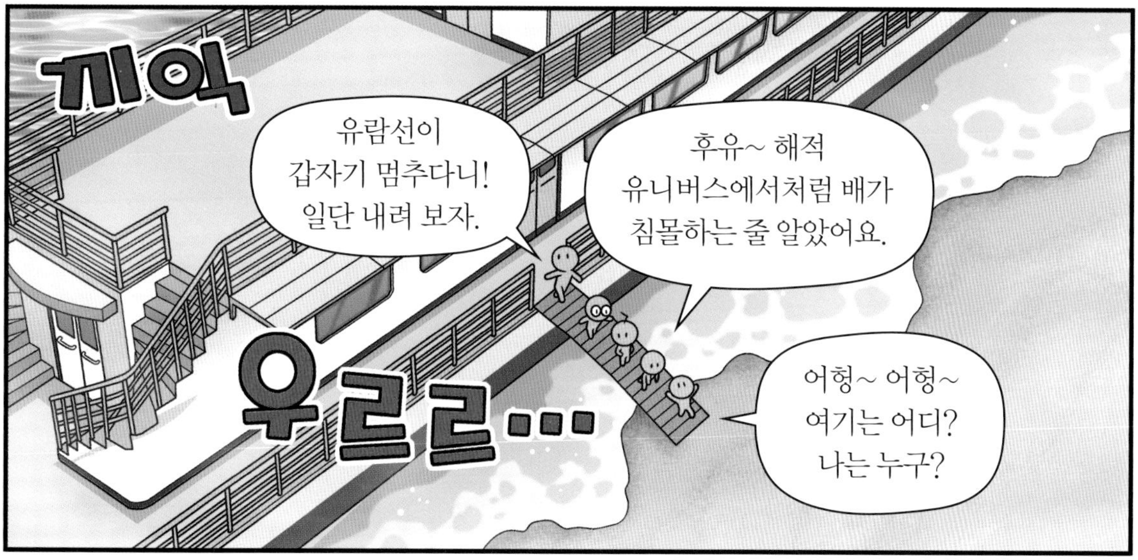
끼익
유람선이
갑자기 멈추다니!
일단 내려 보자.
후유~ 해적
유니버스에서처럼 배가
침몰하는 줄 알았어요.
우르르…
어헝~ 어헝~
여기는 어디?
나는 누구?

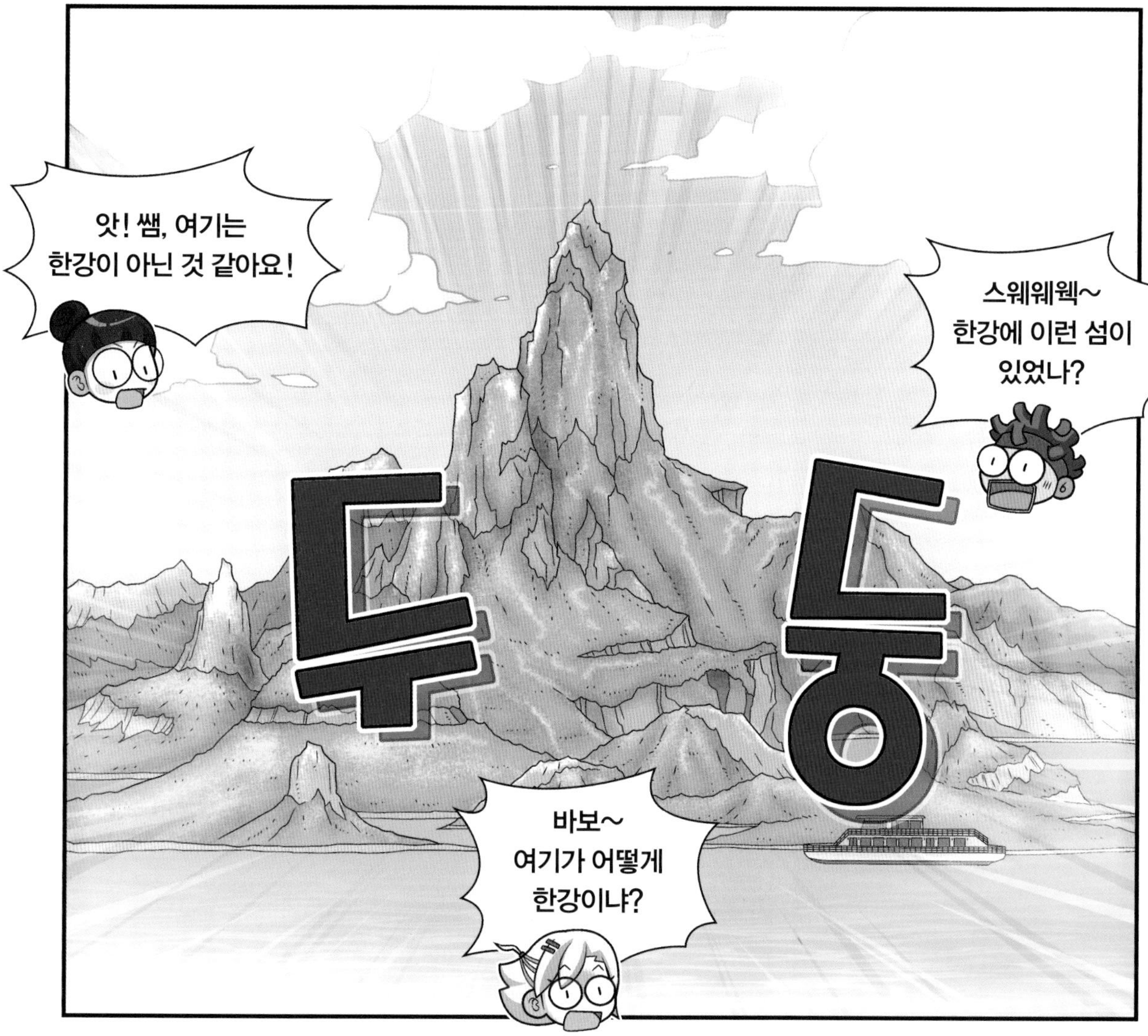
앗! 쌤, 여기는
한강이 아닌 것 같아요!
스웨웨웩~
한강에 이런 섬이
있었나?
두둥
바보~
여기가 어떻게
한강이냐?

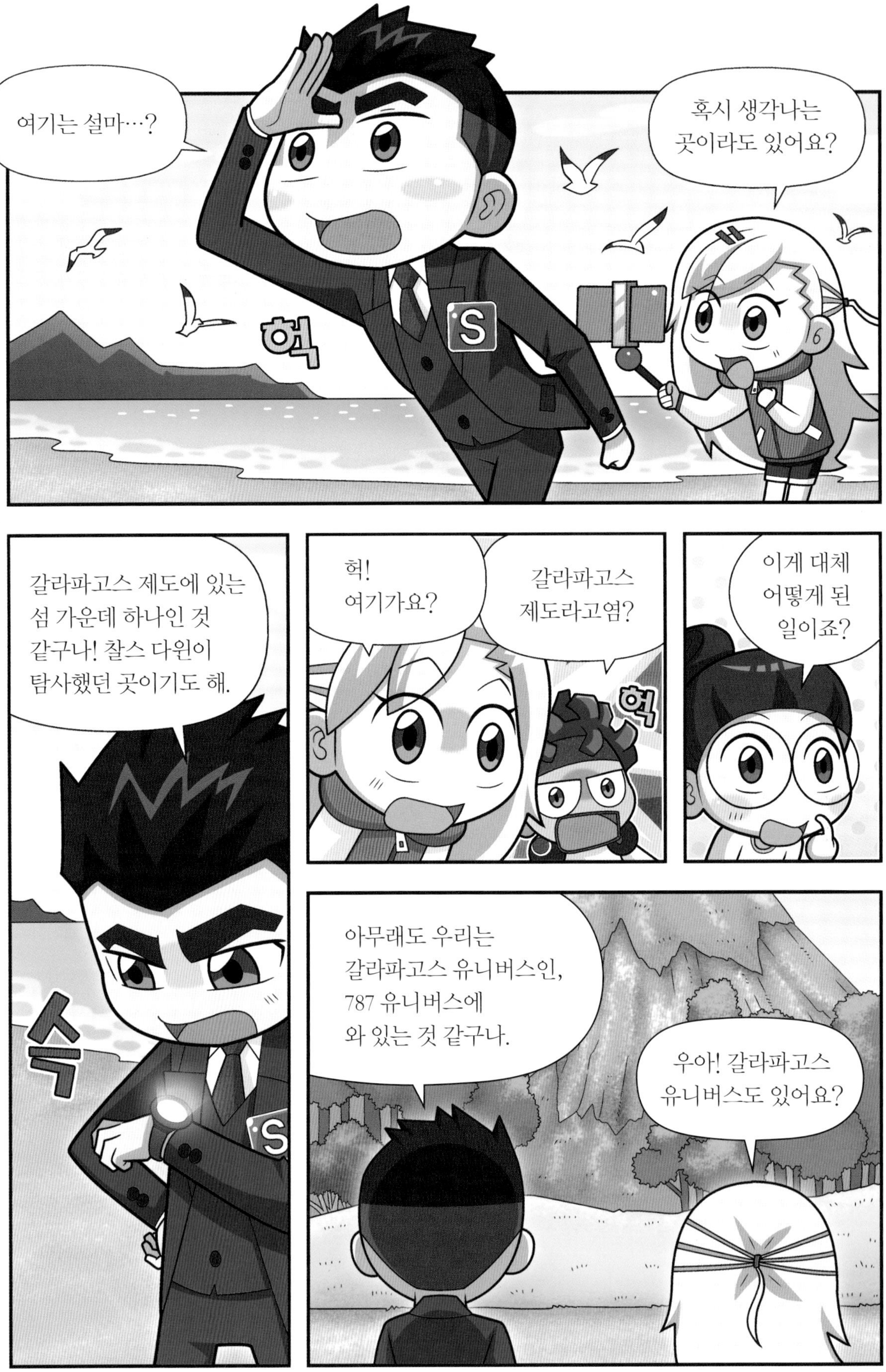
여기는 설마…?
혹시 생각나는 곳이라도 있어요?
헉
갈라파고스 제도에 있는 섬 가운데 하나인 것 같구나! 찰스 다윈이 탐사했던 곳이기도 해.
헉! 여기가요?
갈라파고스 제도라고염?
헉
이게 대체 어떻게 된 일이죠?
스윽
아무래도 우리는 갈라파고스 유니버스인, 787 유니버스에 와 있는 것 같구나.
우아! 갈라파고스 유니버스도 있어요?

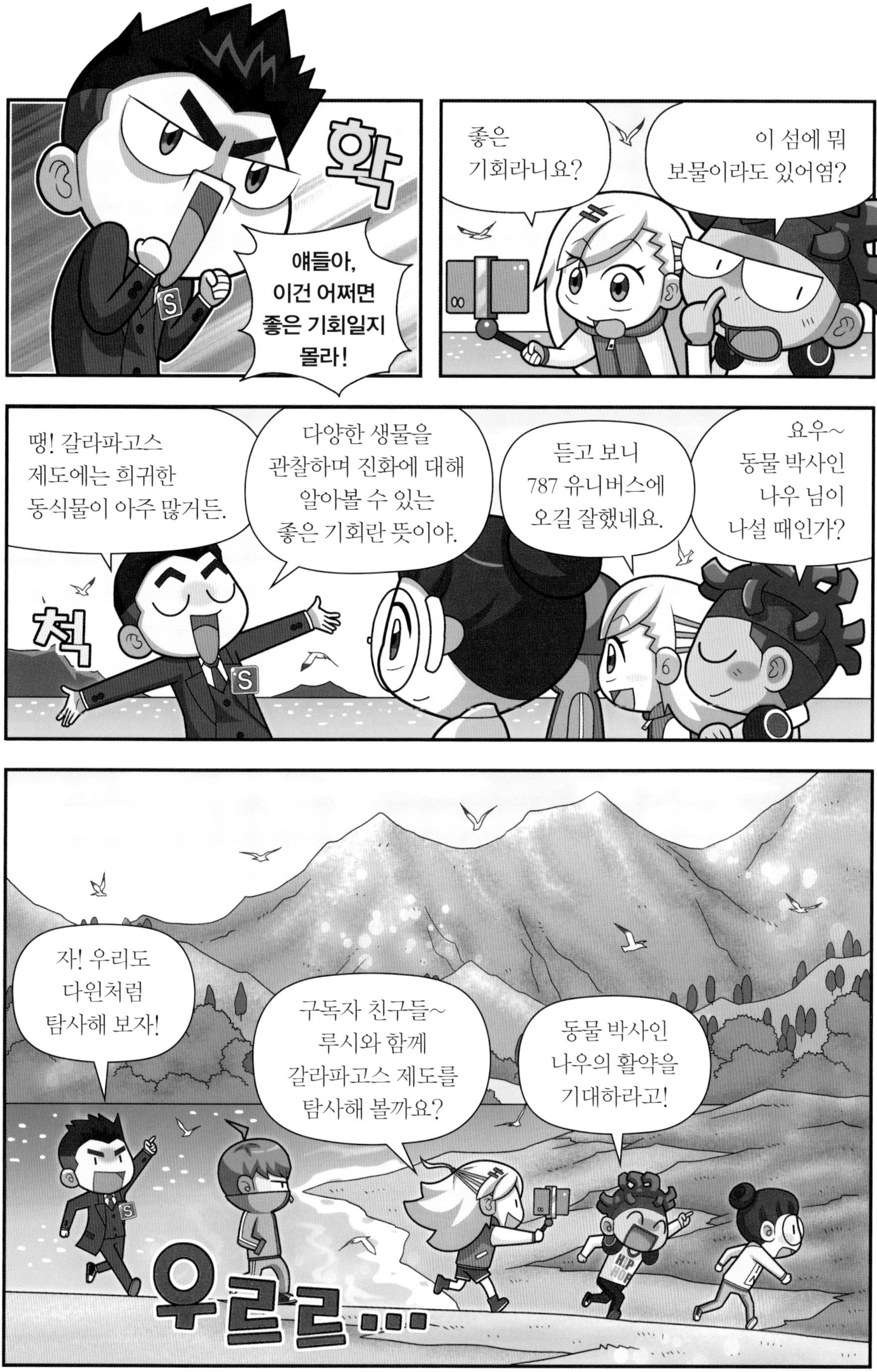
확
얘들아, 이건 어쩌면 좋은 기회일지 몰라!
좋은 기회라니요?
이 섬에 뭐 보물이라도 있어염?
땡! 갈라파고스 제도에는 희귀한 동식물이 아주 많거든.
다양한 생물을 관찰하며 진화에 대해 알아볼 수 있는 좋은 기회란 뜻이야.
척
듣고 보니 787 유니버스에 오길 잘했네요.
요우~ 동물 박사인 나우 님이 나설 때인가?
자! 우리도 다윈처럼 탐사해 보자!
구독자 친구들~ 루시와 함께 갈라파고스 제도를 탐사해 볼까요?
동물 박사인 나우의 활약을 기대하라고!
우르르...

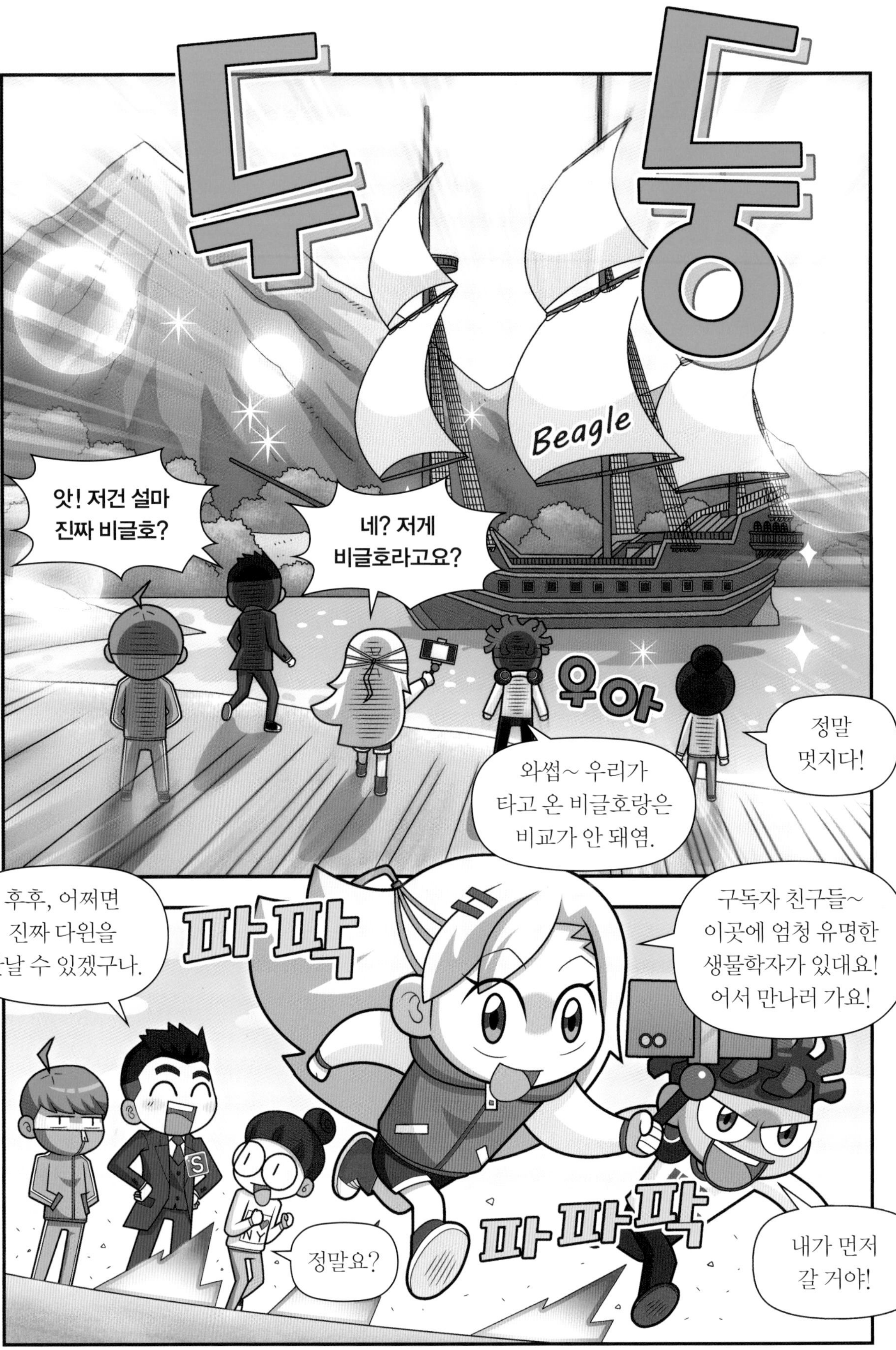
두둥
Beagle
앗! 저건 설마 진짜 비글호?
네? 저게 비글호라고요?
우아
정말 멋지다!
와썹~ 우리가 타고 온 비글호랑은 비교가 안 돼염.
파팍
후후, 어쩌면 진짜 다윈을 만날 수 있겠구나.
구독자 친구들~ 이곳에 엄청 유명한 생물학자가 있대요! 어서 만나러 가요!
파파팍
정말요?
내가 먼저 갈 거야!

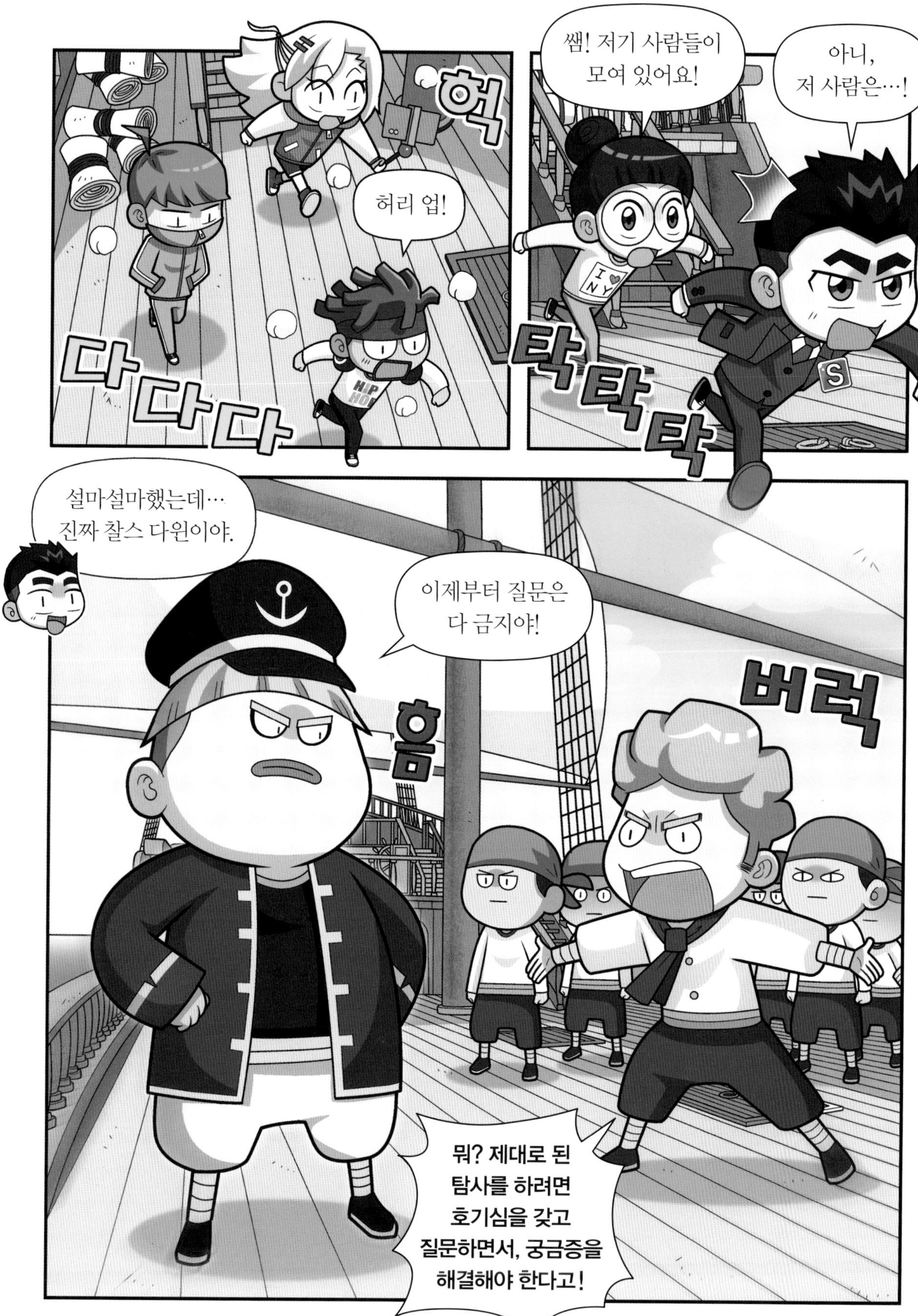

헉
허리 업!
다다다
쌤! 저기 사람들이 모여 있어요!
아니, 저 사람은…!
탁탁탁
설마설마했는데… 진짜 찰스 다윈이야.
이제부터 질문은 다 금지야!
흠
버럭
뭐? 제대로 된 탐사를 하려면 호기심을 갖고 질문하면서, 궁금증을 해결해야 한다고!

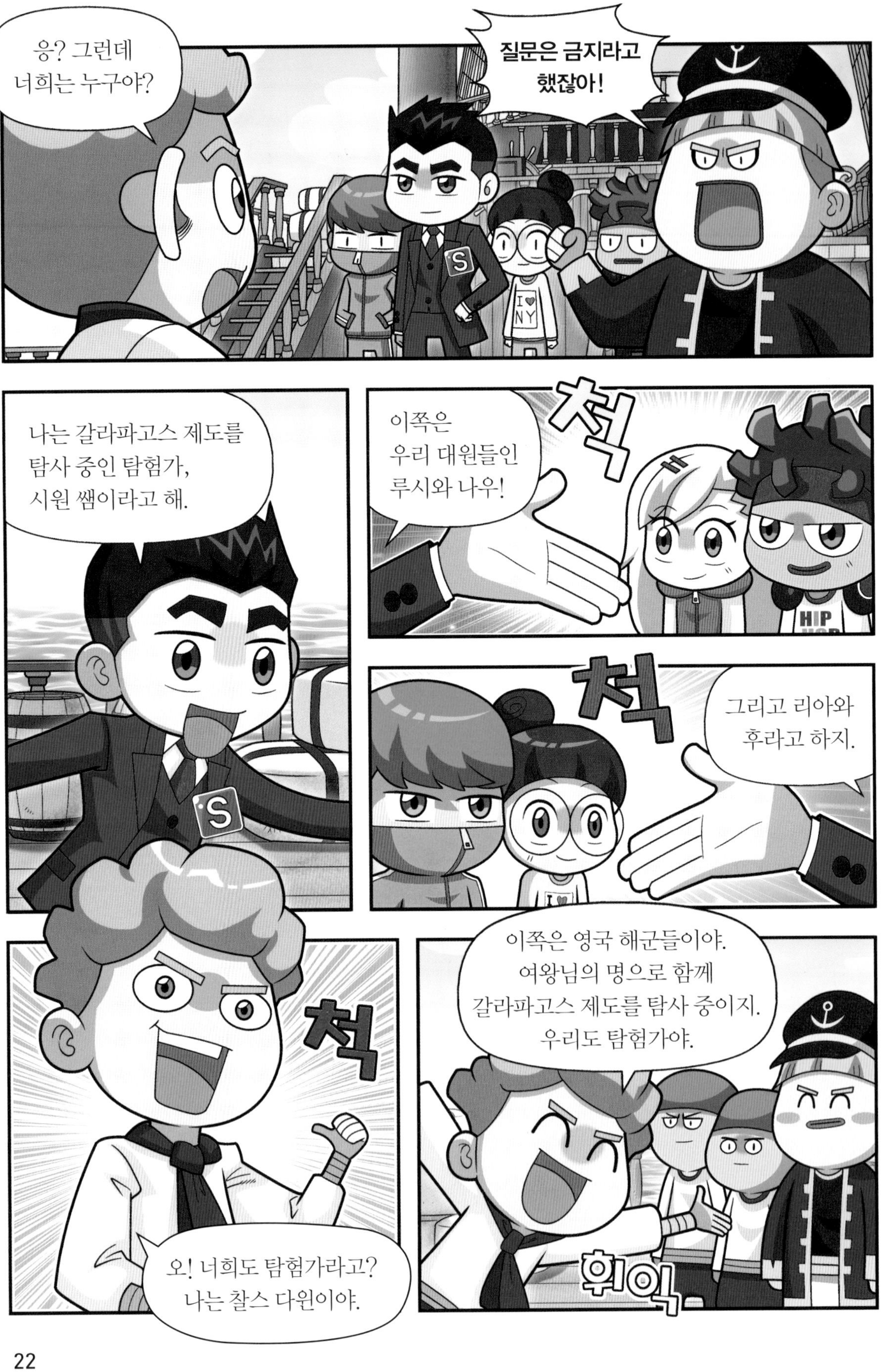
응? 그런데 너희는 누구야?
질문은 금지라고 했잖아!
I ♥ NY
나는 갈라파고스 제도를 탐사 중인 탐험가, 시원 쌤이라고 해.
이쪽은 우리 대원들인 루시와 나우!
척
HIP
척
그리고 리아와 후라고 하지.
척
오! 너희도 탐험가라고? 나는 찰스 다윈이야.
이쪽은 영국 해군들이야. 여왕님의 명으로 함께 갈라파고스 제도를 탐사 중이지. 우리도 탐험가야.
휘익

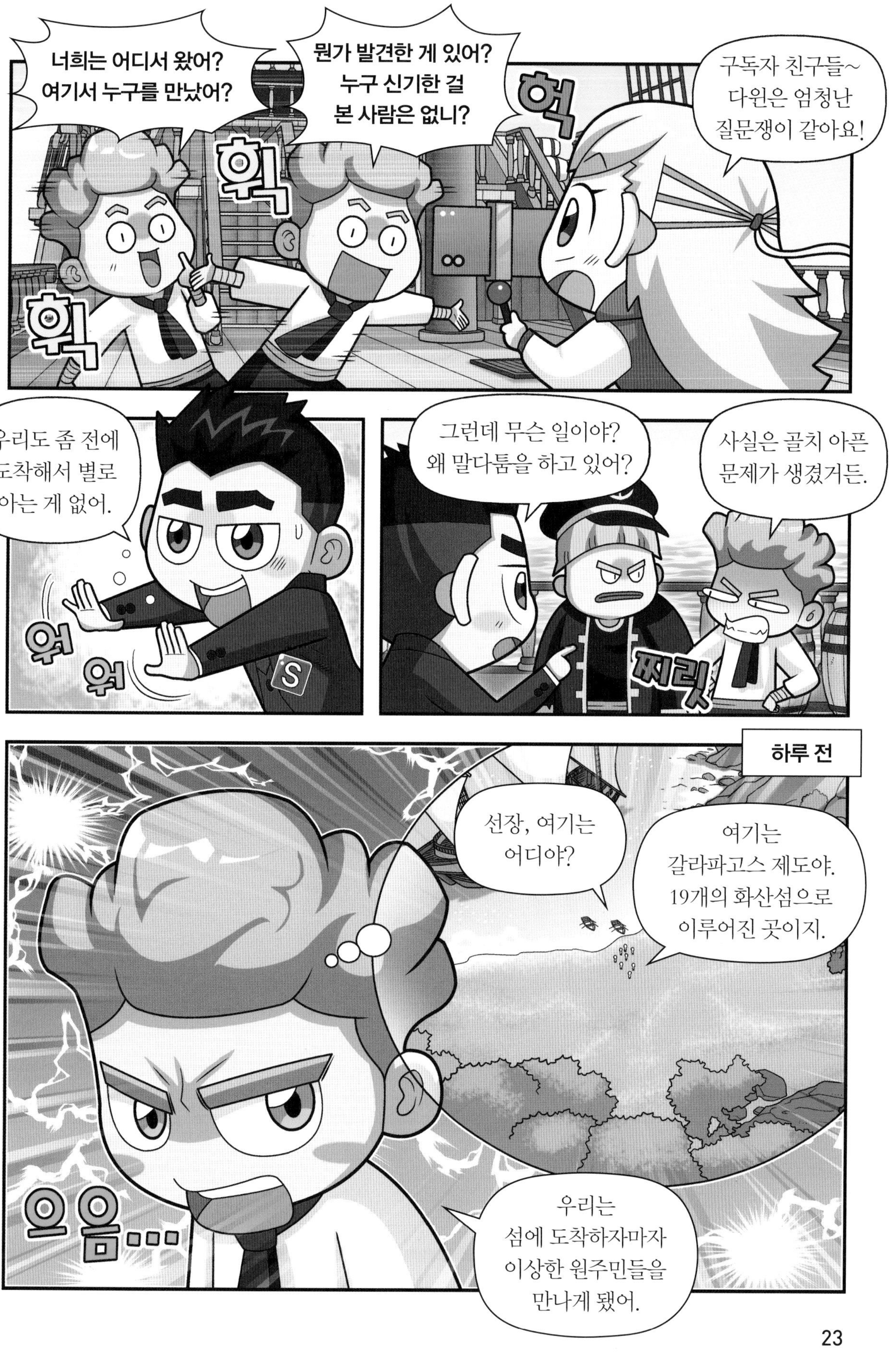
너희는 어디서 왔어?
여기서 누구를 만났어?
뭔가 발견한 게 있어?
누구 신기한 걸
본 사람은 없니?
헉
구독자 친구들~
다윈은 엄청난
질문쟁이 같아요!
휙
휙
우리도 좀 전에
도착해서 별로
아는 게 없어.
워
워
그런데 무슨 일이야?
왜 말다툼을 하고 있어?
사실은 골치 아픈
문제가 생겼거든.
찌릿
하루 전
선장, 여기는
어디야?
여기는
갈라파고스 제도야.
19개의 화산섬으로
이루어진 곳이지.
으음...
우리는
섬에 도착하자마자
이상한 원주민들을
만나게 됐어.

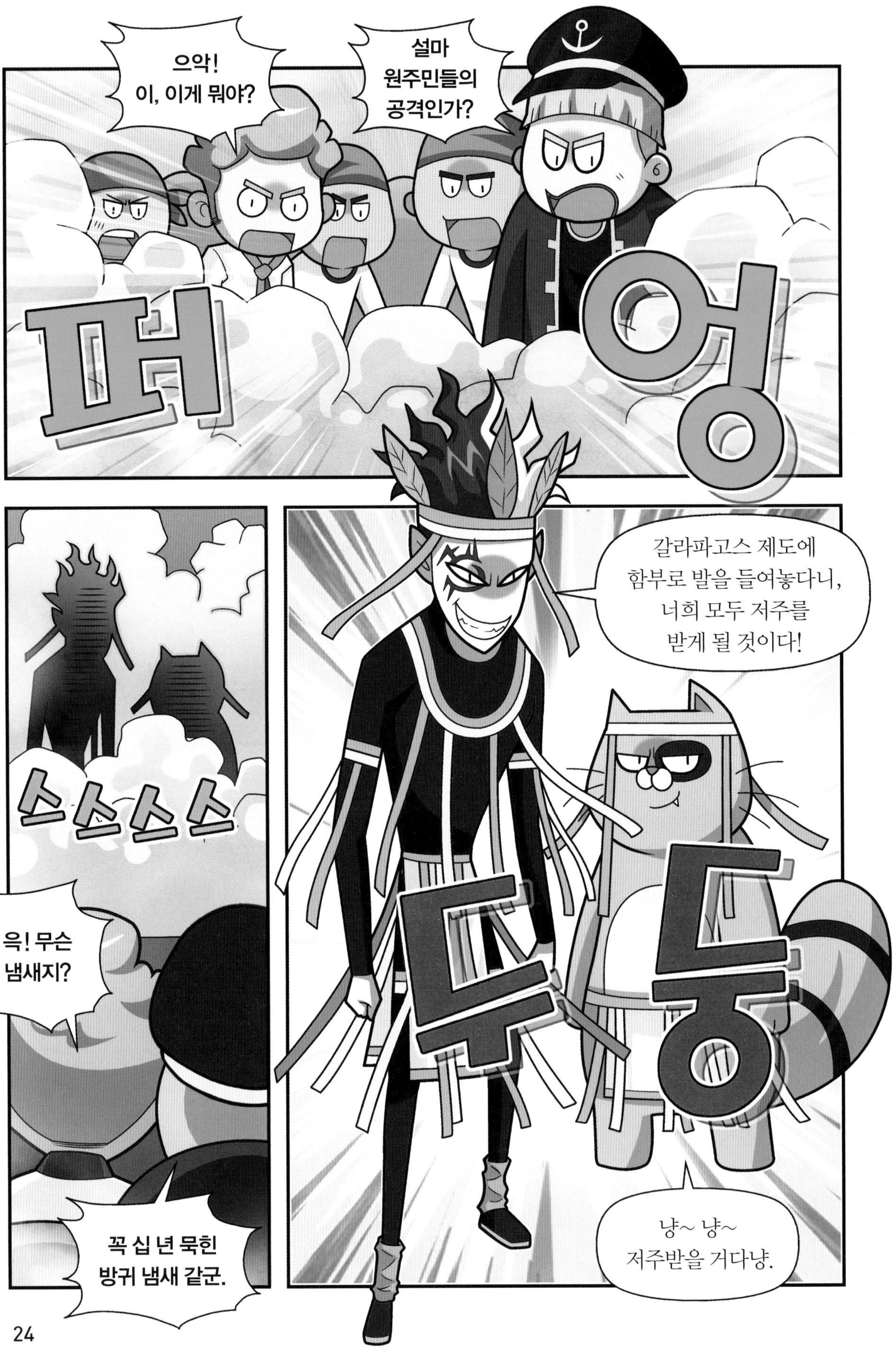

으악!
이, 이게 뭐야?
설마
원주민들의
공격인가?
펑
스스스스
욱! 무슨
냄새지?
꼭 십 년 묵힌
방귀 냄새 같군.
두둥
갈라파고스 제도에
함부로 발을 들여놓다니,
너희 모두 저주를
받게 될 것이다!
냥~ 냥~
저주받을 거다냥.

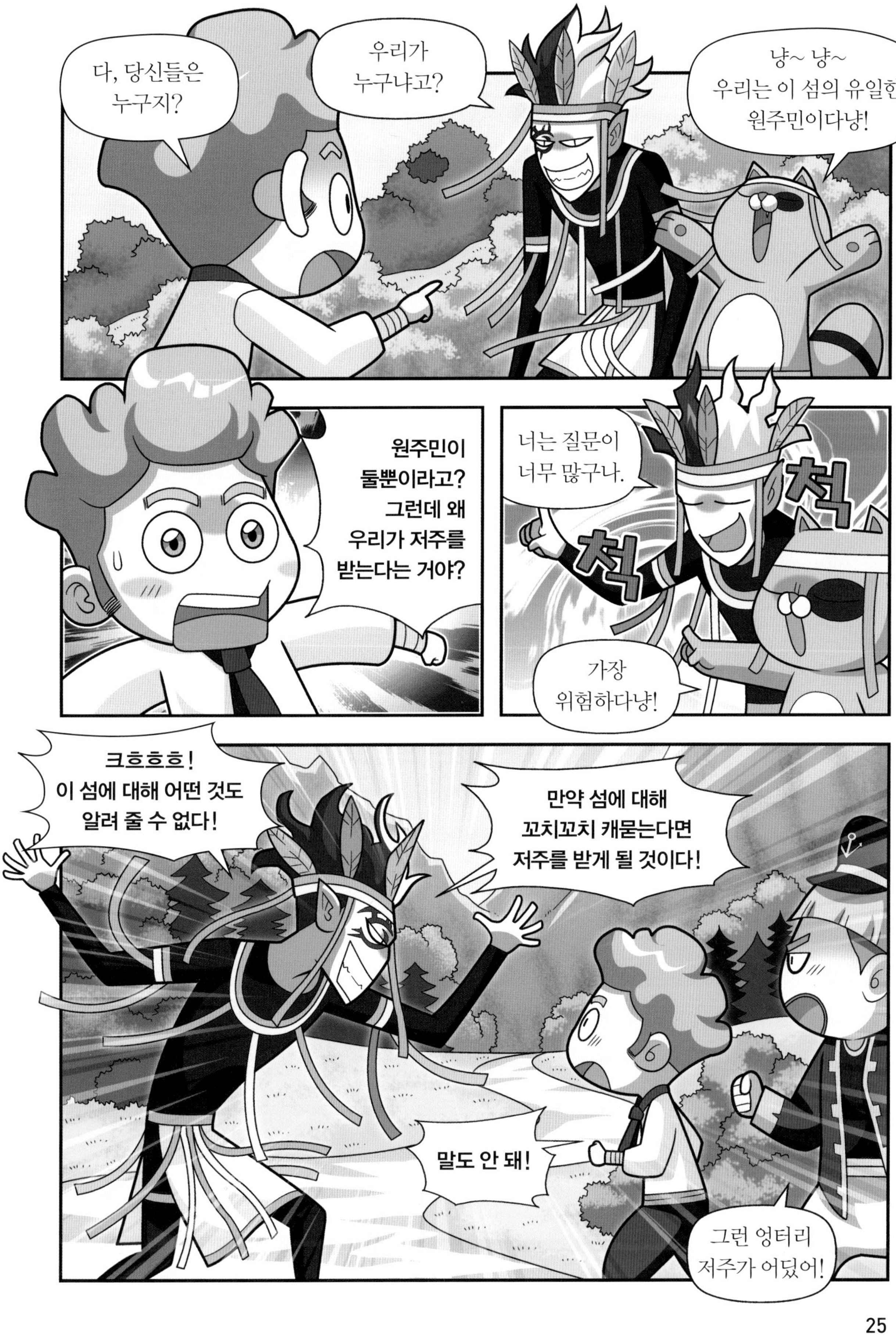

다, 당신들은 누구지?
우리가 누구냐고?
냥~ 냥~ 우리는 이 섬의 유일한 원주민이다냥!
원주민이 둘뿐이라고? 그런데 왜 우리가 저주를 받는다는 거야?
너는 질문이 너무 많구나.
척
척
가장 위험하다냥!
크흐흐흐! 이 섬에 대해 어떤 것도 알려 줄 수 없다!
만약 섬에 대해 꼬치꼬치 캐묻는다면 저주를 받게 될 것이다!
말도 안 돼!
그런 엉터리 저주가 어딨어!

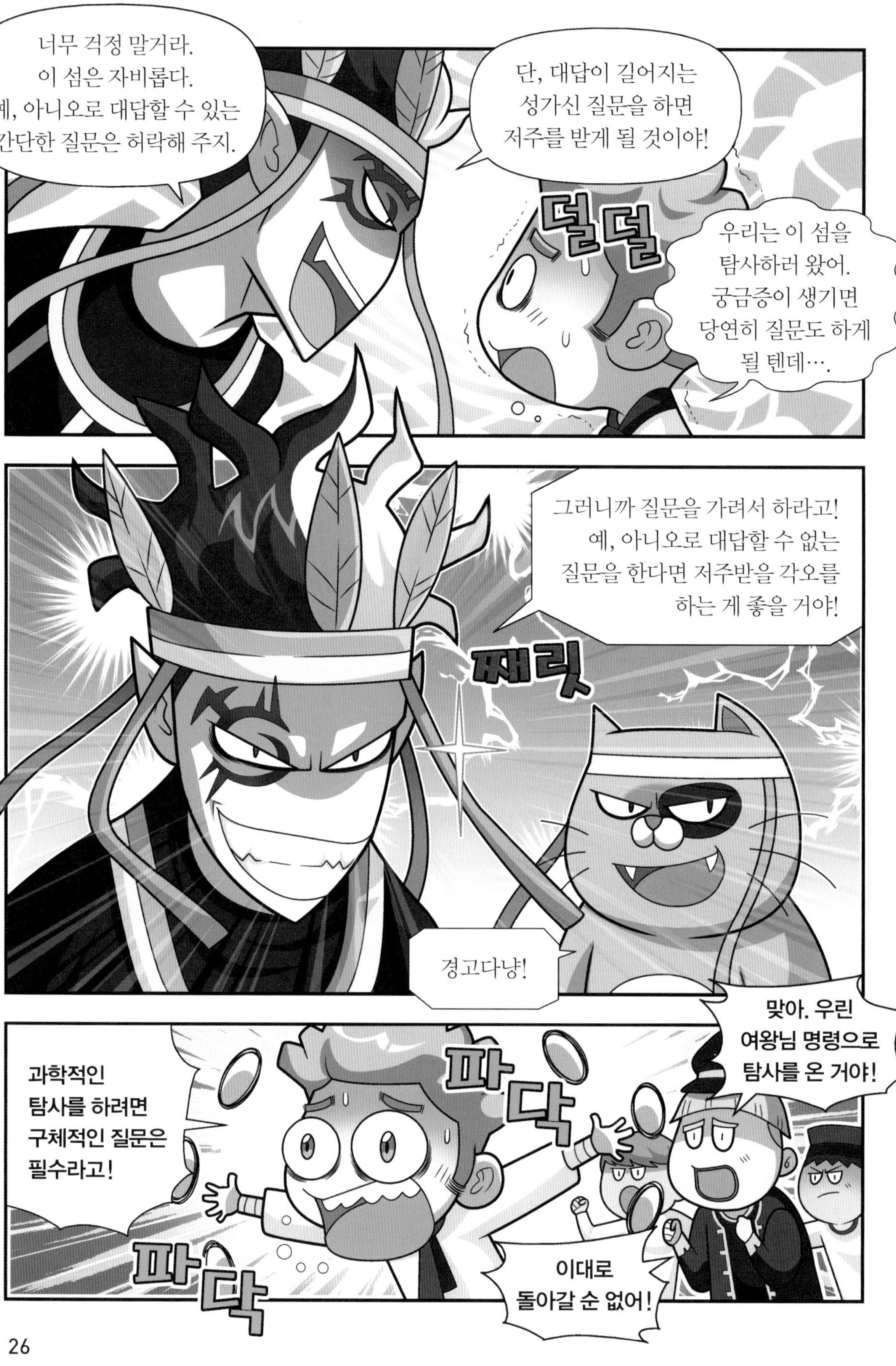
너무 걱정 말거라.
이 섬은 자비롭다.
예, 아니오로 대답할 수 있는
간단한 질문은 허락해 주지.
단, 대답이 길어지는
성가신 질문을 하면
저주를 받게 될 것이야!
덜덜
우리는 이 섬을
탐사하러 왔어.
궁금증이 생기면
당연히 질문도 하게
될 텐데….
그러니까 질문을 가려서 하라고!
예, 아니오로 대답할 수 없는
질문을 한다면 저주받을 각오를
하는 게 좋을 거야!
짜릿
경고다냥!
과학적인
탐사를 하려면
구체적인 질문은
필수라고!
파닥
파닥
맞아. 우린
여왕님 명령으로
탐사를 온 거야!
이대로
돌아갈 순 없어!

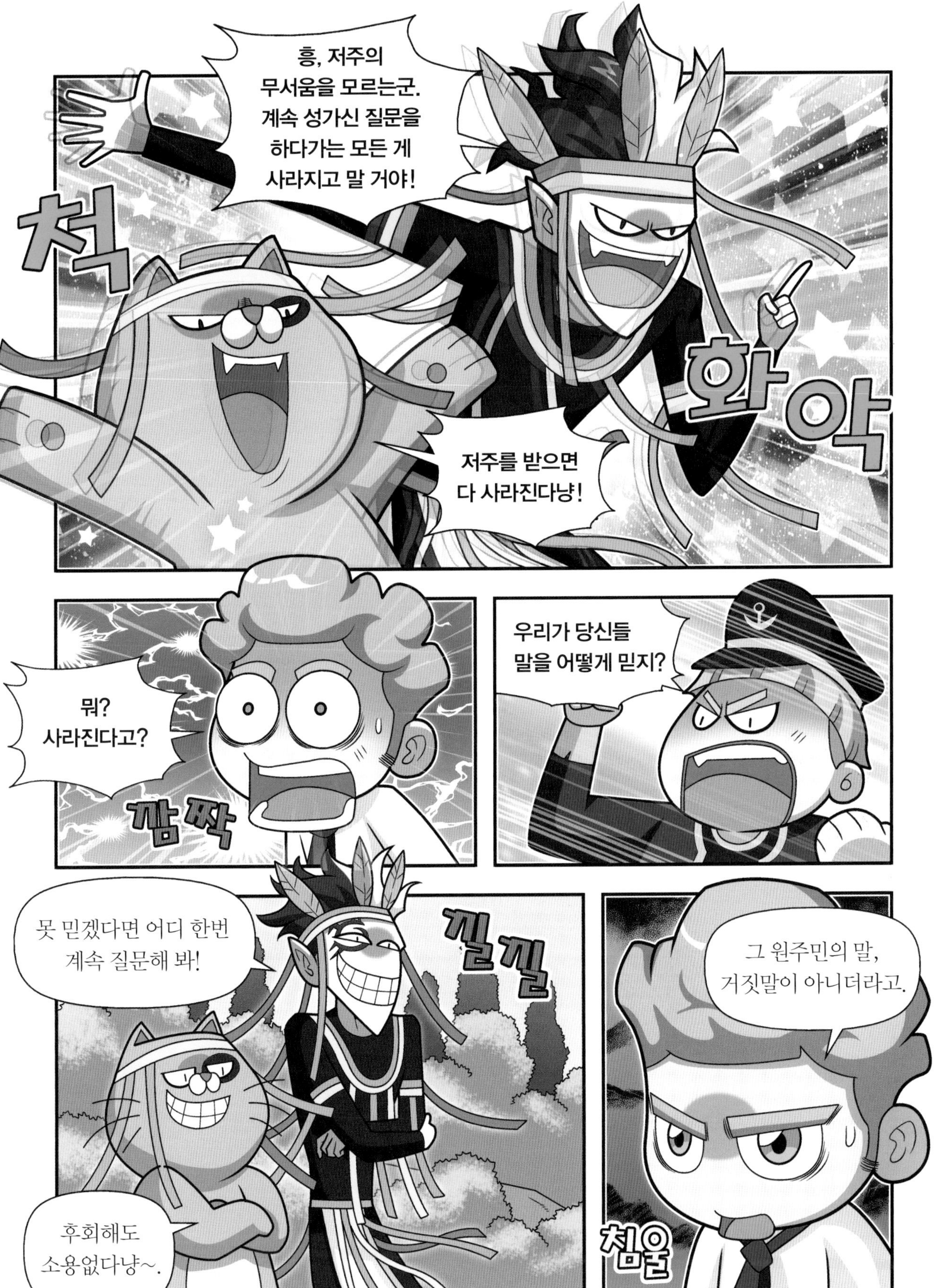
흥, 저주의 무서움을 모르는군. 계속 성가신 질문을 하다가는 모든 게 사라지고 말 거야!
척
화악
저주를 받으면 다 사라진다냥!
뭐? 사라진다고?
깜짝
우리가 당신들 말을 어떻게 믿지?
못 믿겠다면 어디 한번 계속 질문해 봐!
낄낄
후회해도 소용없다냥~.
그 원주민의 말, 거짓말이 아니더라고.
침울

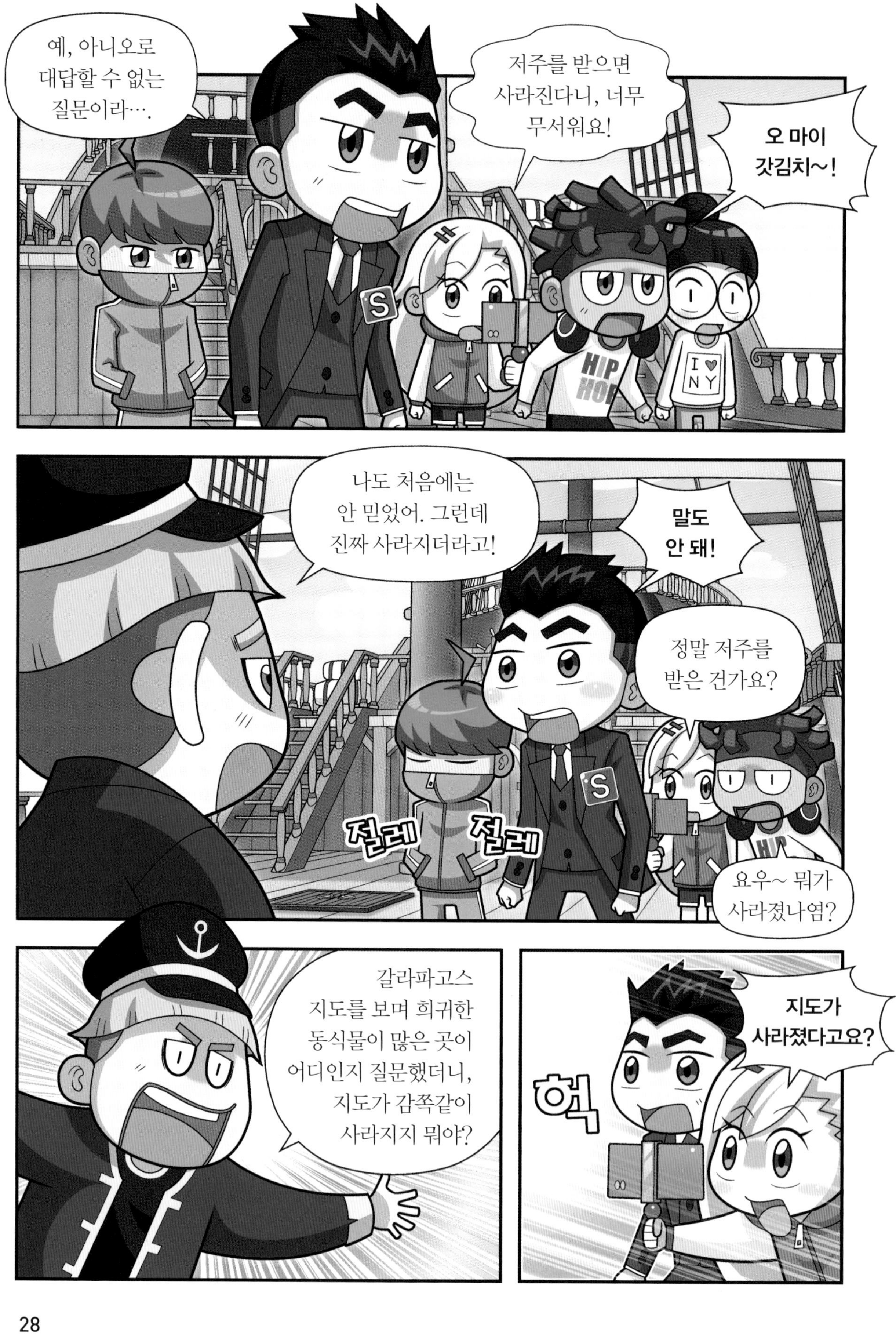

예, 아니오로 대답할 수 없는 질문이라….
저주를 받으면 사라진다니, 너무 무서워요!
오 마이 갓김치~!
나도 처음에는 안 믿었어. 그런데 진짜 사라지더라고!
말도 안 돼!
정말 저주를 받은 건가요?
절레 절레
요우~ 뭐가 사라졌나염?
갈라파고스 지도를 보며 희귀한 동식물이 많은 곳이 어디인지 질문했더니, 지도가 감쪽같이 사라지지 뭐야?
지도가 사라졌다고요?
헉

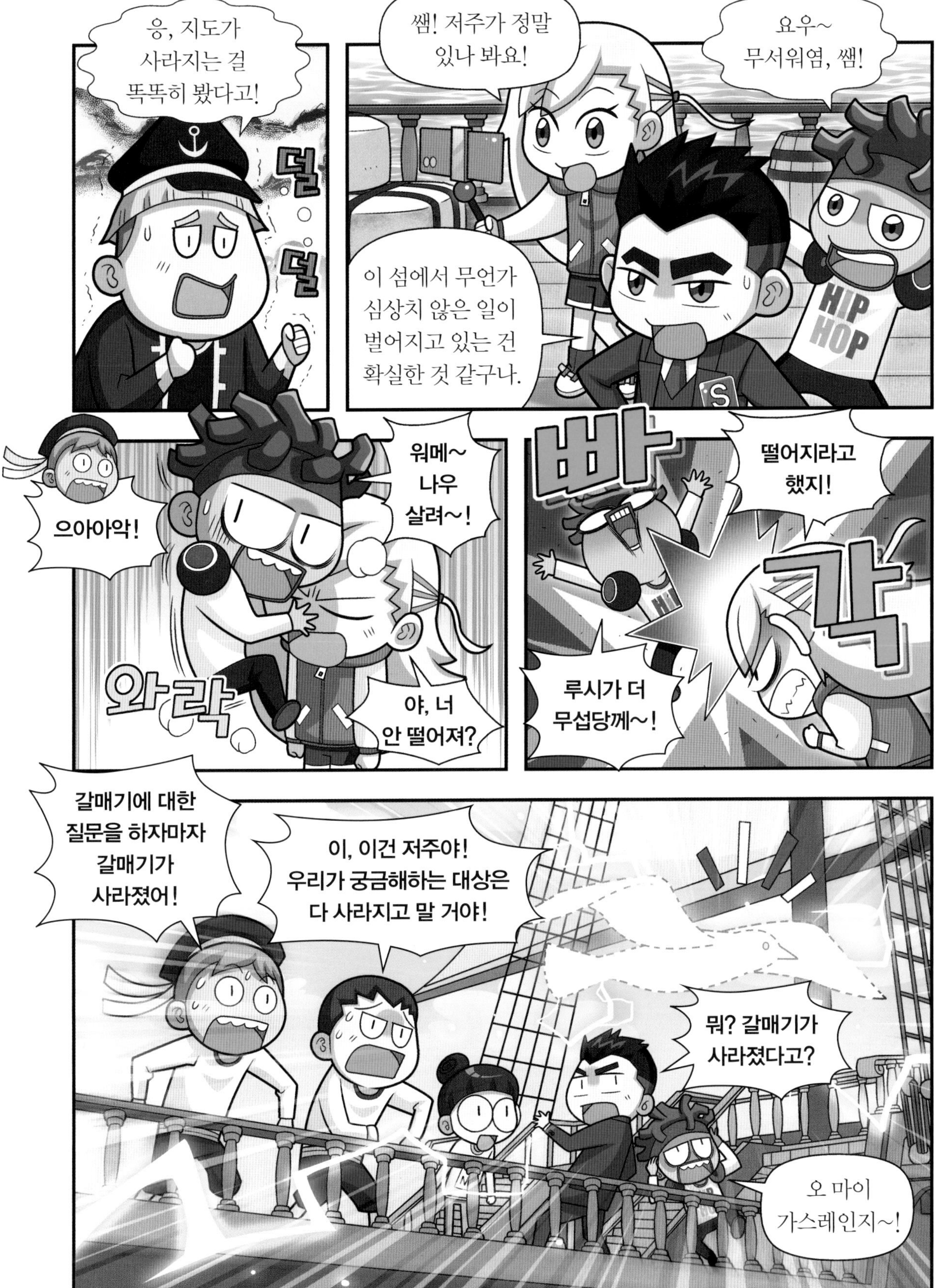

응, 지도가 사라지는 걸 똑똑히 봤다고!
덜덜
쌤! 저주가 정말 있나 봐요!
요우~ 무서워염, 쌤!
이 섬에서 무언가 심상치 않은 일이 벌어지고 있는 건 확실한 것 같구나.
HIP HOP
으아아악!
워메~ 나우 살려~!
와락
야, 너 안 떨어져?
빠
떨어지라고 했지!
각
루시가 더 무섭당께~!
갈매기에 대한 질문을 하자마자 갈매기가 사라졌어!
이, 이건 저주야! 우리가 궁금해하는 대상은 다 사라지고 말 거야!
뭐? 갈매기가 사라졌다고?
오 마이 가스레인지~!

Chapter 2

금지된 질문

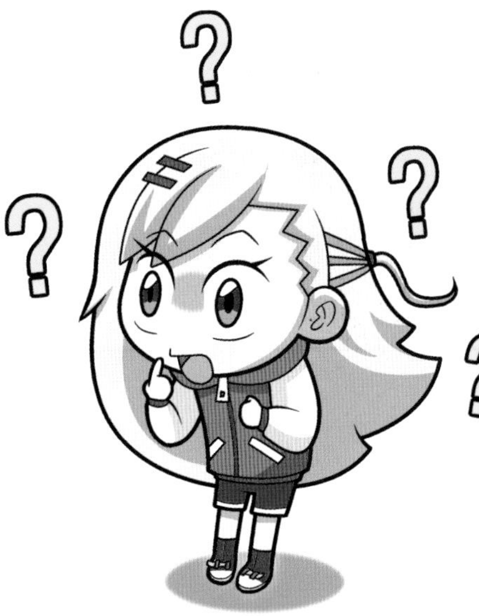

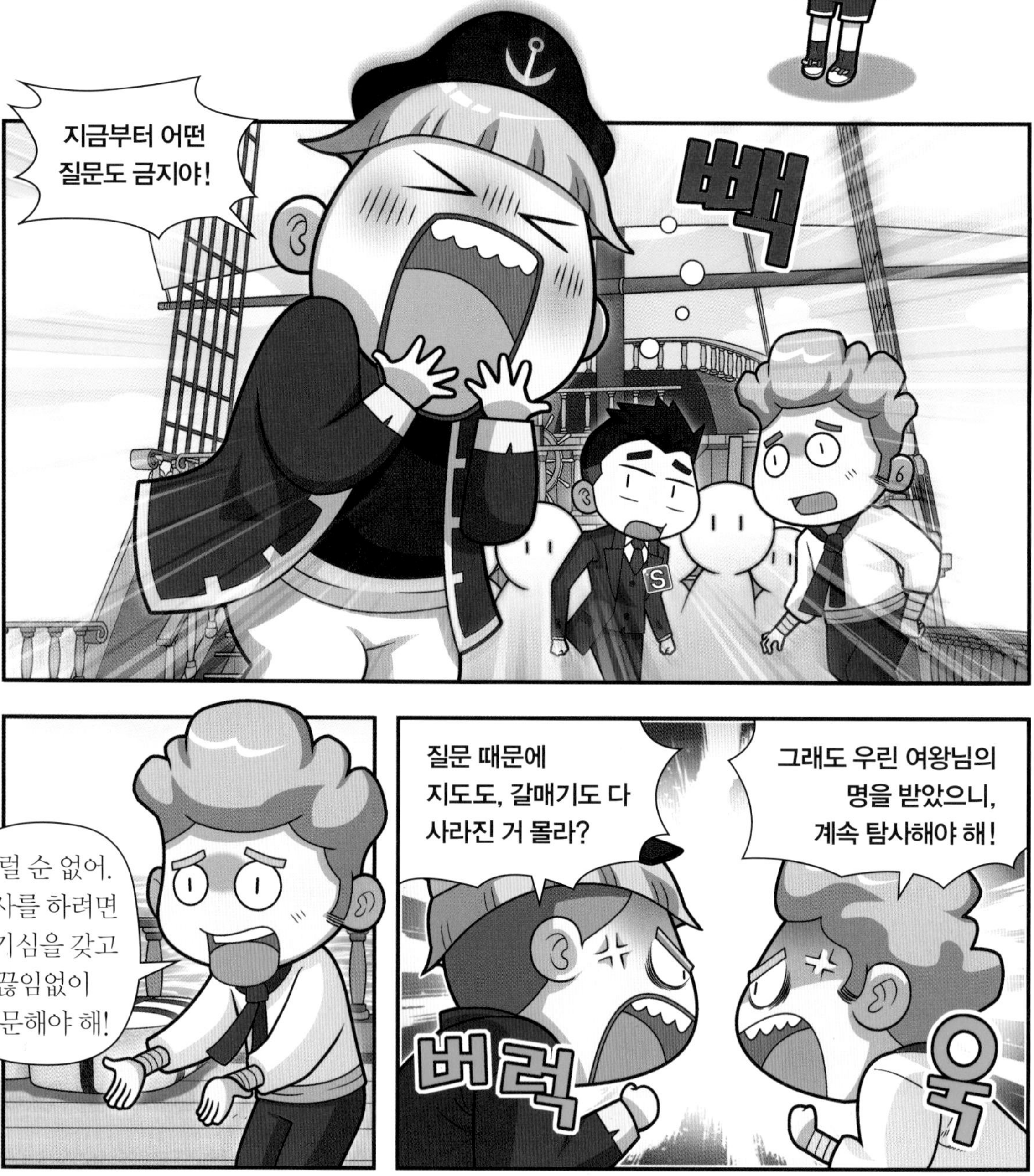

지금부터 어떤 질문도 금지야!
빽
그럴 순 없어. 탐사를 하려면 호기심을 갖고 끊임없이 질문해야 해!
질문 때문에 지도도, 갈매기도 다 사라진 거 몰라?
그래도 우린 여왕님의 명을 받았으니, 계속 탐사해야 해!
버럭
욱

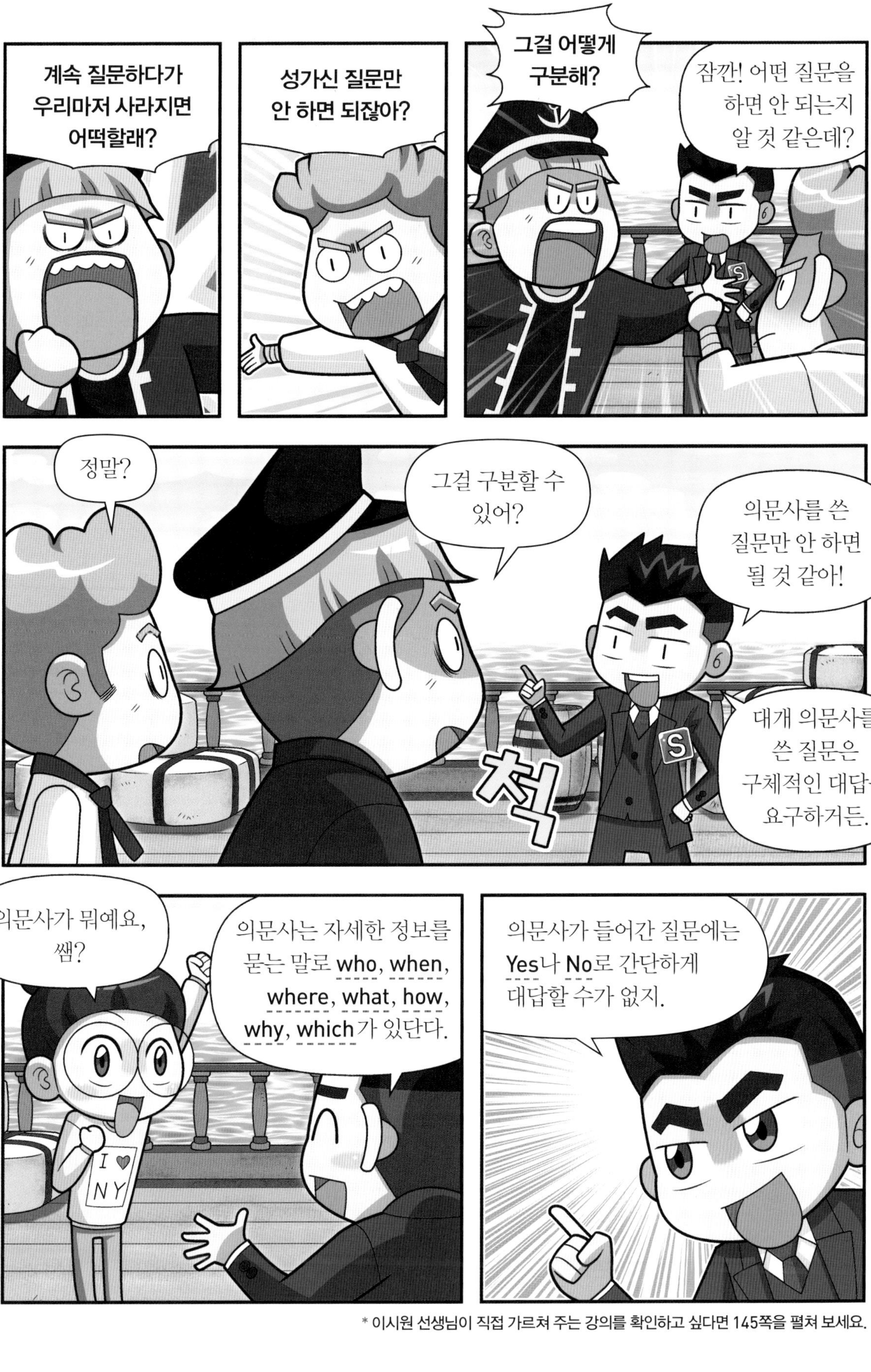
계속 질문하다가 우리마저 사라지면 어떡할래?
성가신 질문만 안 하면 되잖아?
그걸 어떻게 구분해?
잠깐! 어떤 질문을 하면 안 되는지 알 것 같은데?
정말?
그걸 구분할 수 있어?
의문사를 쓴 질문만 안 하면 될 것 같아!
척
대개 의문사를 쓴 질문은 구체적인 대답을 요구하거든.
의문사가 뭐예요, 쌤?
의문사는 자세한 정보를 묻는 말로 who, when, where, what, how, why, which가 있단다.
I ♥ NY
의문사가 들어간 질문에는 Yes나 No로 간단하게 대답할 수가 없지.

* 이시원 선생님이 직접 가르쳐 주는 강의를 확인하고 싶다면 145쪽을 펼쳐 보세요.

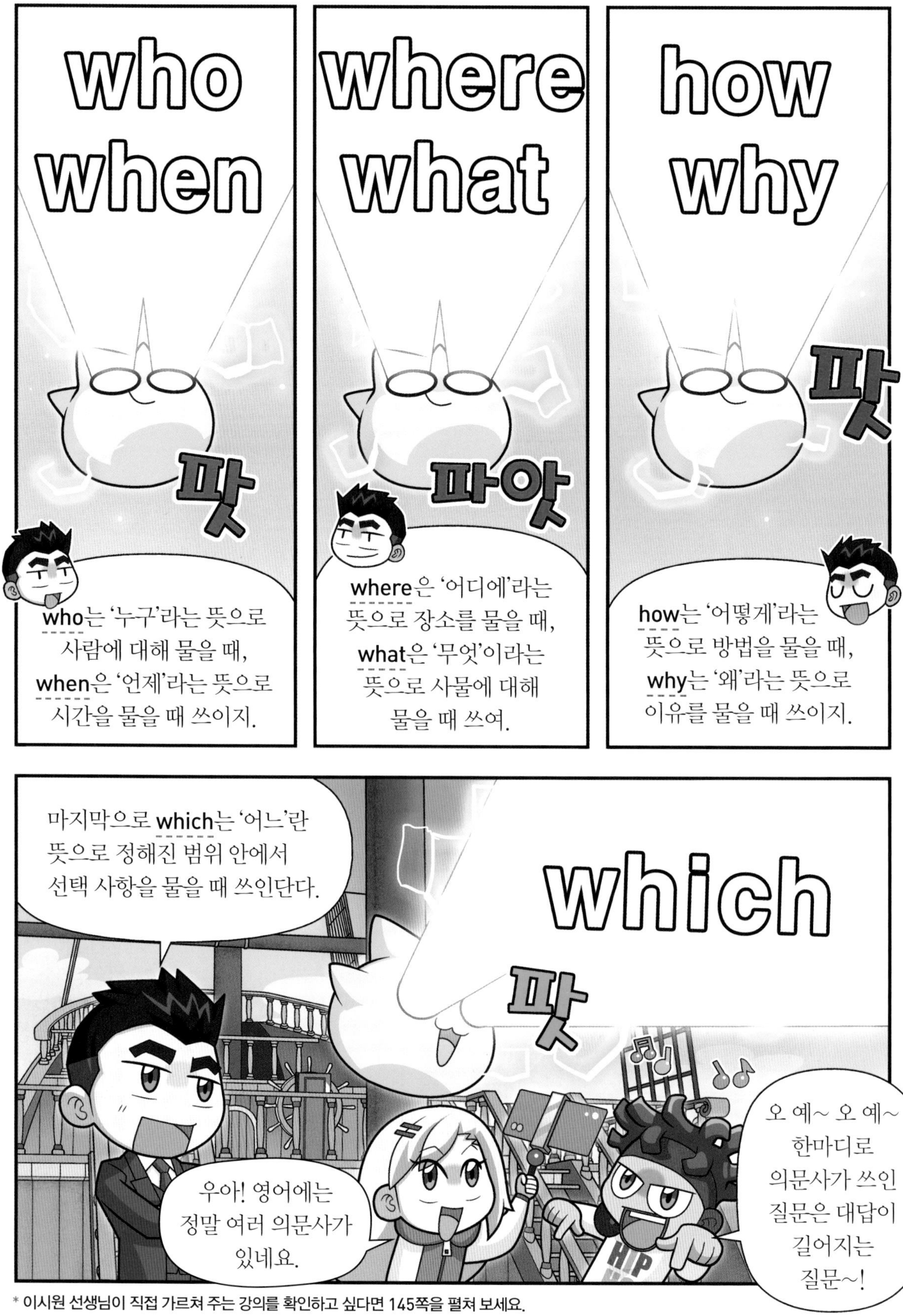
who
when
팟
who는 '누구'라는 뜻으로 사람에 대해 물을 때, when은 '언제'라는 뜻으로 시간을 물을 때 쓰이지.
where
what
파아앗
where은 '어디에'라는 뜻으로 장소를 물을 때, what은 '무엇'이라는 뜻으로 사물에 대해 물을 때 쓰여.
how
why
팟
how는 '어떻게'라는 뜻으로 방법을 물을 때, why는 '왜'라는 뜻으로 이유를 물을 때 쓰이지.
마지막으로 which는 '어느'란 뜻으로 정해진 범위 안에서 선택 사항을 물을 때 쓰인단다.
which
팟
우아! 영어에는 정말 여러 의문사가 있네요.
오 예~ 오 예~ 한마디로 의문사가 쓰인 질문은 대답이 길어지는 질문~!

* 이시원 선생님이 직접 가르쳐 주는 강의를 확인하고 싶다면 145쪽을 펼쳐 보세요.

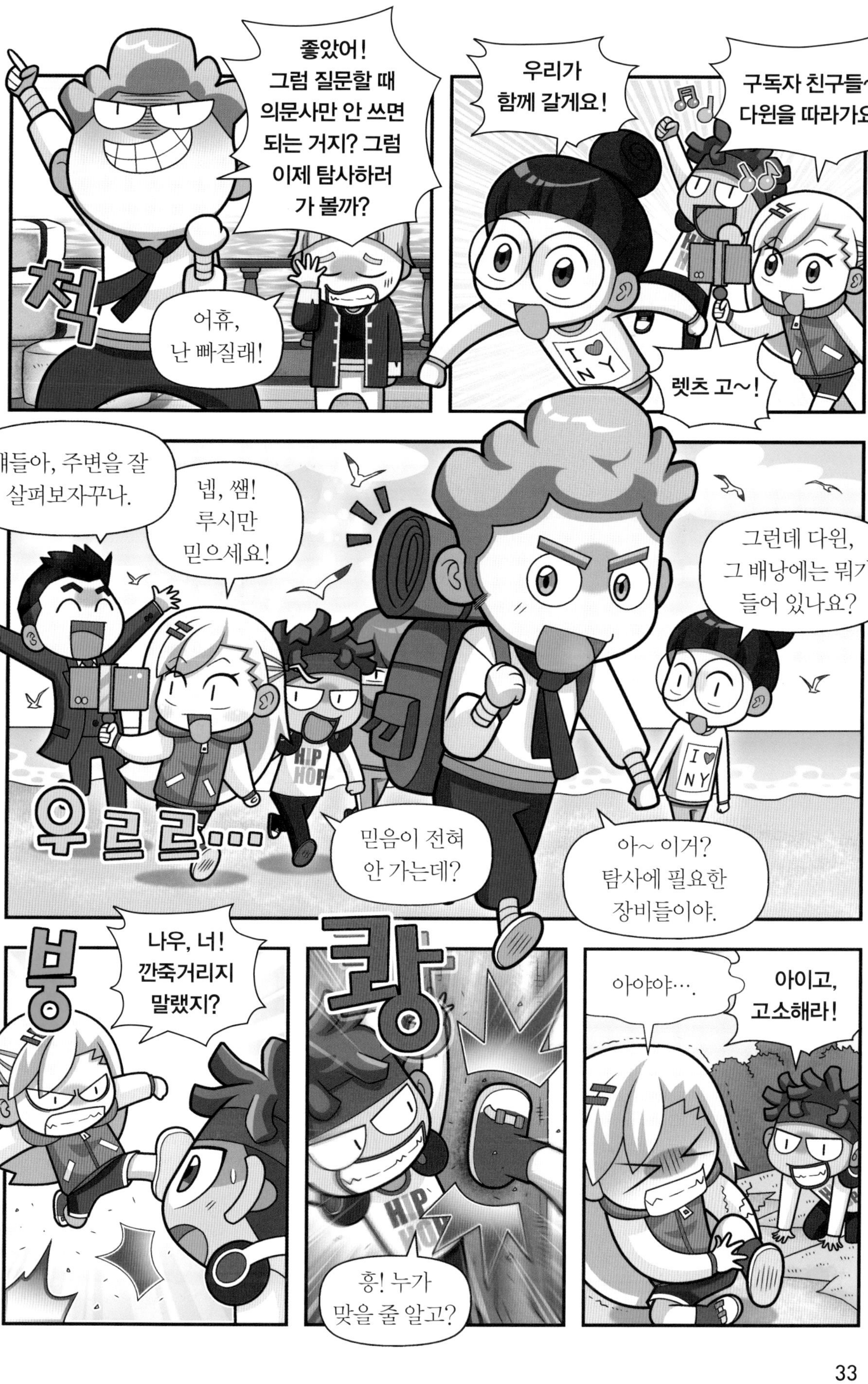

좋았어! 그럼 질문할 때 의문사만 안 쓰면 되는 거지? 그럼 이제 탐사하러 가 볼까?
척
어휴, 난 빠질래!
우리가 함께 갈게요!
구독자 친구들~ 다원을 따라가요!
렛츠 고~!
애들아, 주변을 잘 살펴보자꾸나.
넵, 쌤! 루시만 믿으세요!
그런데 다원, 그 배낭에는 뭐가 들어 있나요?
우르르...
믿음이 전혀 안 가는데?
아~ 이거? 탐사에 필요한 장비들이야.
붕
나우, 너! 깐죽거리지 말랬지?
쾅
흥! 누가 맞을 줄 알고?
아야야….
아이고, 고소해라!

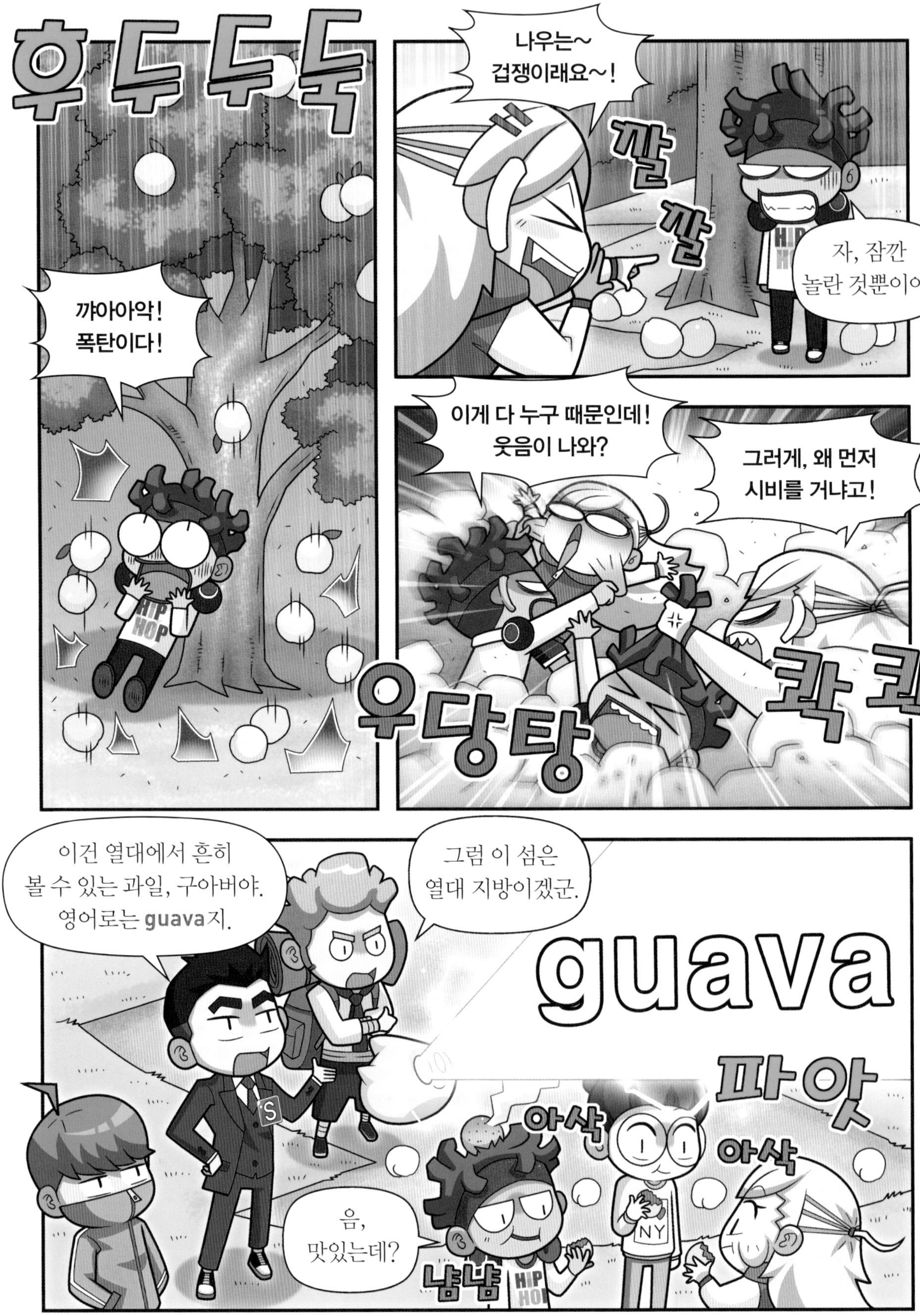

후두두둑
꺄아아악! 폭탄이다!
나우는~ 겁쟁이래요~!
깔깔
자, 잠깐 놀란 것뿐이야!
이게 다 누구 때문인데! 웃음이 나와?
그러게, 왜 먼저 시비를 거냐고!
우당탕
콰콰
이건 열대에서 흔히 볼 수 있는 과일, 구아버야. 영어로는 guava지.
그럼 이 섬은 열대 지방이겠군.
guava
파앗
아삭
아삭
음, 맛있는데?
냠냠

* 분홍색 단어의 발음이 궁금하다면 143쪽을 펼쳐 보세요.

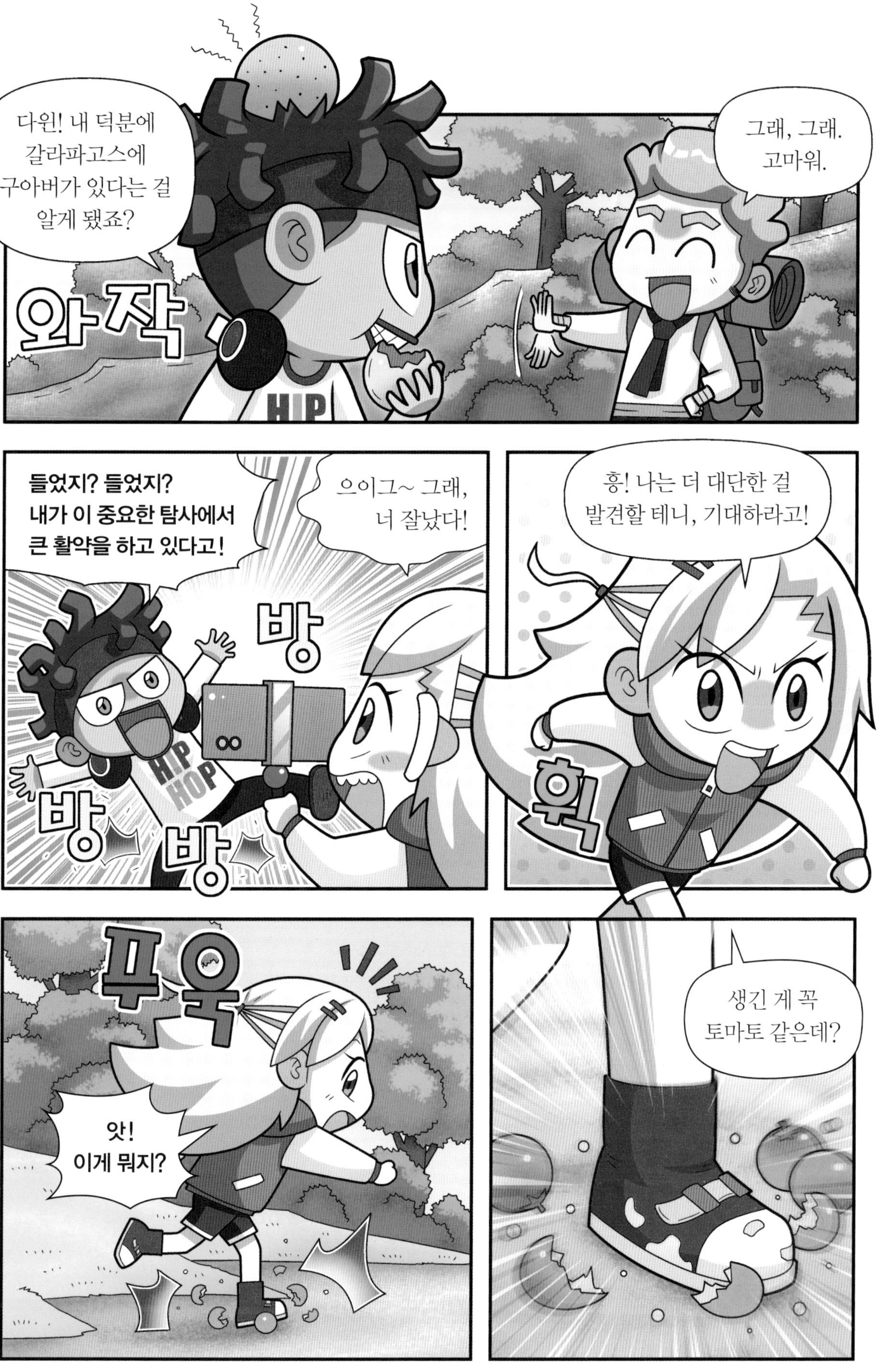
다윈! 내 덕분에 갈라파고스에 구아버가 있다는 걸 알게 됐죠?
와작
그래, 그래. 고마워.
들었지? 들었지? 내가 이 중요한 탐사에서 큰 활약을 하고 있다고!
으이그~ 그래, 너 잘났다!
방
방
방
흥! 나는 더 대단한 걸 발견할 테니, 기대하라고!
휙
푸욱
앗! 이게 뭐지?
생긴 게 꼭 토마토 같은데?

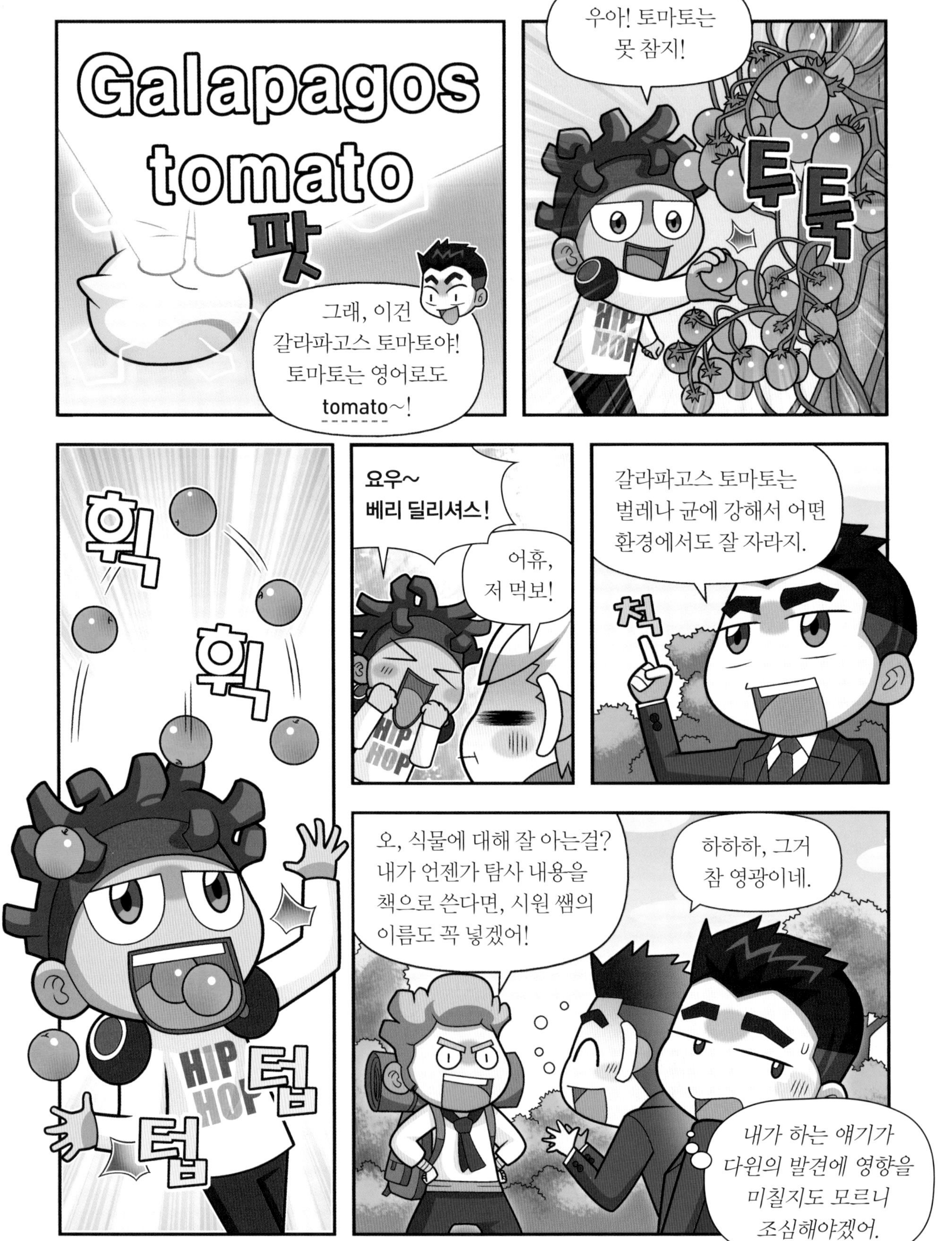
Galapagos tomato
팟
그래, 이건 갈라파고스 토마토야! 토마토는 영어로도 tomato~!
우아! 토마토는 못 참지!
투툭
휙
휙
텁
텁
요우~ 베리 딜리셔스!
어휴, 저 먹보!
갈라파고스 토마토는 벌레나 균에 강해서 어떤 환경에서도 잘 자라지.
척
오, 식물에 대해 잘 아는걸? 내가 언젠가 탐사 내용을 책으로 쓴다면, 시원 쌤의 이름도 꼭 넣겠어!
하하하, 그거 참 영광이네.
내가 하는 얘기가 다윈의 발견에 영향을 미칠지도 모르니 조심해야겠어.

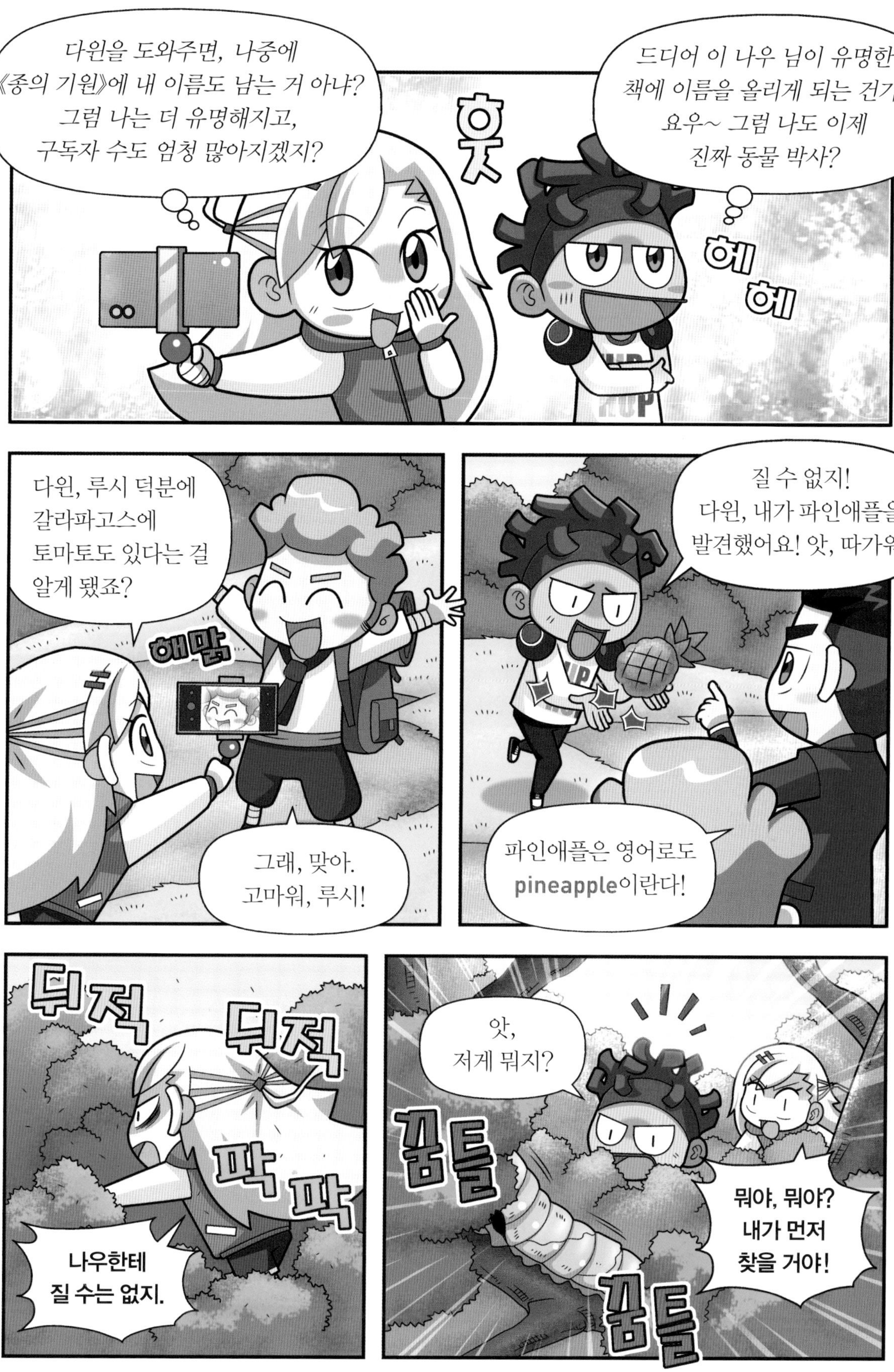
다윈을 도와주면, 나중에 《종의 기원》에 내 이름도 남는 거 아냐? 그럼 나는 더 유명해지고, 구독자 수도 엄청 많아지겠지?
훗
드디어 이 나우 님이 유명한 책에 이름을 올리게 되는 건가! 요우~ 그럼 나도 이제 진짜 동물 박사?
헤헤
다윈, 루시 덕분에 갈라파고스에 토마토도 있다는 걸 알게 됐죠?
해맑
그래, 맞아. 고마워, 루시!
질 수 없지! 다윈, 내가 파인애플을 발견했어요! 앗, 따가워!
파인애플은 영어로도 pineapple이란다!
뒤적 뒤적
팍 팍
나우한테 질 수는 없지.
앗, 저게 뭐지?
꿈틀
뭐야, 뭐야? 내가 먼저 찾을 거야!
꿈틀

* 분홍색 단어의 발음이 궁금하다면 143쪽을 펼쳐 보세요.

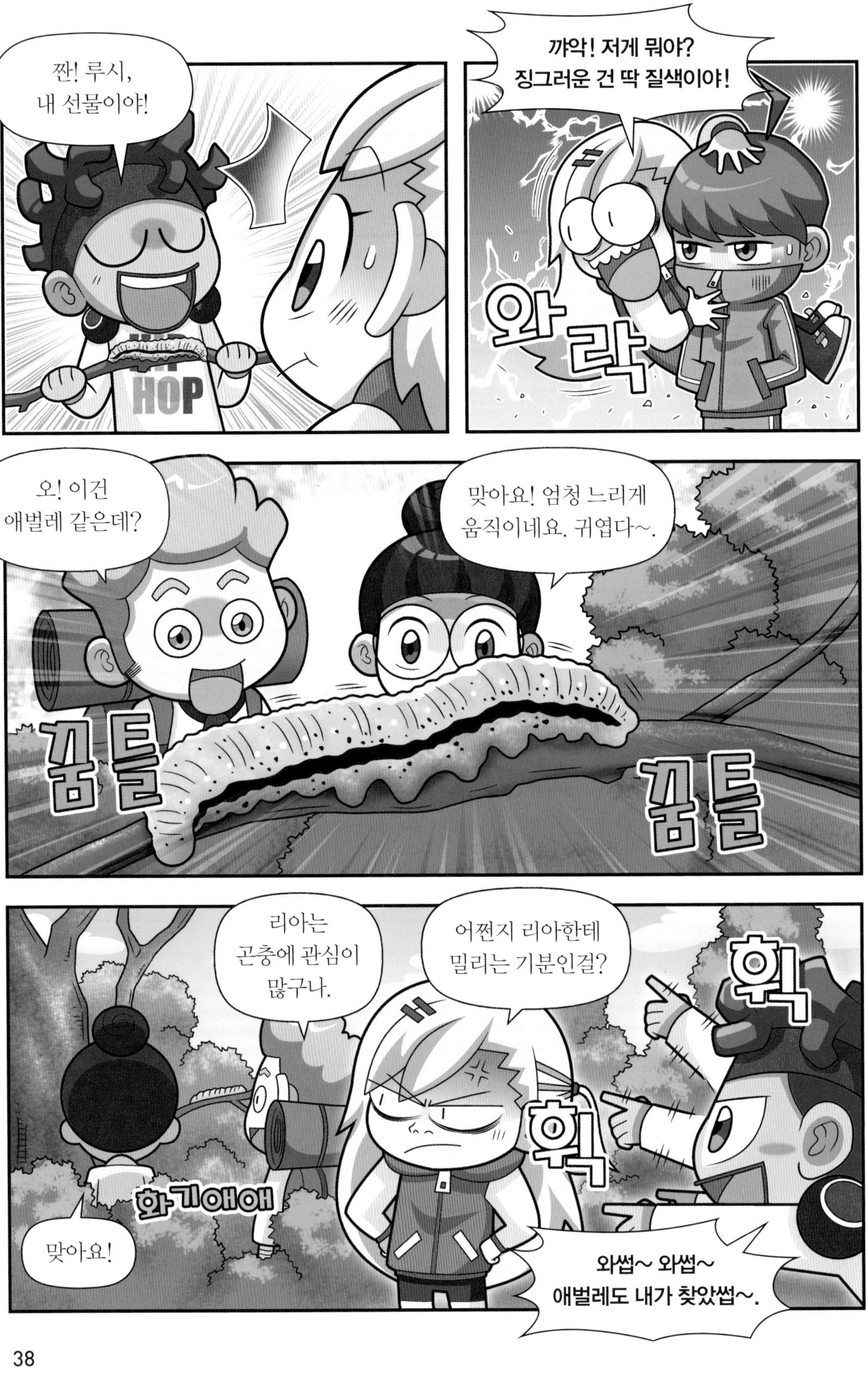
짠! 루시,
내 선물이야!
HOP
까악! 저게 뭐야?
징그러운 건 딱 질색이야!
와락
오! 이건
애벌레 같은데?
맞아요! 엄청 느리게
움직이네요. 귀엽다~.
꿈틀
꿈틀
리아는
곤충에 관심이
많구나.
어쩐지 리아한테
밀리는 기분인걸?
휙
휙
화기애애
맞아요!
와썹~ 와썹~
애벌레도 내가 찾았썹~.

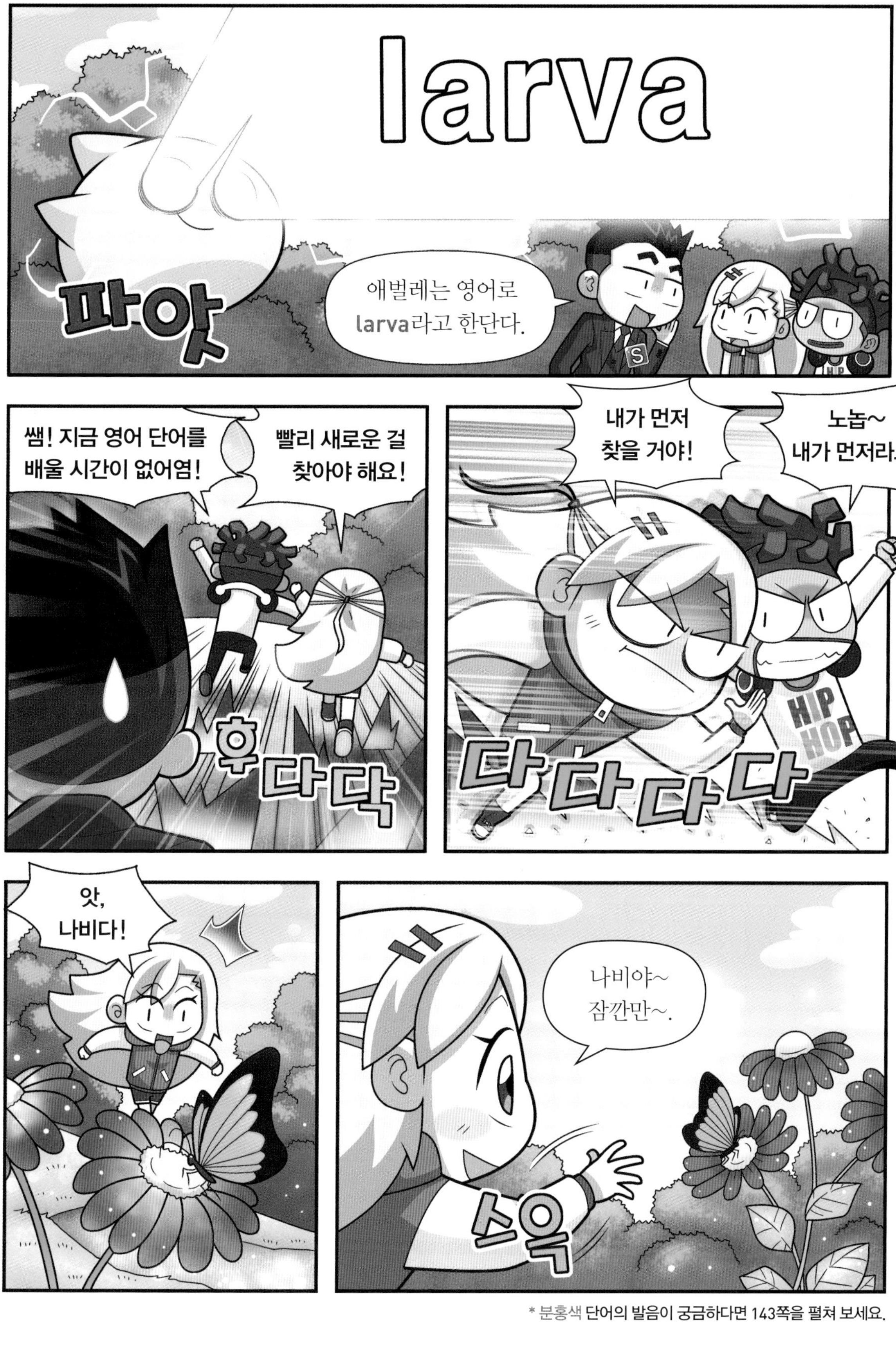
larva
파약
애벌레는 영어로 larva라고 한단다.
쌤! 지금 영어 단어를 배울 시간이 없어염!
빨리 새로운 걸 찾아야 해요!
후다닥
내가 먼저 찾을 거야!
노놉~ 내가 먼저라고!
HIP HOP
다다다다다
앗, 나비다!
나비야~ 잠깐만~.
스윽

* 분홍색 단어의 발음이 궁금하다면 143쪽을 펼쳐 보세요.

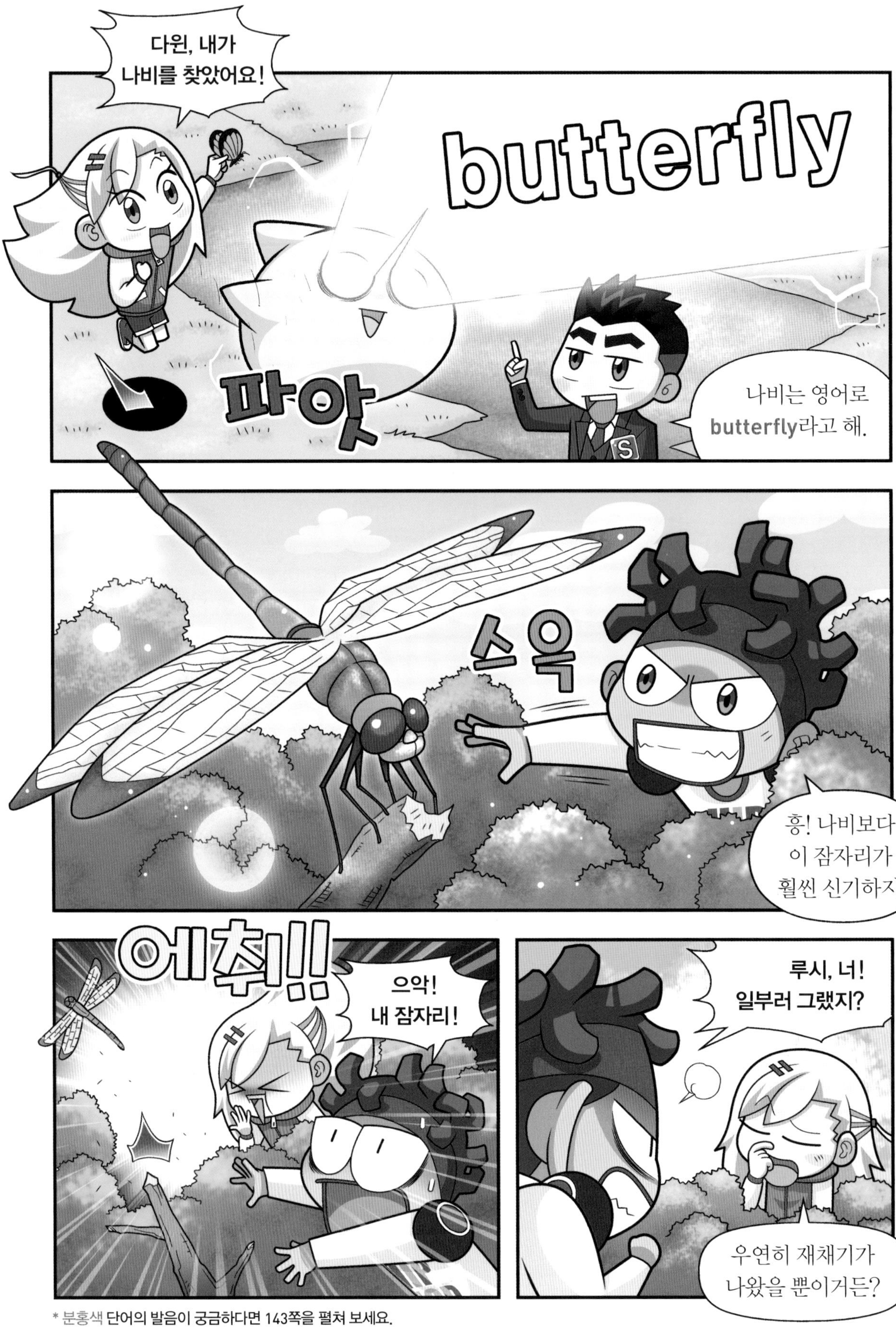
다원, 내가
나비를 찾았어요!
butterfly
파앗
나비는 영어로
butterfly라고 해.
스윽
흥! 나비보다
이 잠자리가
훨씬 신기하지.
에취!!
으악!
내 잠자리!
루시, 너!
일부러 그랬지?
우연히 재채기가
나왔을 뿐이거든?

* 분홍색 단어의 발음이 궁금하다면 143쪽을 펼쳐 보세요.

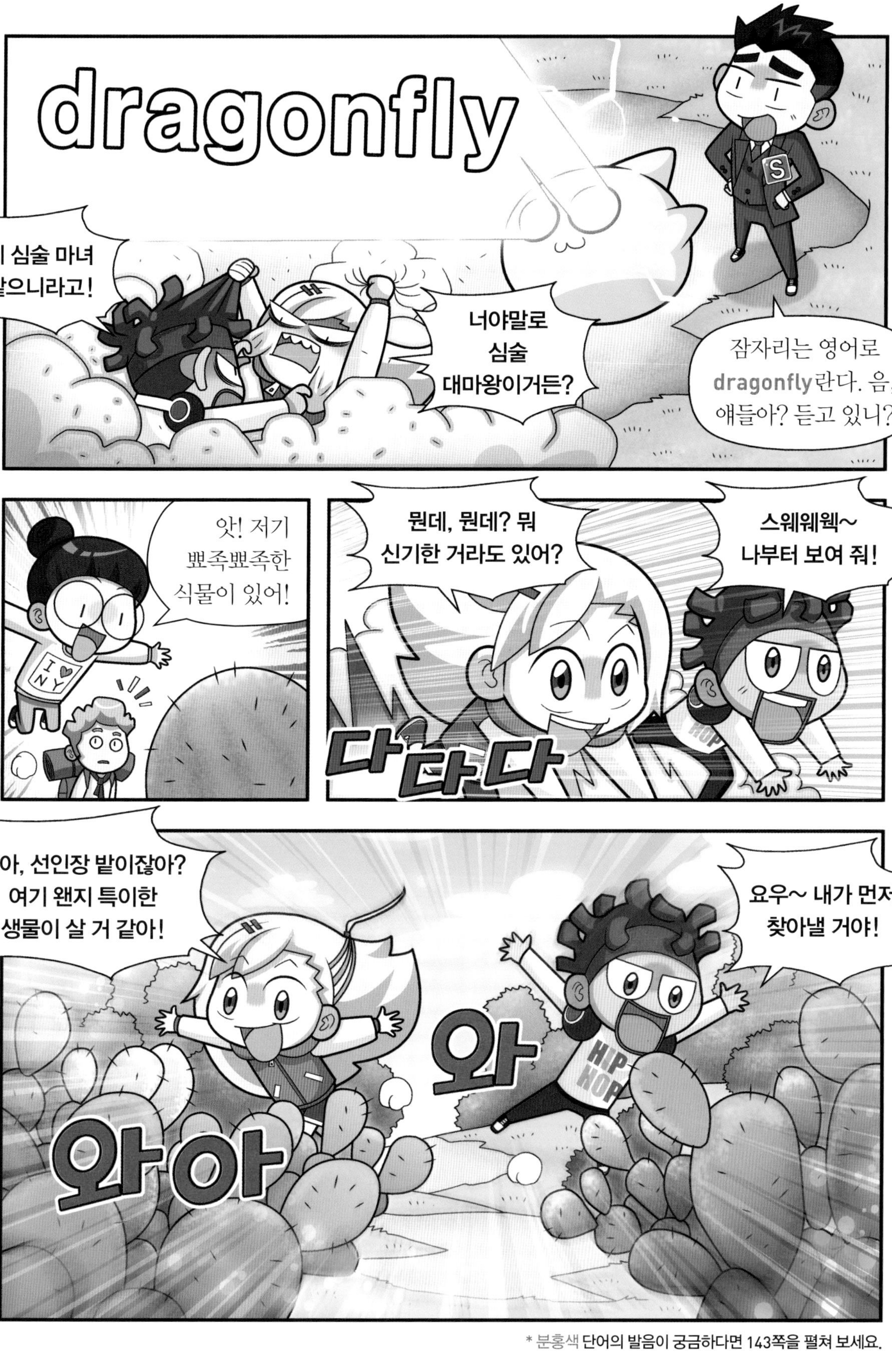
dragonfly
잠자리는 영어로 dragonfly란다. 음, 얘들아? 듣고 있니?
이 심술 마녀 같으니라고!
너야말로 심술 대마왕이거든?
앗! 저기 뾰족뾰족한 식물이 있어!
뭔데, 뭔데? 뭐 신기한 거라도 있어?
스웨웨웩~ 나부터 보여 줘!
다다다
우아, 선인장 밭이잖아? 여기 왠지 특이한 생물이 살 거 같아!
요우~ 내가 먼저 찾아낼 거야!
와
와아

* 분홍색 단어의 발음이 궁금하다면 143쪽을 펼쳐 보세요.

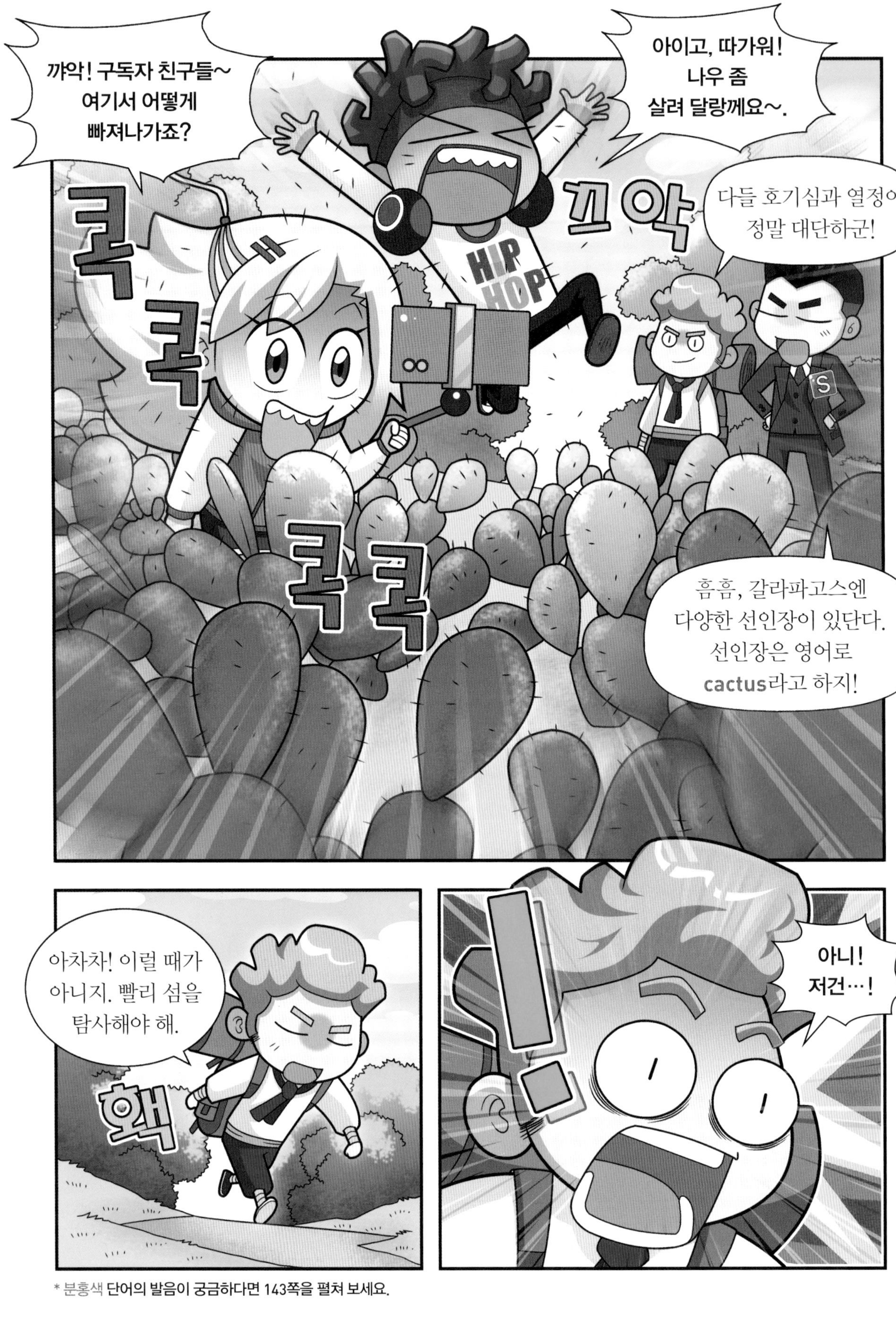

꺄악! 구독자 친구들~
여기서 어떻게
빠져나가죠?
아이고, 따가워!
나우 좀
살려 달랑께요~.
콕
콕
끄악
HIP
HOP
다들 호기심과 열정이
정말 대단하군!
콕콕
흠흠, 갈라파고스엔
다양한 선인장이 있단다.
선인장은 영어로
cactus라고 하지!
아차차! 이럴 때가
아니지. 빨리 섬을
탐사해야 해.
홱
!
아니!
저건…!

* 분홍색 단어의 발음이 궁금하다면 143쪽을 펼쳐 보세요.

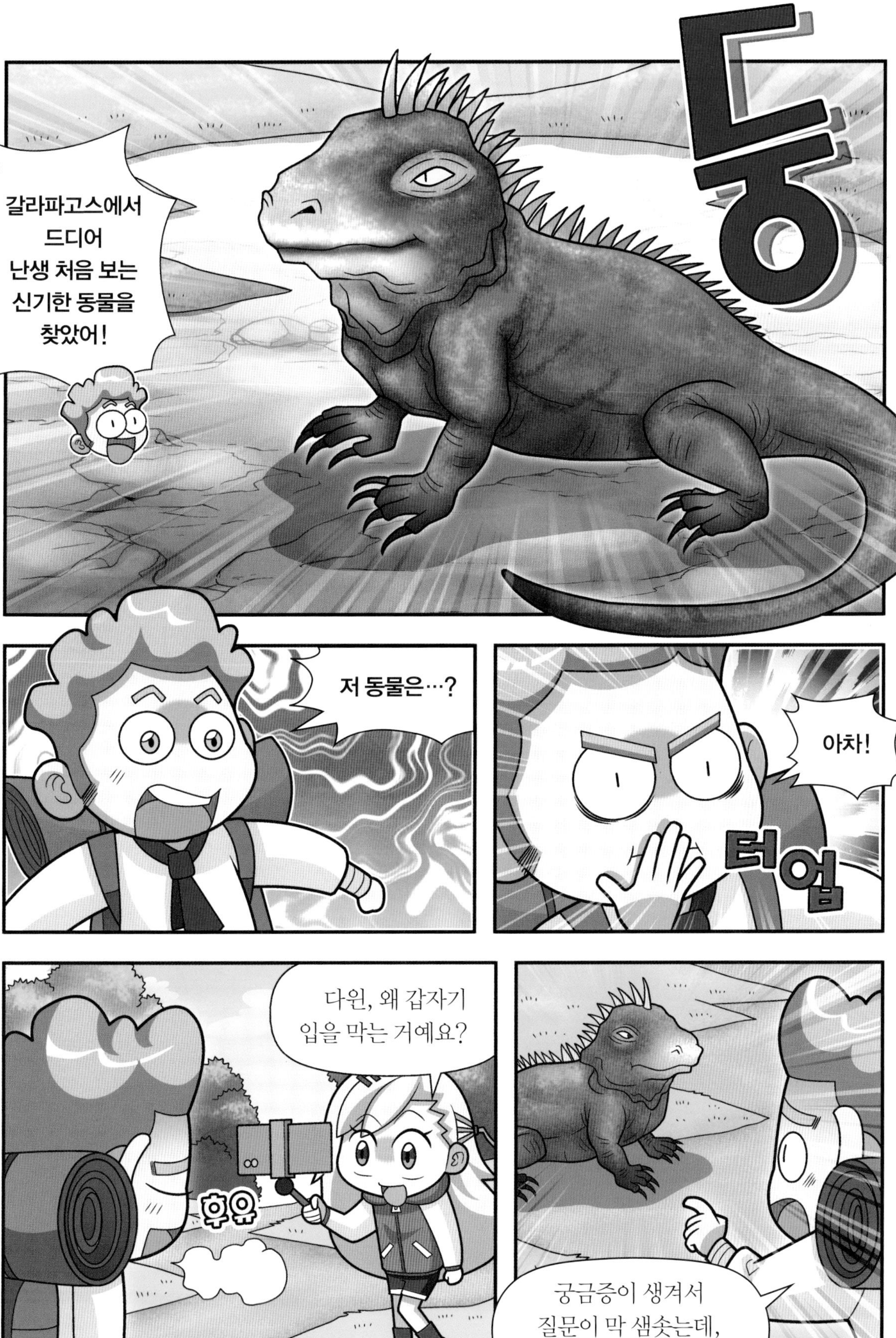
둥
갈라파고스에서 드디어 난생 처음 보는 신기한 동물을 찾았어!
저 동물은…?
아차!
터업
다윈, 왜 갑자기 입을 막는 거예요?
후유
궁금증이 생겨서 질문이 막 샘솟는데, 갑자기 긴장이 되지 뭐야.

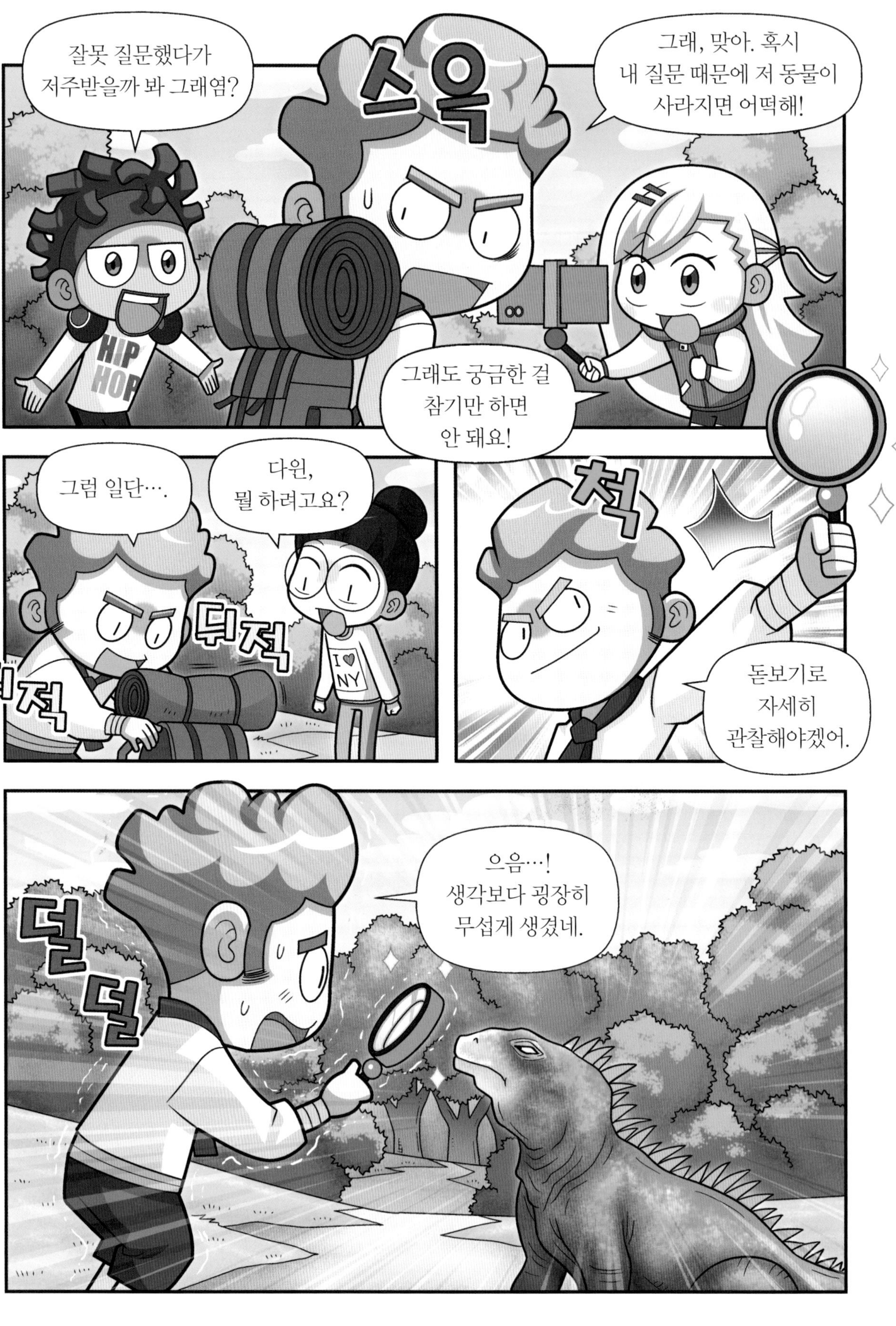

잘못 질문했다가 저주받을까 봐 그래염?
스윽
그래, 맞아. 혹시 내 질문 때문에 저 동물이 사라지면 어떡해!
HIP HOP
그래도 궁금한 걸 참기만 하면 안 돼요!
그럼 일단….
다윈, 뭘 하려고요?
뒤적
뒤적
I ♥ NY
척
돋보기로 자세히 관찰해야겠어.
덜덜
으음…! 생각보다 굉장히 무섭게 생겼네.

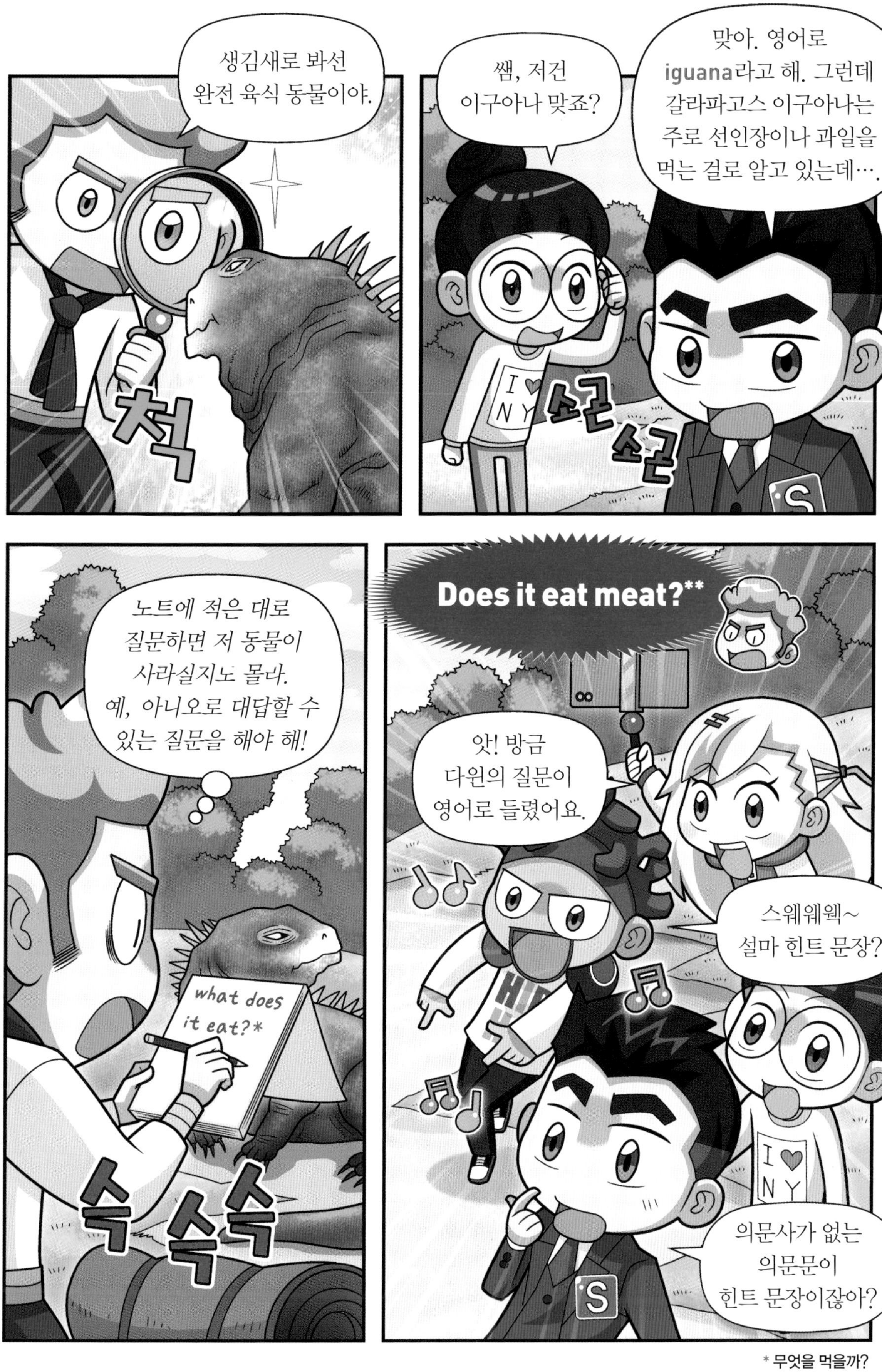
생김새로 봐선
완전 육식 동물이야.
척
쌤, 저건
이구아나 맞죠?
맞아. 영어로
iguana라고 해. 그런데
갈라파고스 이구아나는
주로 선인장이나 과일을
먹는 걸로 알고 있는데….
소곤소곤
노트에 적은 대로
질문하면 저 동물이
사라질지도 몰라.
예, 아니오로 대답할 수
있는 질문을 해야 해!
what does
it eat?*
슥슥슥
Does it eat meat?**
앗! 방금
다윈의 질문이
영어로 들렸어요.
스웨웨웩~
설마 힌트 문장?
의문사가 없는
의문문이
힌트 문장이잖아?

* 무엇을 먹을까?
** 고기를 먹을까?
* 분홍색 단어의 발음이 궁금하다면 143쪽을 펼쳐 보세요.

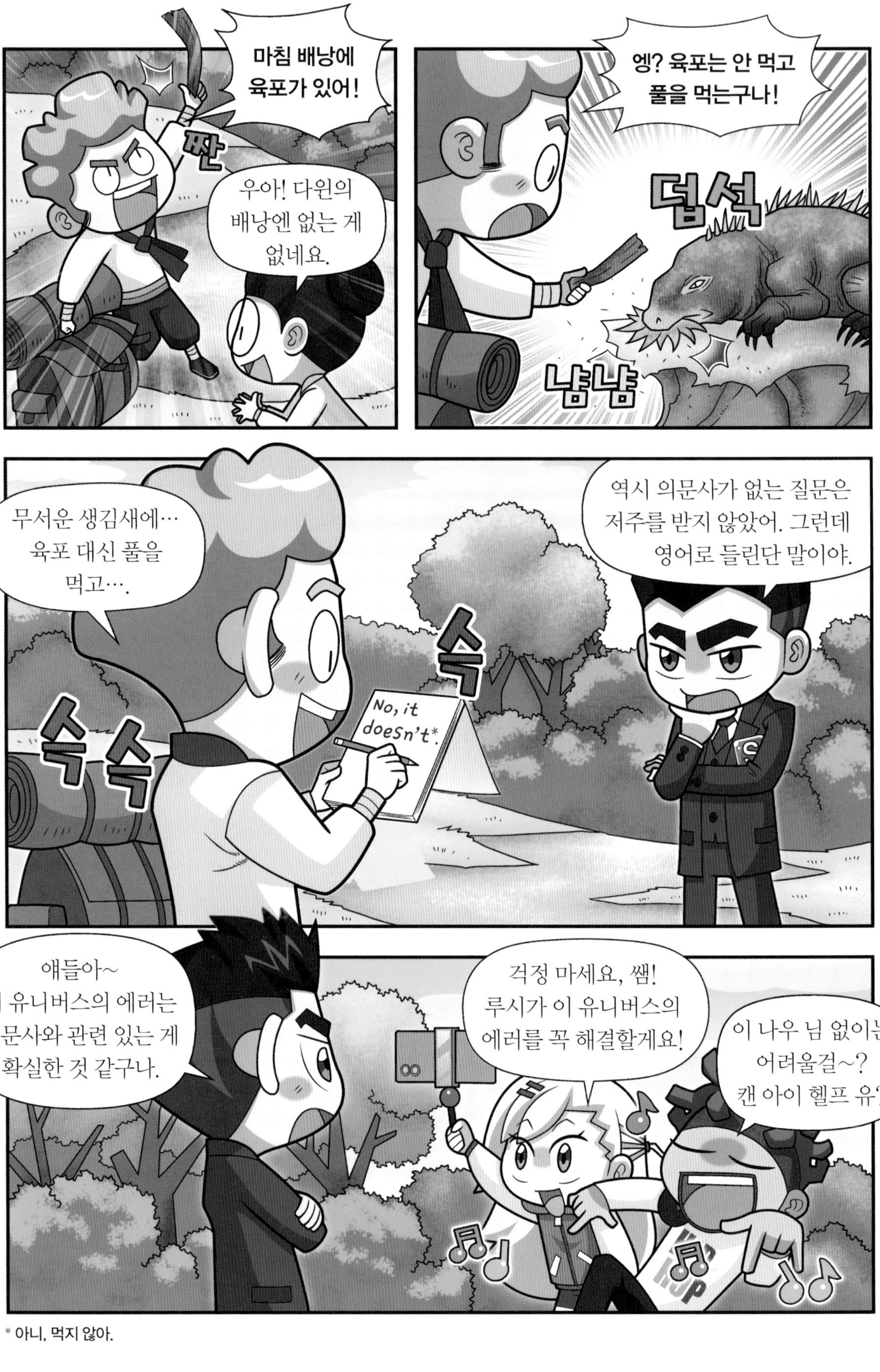
마침 배낭에 육포가 있어!
짠
우아! 다윈의 배낭엔 없는 게 없네요.
엥? 육포는 안 먹고 풀을 먹는구나!
덥석
냠냠
무서운 생김새에… 육포 대신 풀을 먹고….
역시 의문사가 없는 질문은 저주를 받지 않았어. 그런데 영어로 들린단 말이야.
슥
슥슥
No, it doesn't*.
애들아~ 이 유니버스의 에러는 의문사와 관련 있는 게 확실한 것 같구나.
걱정 마세요, 쌤! 루시가 이 유니버스의 에러를 꼭 해결할게요!
이 나우 님 없이는 어려울걸~? 캔 아이 헬프 유?

* 아니, 먹지 않아.

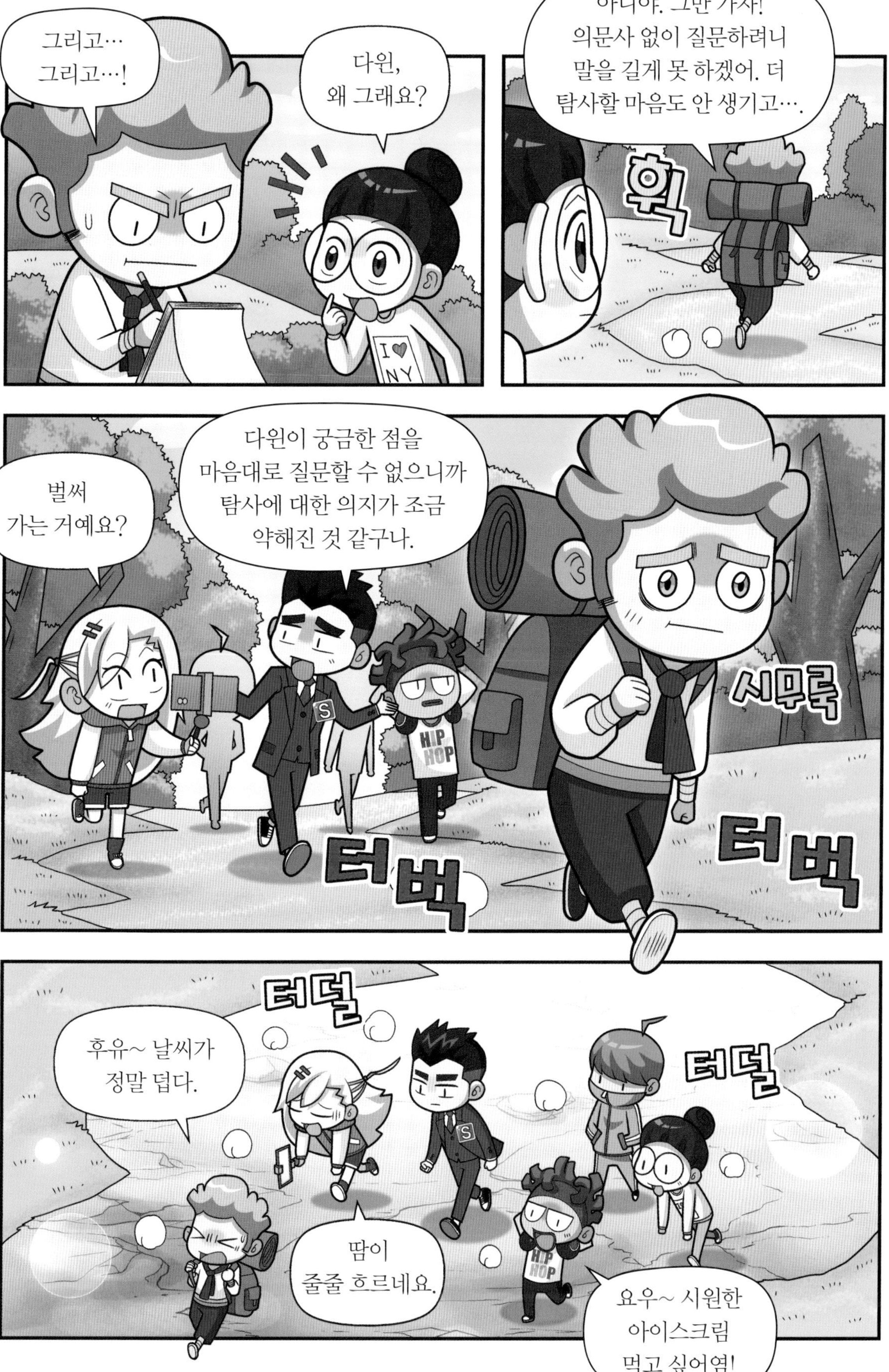
그리고…
그리고…!
다윈,
왜 그래요?
아니야. 그만 가자!
의문사 없이 질문하려니
말을 길게 못 하겠어. 더
탐사할 마음도 안 생기고….
휙
벌써
가는 거예요?
다윈이 궁금한 점을
마음대로 질문할 수 없으니까
탐사에 대한 의지가 조금
약해진 것 같구나.
시무룩
터벅
터벅
터덜
터덜
후유~ 날씨가
정말 덥다.
땀이
줄줄 흐르네요.
요우~ 시원한
아이스크림
먹고 싶어염!

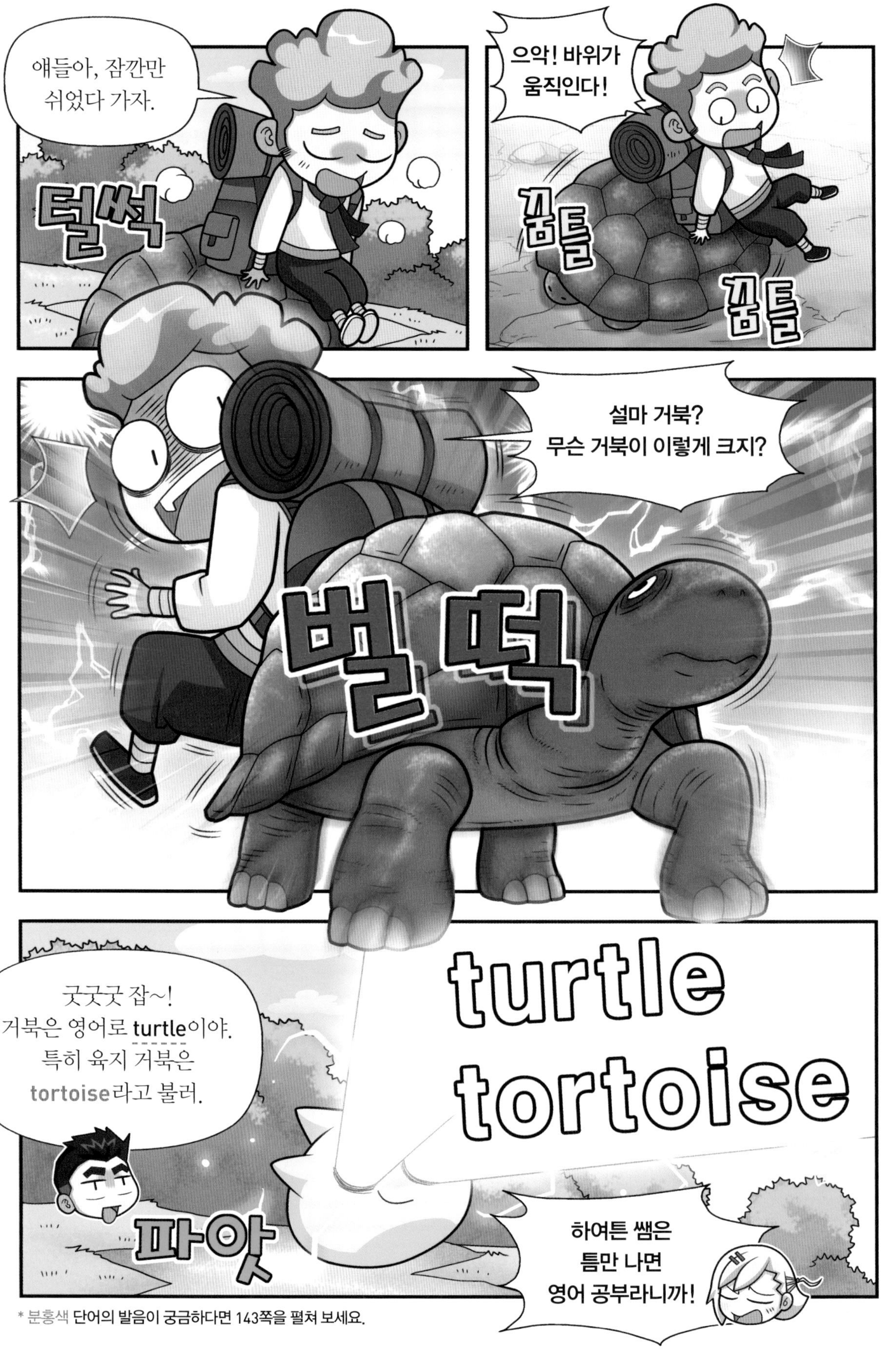
얘들아, 잠깐만 쉬었다 가자.
털썩
으악! 바위가 움직인다!
꿈틀
꿈틀
설마 거북? 무슨 거북이 이렇게 크지?
벌떡
굿굿굿 잡~! 거북은 영어로 turtle이야. 특히 육지 거북은 tortoise라고 불러.
turtle
tortoise
파앗
하여튼 쌤은 틈만 나면 영어 공부라니까!

* 분홍색 단어의 발음이 궁금하다면 143쪽을 펼쳐 보세요.

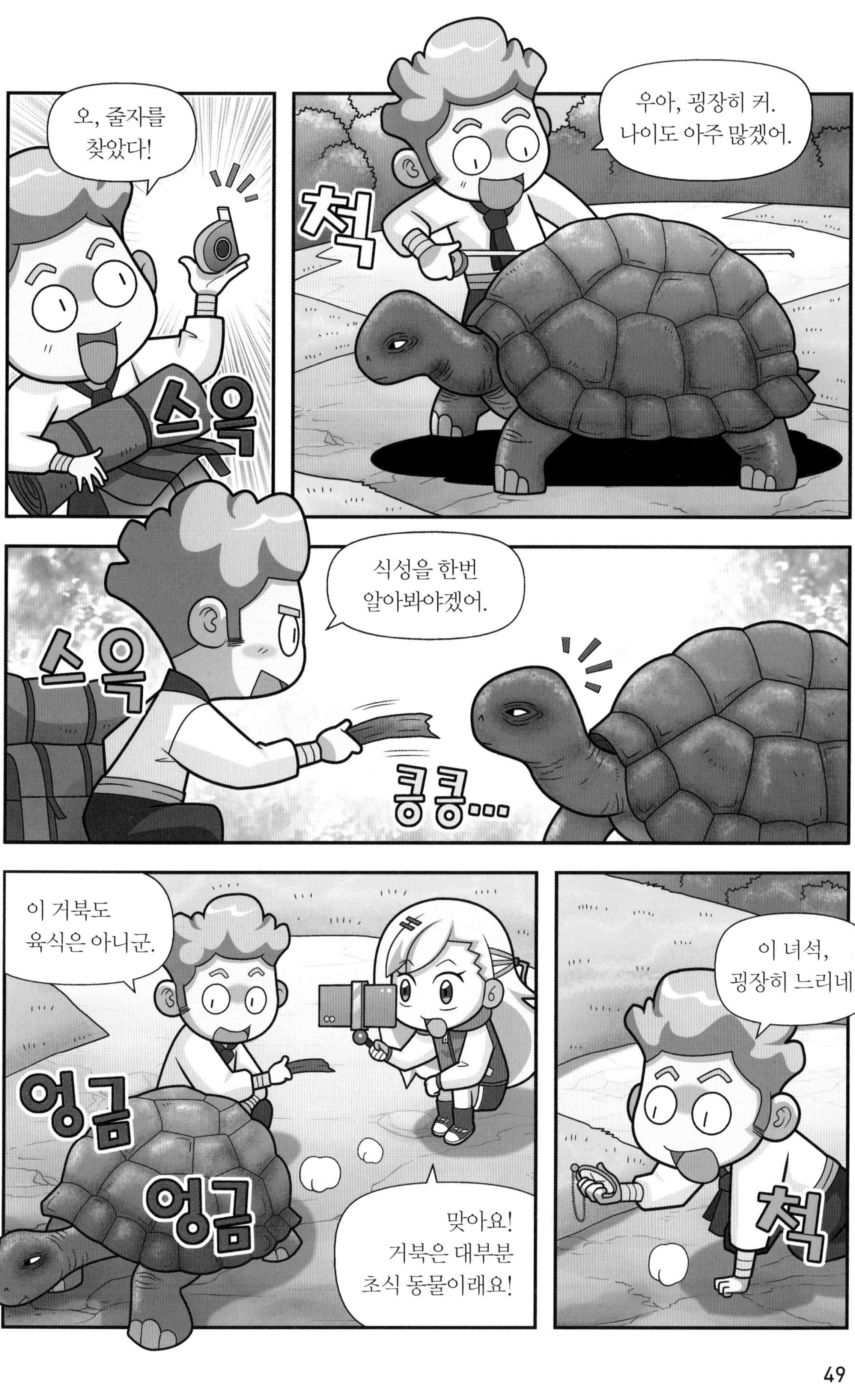
오, 줄자를
찾았다!
스윽
척
우아, 굉장히 커.
나이도 아주 많겠어.
스윽
식성을 한번
알아봐야겠어.
쿵쿵...
이 거북도
육식은 아니군.
엉금
엉금
맞아요!
거북은 대부분
초식 동물이래요!
이 녀석,
굉장히 느리네.
척

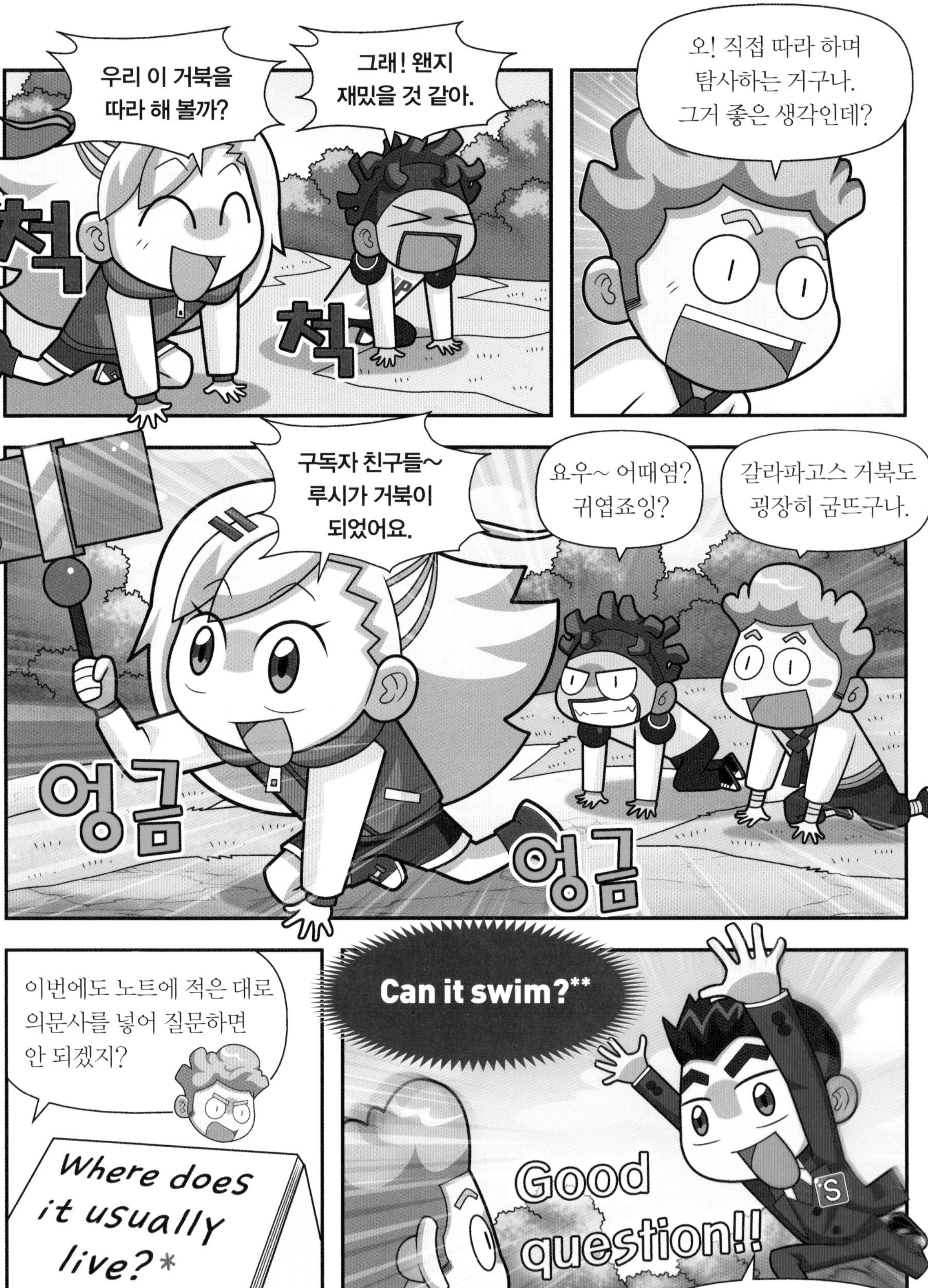
우리 이 거북을 따라 해 볼까?
그래! 왠지 재밌을 것 같아.
척
척
오! 직접 따라 하며 탐사하는 거구나. 그거 좋은 생각인데?
구독자 친구들~ 루시가 거북이 되었어요.
요우~ 어때염? 귀엽죠잉?
갈라파고스 거북도 굉장히 굼뜨구나.
엉금
엉금
이번에도 노트에 적은 대로 의문사를 넣어 질문하면 안 되겠지?
Where does it usually live?*
Can it swim?**
Good question!!
과연 갈라파고스 거북이 수영을 할 수 있을까? 나도 궁금하네!

* 주로 어디에 살까?

** 수영을 할 수 있을까?

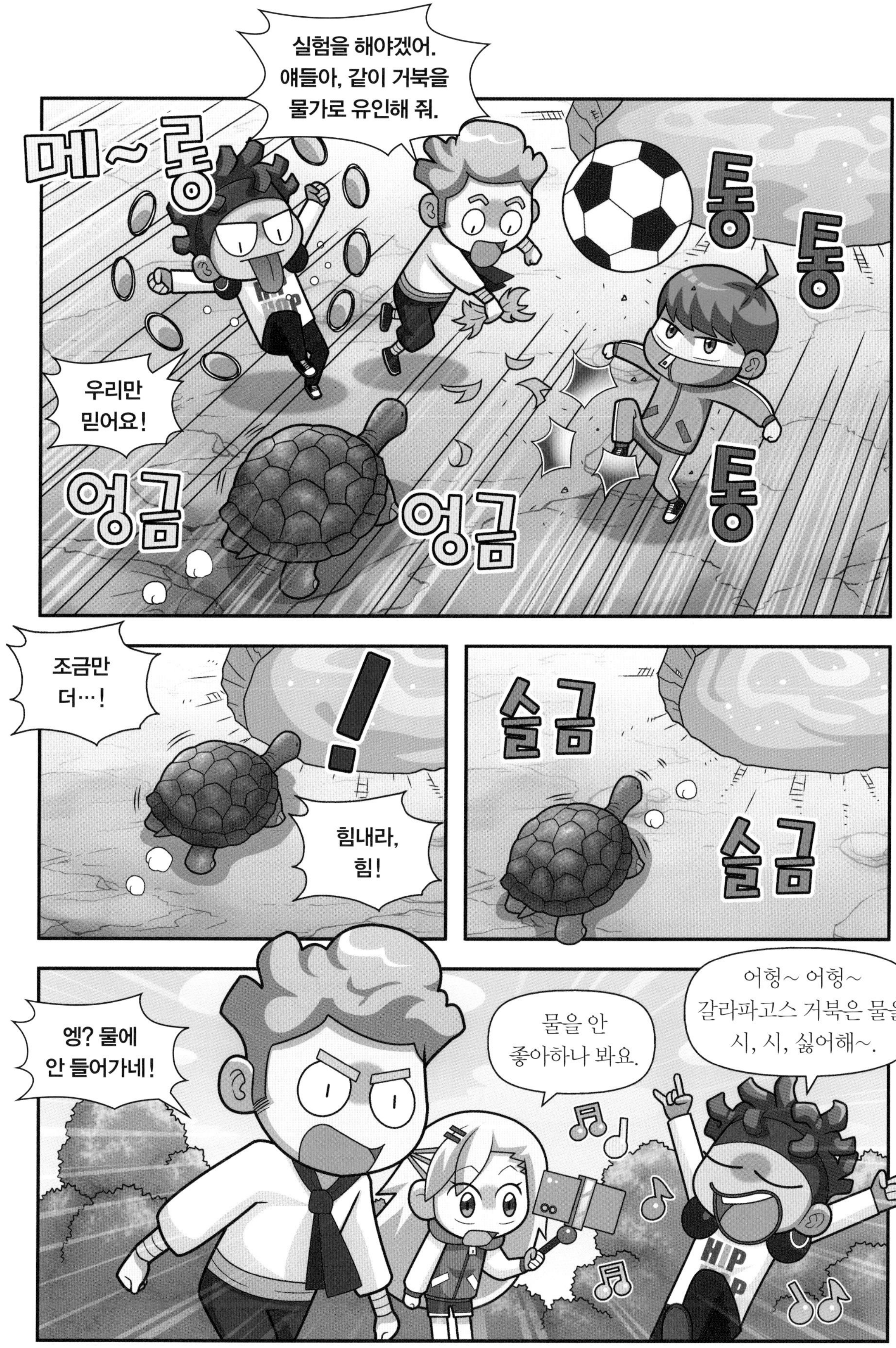
실험을 해야겠어.
얘들아, 같이 거북을
물가로 유인해 줘.
메~롱
통
통
우리만
믿어요!
엉금
엉금
통
조금만
더…!
!
힘내라,
힘!
슬금
슬금
엥? 물에
안 들어가네!
물을 안
좋아하나 봐요.
어헝~ 어헝~
갈라파고스 거북은 물을
시, 시, 싫어해~.

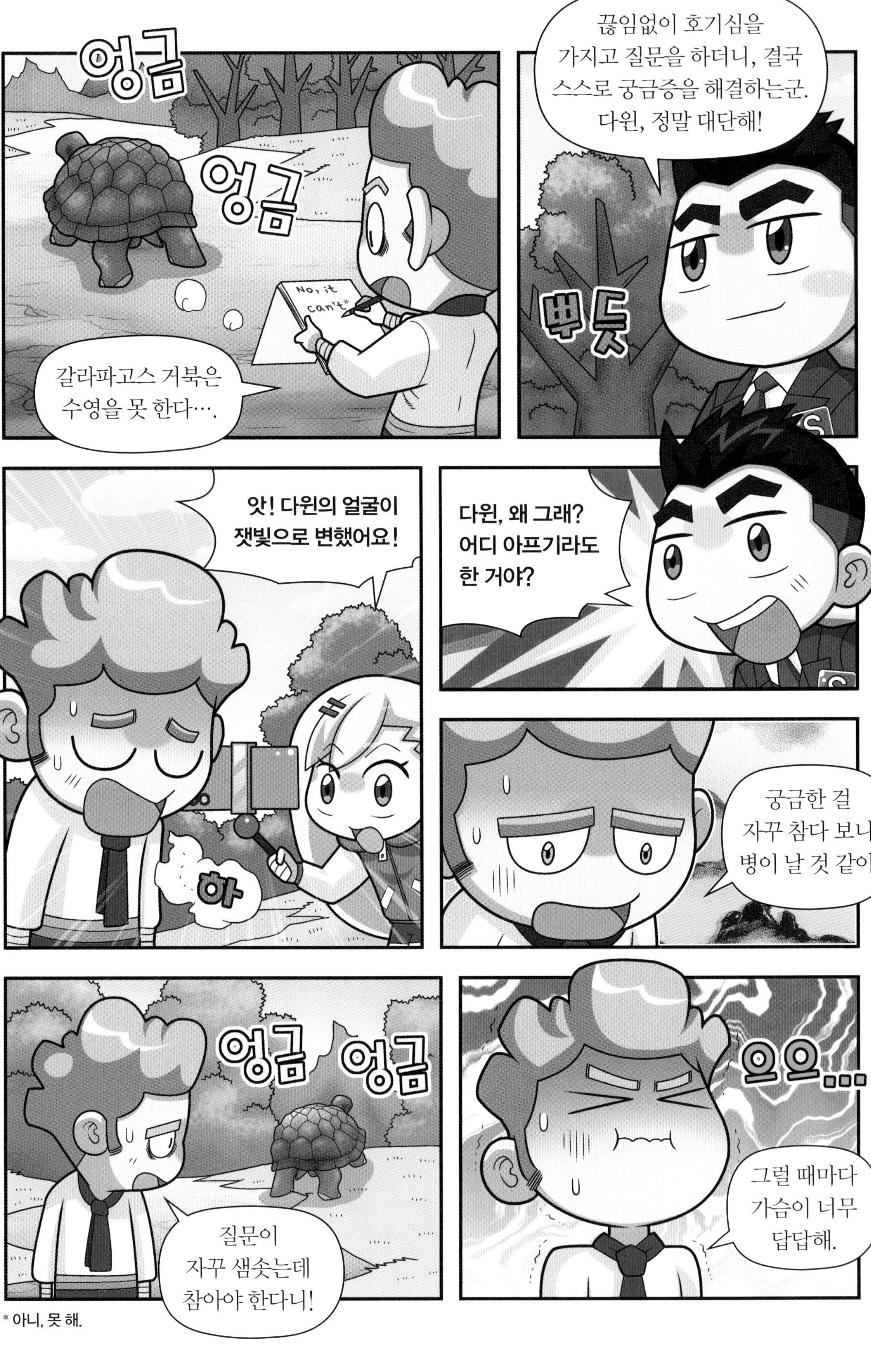
엉금
엉금
No, it can't*
갈라파고스 거북은 수영을 못 한다….
끊임없이 호기심을 가지고 질문을 하더니, 결국 스스로 궁금증을 해결하는군. 다윈, 정말 대단해!
뿌듯
앗! 다윈의 얼굴이 잿빛으로 변했어요!
하
다윈, 왜 그래? 어디 아프기라도 한 거야?
궁금한 걸 자꾸 참다 보니 병이 날 것 같아.
엉금 엉금
질문이 자꾸 샘솟는데 참아야 한다니!
으으…
그럴 때마다 가슴이 너무 답답해.

* 아니, 못 해.

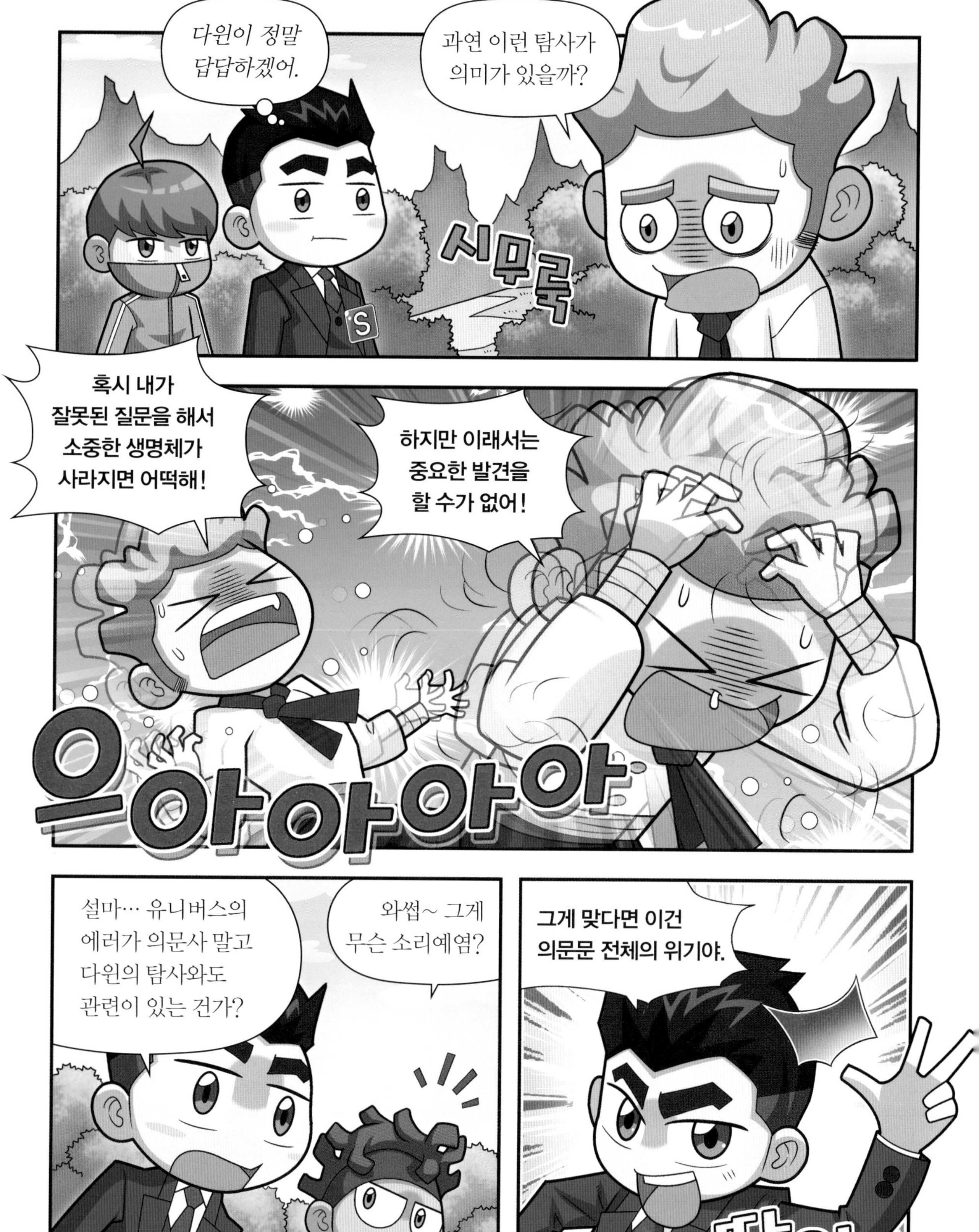

다윈이 정말 답답하겠어.
과연 이런 탐사가 의미가 있을까?
시무룩
혹시 내가 잘못된 질문을 해서 소중한 생명체가 사라지면 어떡해!
하지만 이래서는 중요한 발견을 할 수가 없어!
으아아아아아
설마… 유니버스의 에러가 의문사 말고 다윈의 탐사와도 관련이 있는 건가?
와썹~ 그게 무슨 소리예염?
그게 맞다면 이건 의문문 전체의 위기야.
따악

Chapter 3

트릭커의 새로운 무기

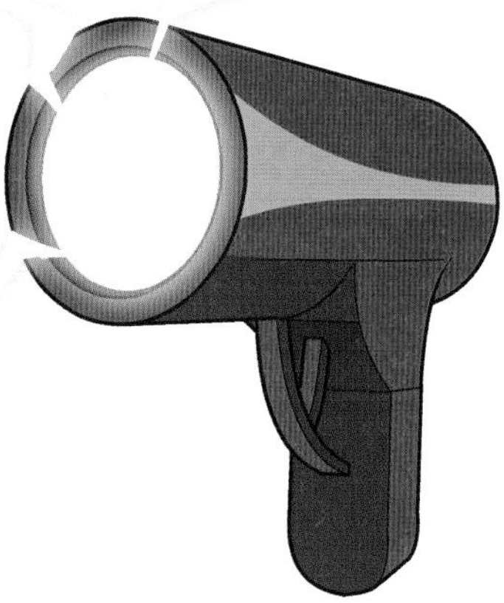

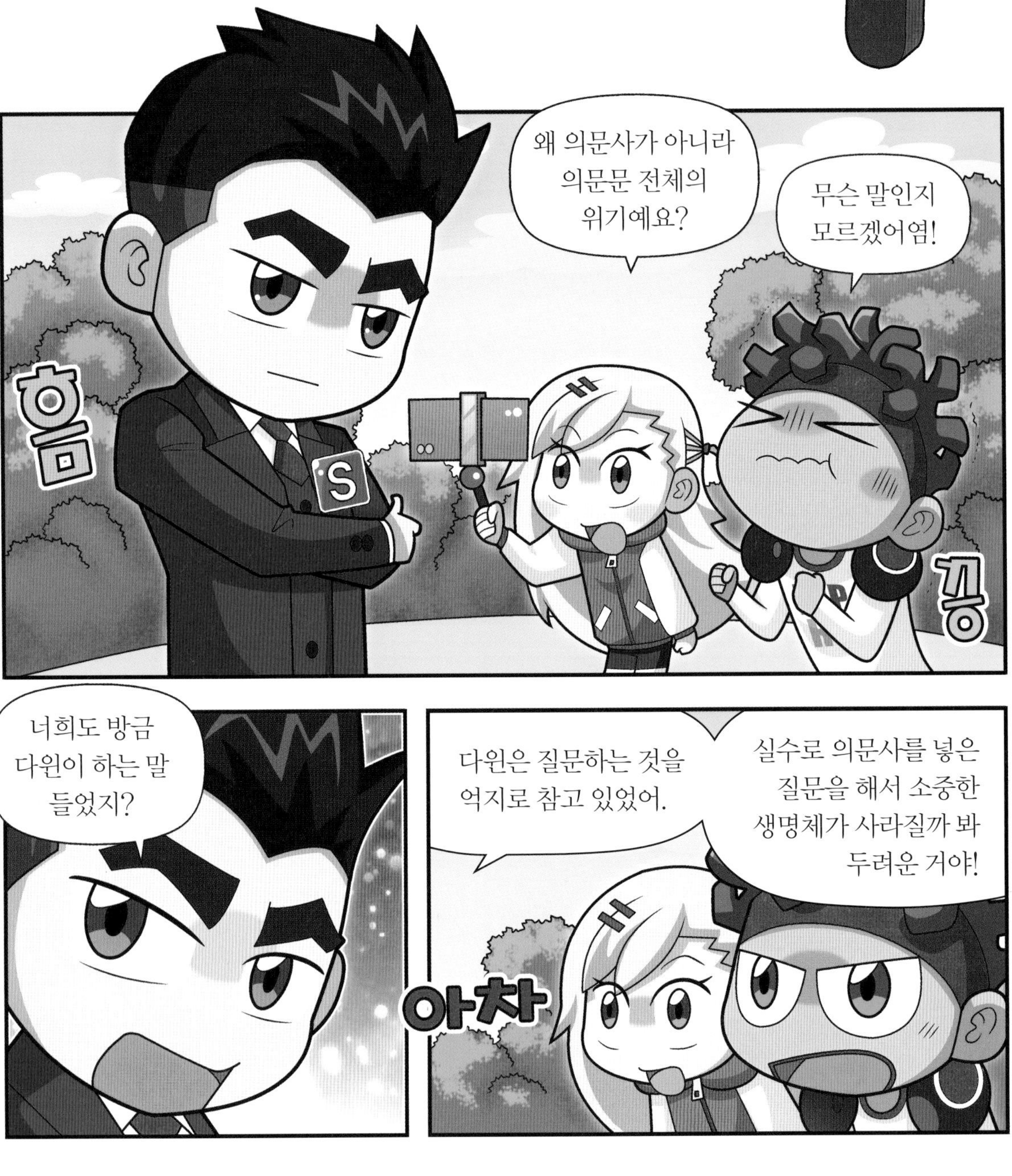
흠
왜 의문사가 아니라 의문문 전체의 위기예요?
무슨 말인지 모르겠어염!
끙
너희도 방금 다윈이 하는 말 들었지?
다윈은 질문하는 것을 억지로 참고 있었어.
실수로 의문사를 넣은 질문을 해서 소중한 생명체가 사라질까 봐 두려운 거야!
아차

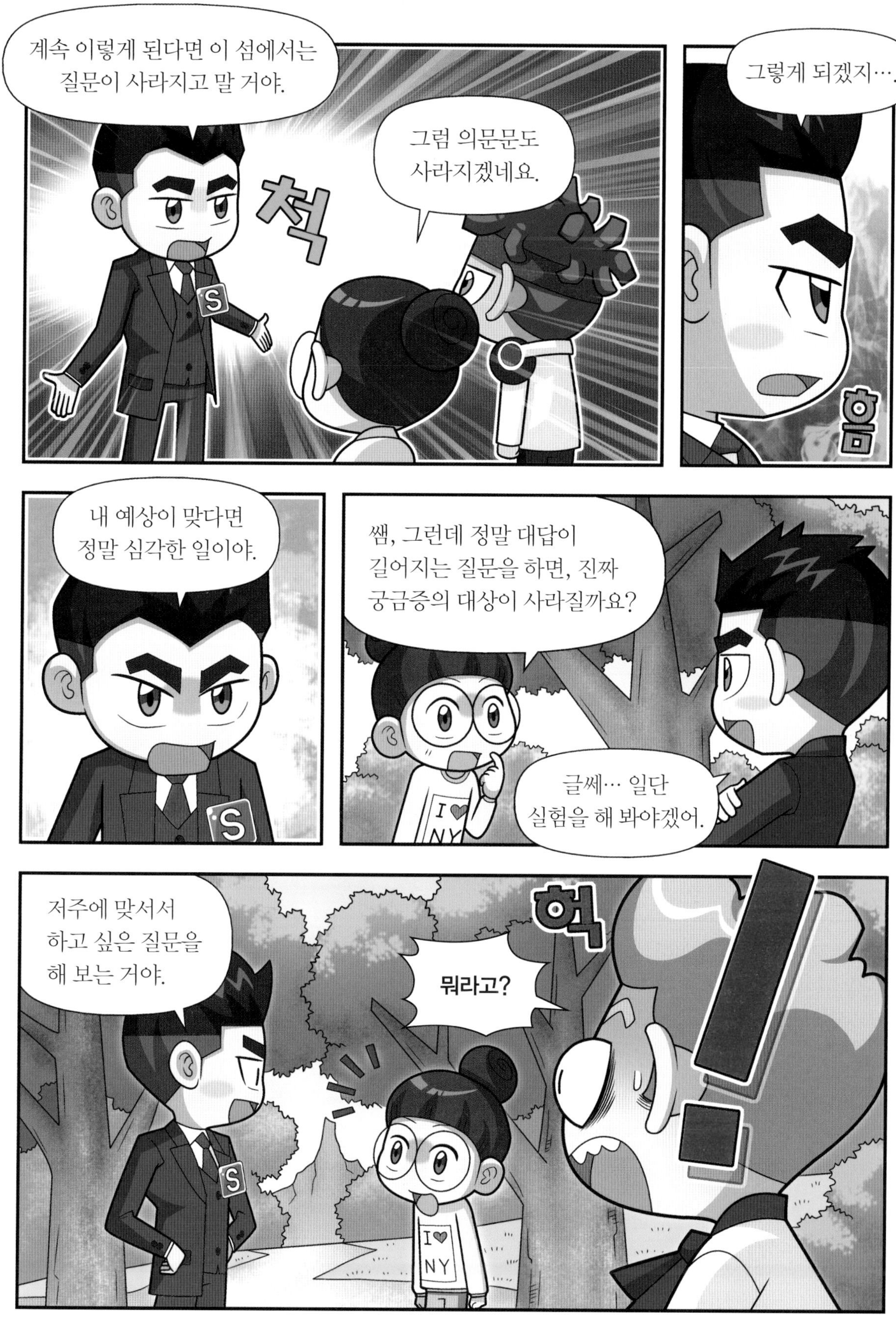
계속 이렇게 된다면 이 섬에서는 질문이 사라지고 말 거야.
척
그럼 의문문도 사라지겠네요.
그렇게 되겠지….
흠
내 예상이 맞다면 정말 심각한 일이야.
쌤, 그런데 정말 대답이 길어지는 질문을 하면, 진짜 궁금증의 대상이 사라질까요?
글쎄… 일단 실험을 해 봐야겠어.
저주에 맞서서 하고 싶은 질문을 해 보는 거야.
헉
뭐라고?

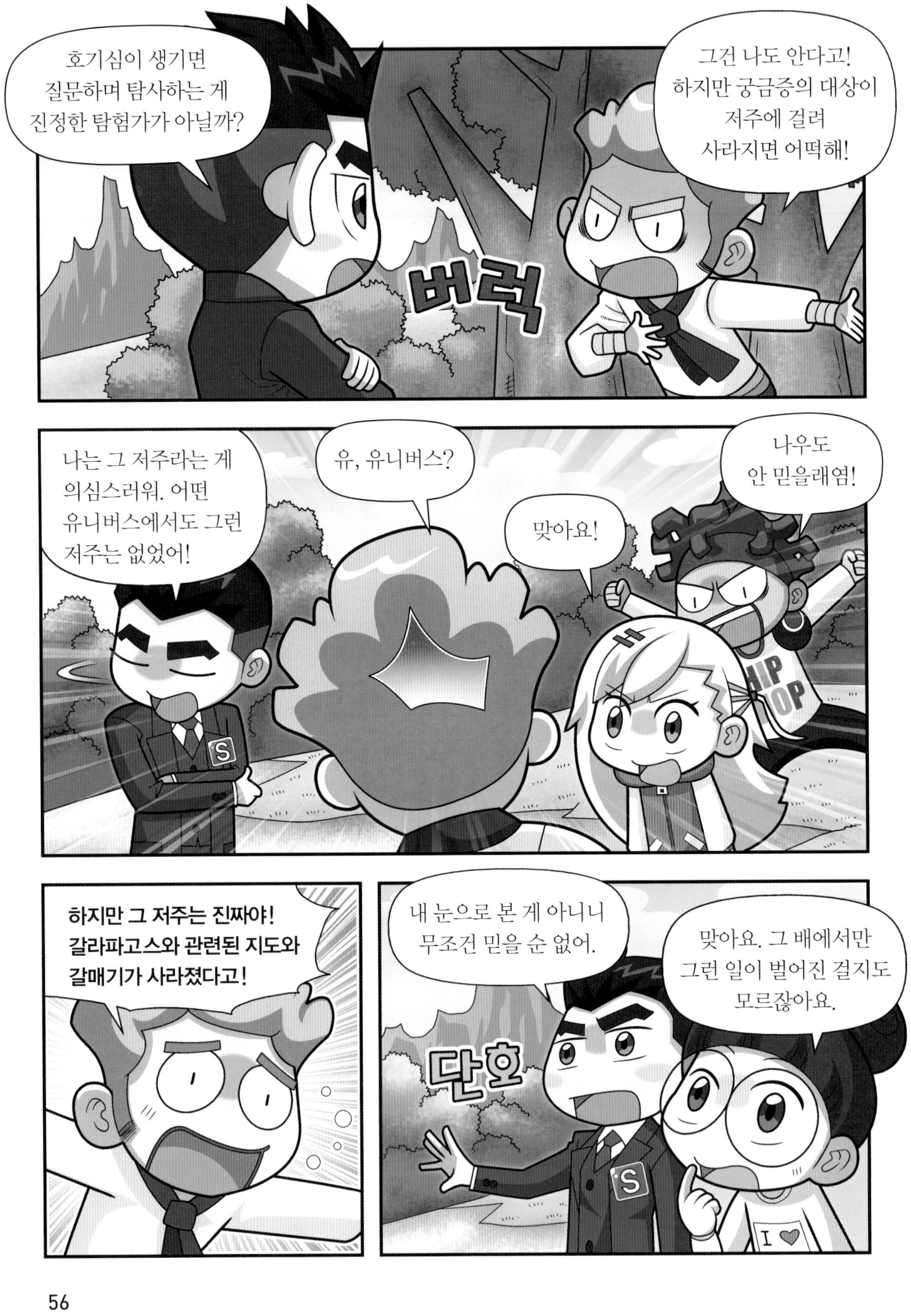
호기심이 생기면 질문하며 탐사하는 게 진정한 탐험가가 아닐까?
그건 나도 안다고! 하지만 궁금증의 대상이 저주에 걸려 사라지면 어떡해!
버럭
나는 그 저주라는 게 의심스러워. 어떤 유니버스에서도 그런 저주는 없었어!
유, 유니버스?
나우도 안 믿을래염!
맞아요!
하지만 그 저주는 진짜야! 갈라파고스와 관련된 지도와 갈매기가 사라졌다고!
내 눈으로 본 게 아니니 무조건 믿을 순 없어.
맞아요. 그 배에서만 그런 일이 벌어진 걸지도 모르잖아요.
단호

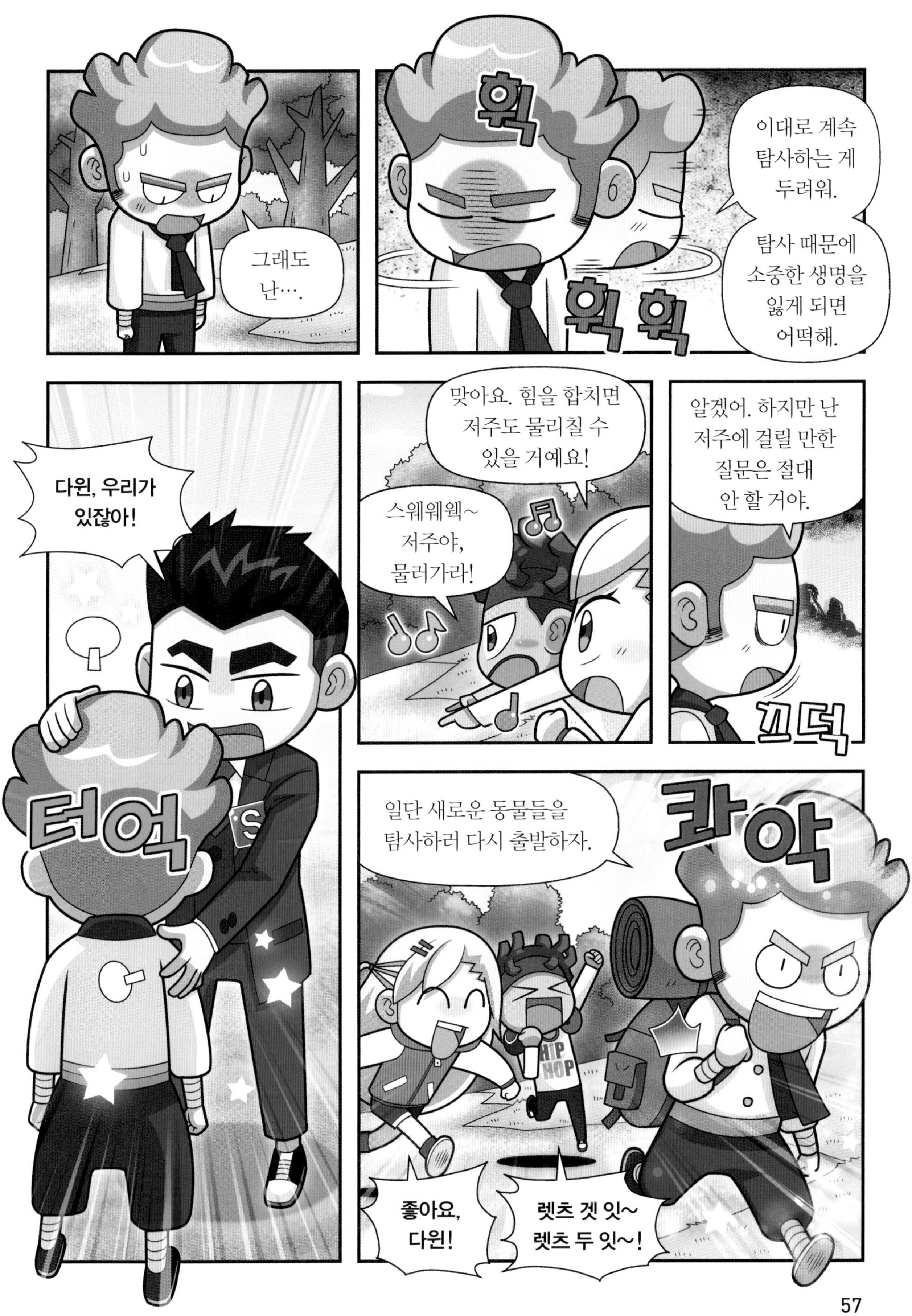

그래도 난….
휙
이대로 계속 탐사하는 게 두려워.
탐사 때문에 소중한 생명을 잃게 되면 어떡해.
휙 휙
다윈, 우리가 있잖아!
터억
맞아요. 힘을 합치면 저주도 물리칠 수 있을 거예요!
스웨웨웩~ 저주야, 물러가라!
알겠어. 하지만 난 저주에 걸릴 만한 질문은 절대 안 할 거야.
끄덕
일단 새로운 동물들을 탐사하러 다시 출발하자.
콰악
HIP HOP
좋아요, 다윈!
렛츠 겟 잇~ 렛츠 두 잇~!

저 녀석들!
쓸데없이 의심을
하다니!
냥~ 냥~ 냥~
어디 질문만
해보시지냥~.
째릿
스윽
그나저나 다윈 저 녀석을
계속 쫓아다녀야 한다니,
정말 귀찮군.
다음부턴 이런 작전은
하지 말자냥~. 빅캣,
살 빠지겠다냥~.
털썩
맞아. 뒤쫓아 다니면서 광선을
정확히 쏘는 게 꽤 어렵단 말이야.
척
이 갈라파고스 지도에
희귀한 동식물이
많은 곳은 어디일까?
음….

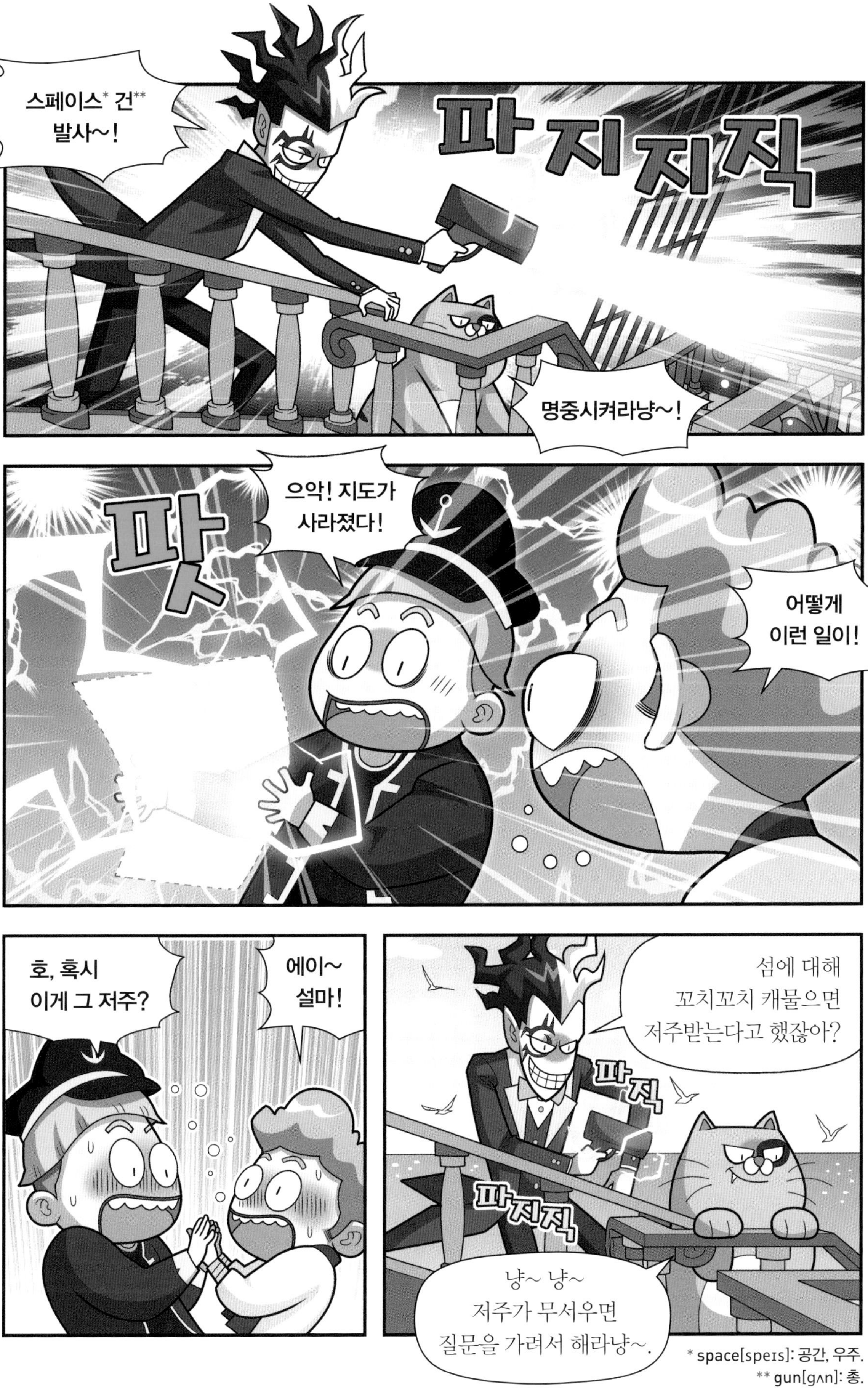
스페이스* 건** 발사~!
파지지직
명중시켜라냥~!
파
으악! 지도가 사라졌다!
어떻게 이런 일이!
호, 혹시 이게 그 저주?
에이~ 설마!
섬에 대해 꼬치꼬치 캐물으면 저주받는다고 했잖아?
파직
파지직
냥~ 냥~ 저주가 무서우면 질문을 가려서 해라냥~.

* space[speɪs]: 공간, 우주.
** gun[gʌn]: 총.

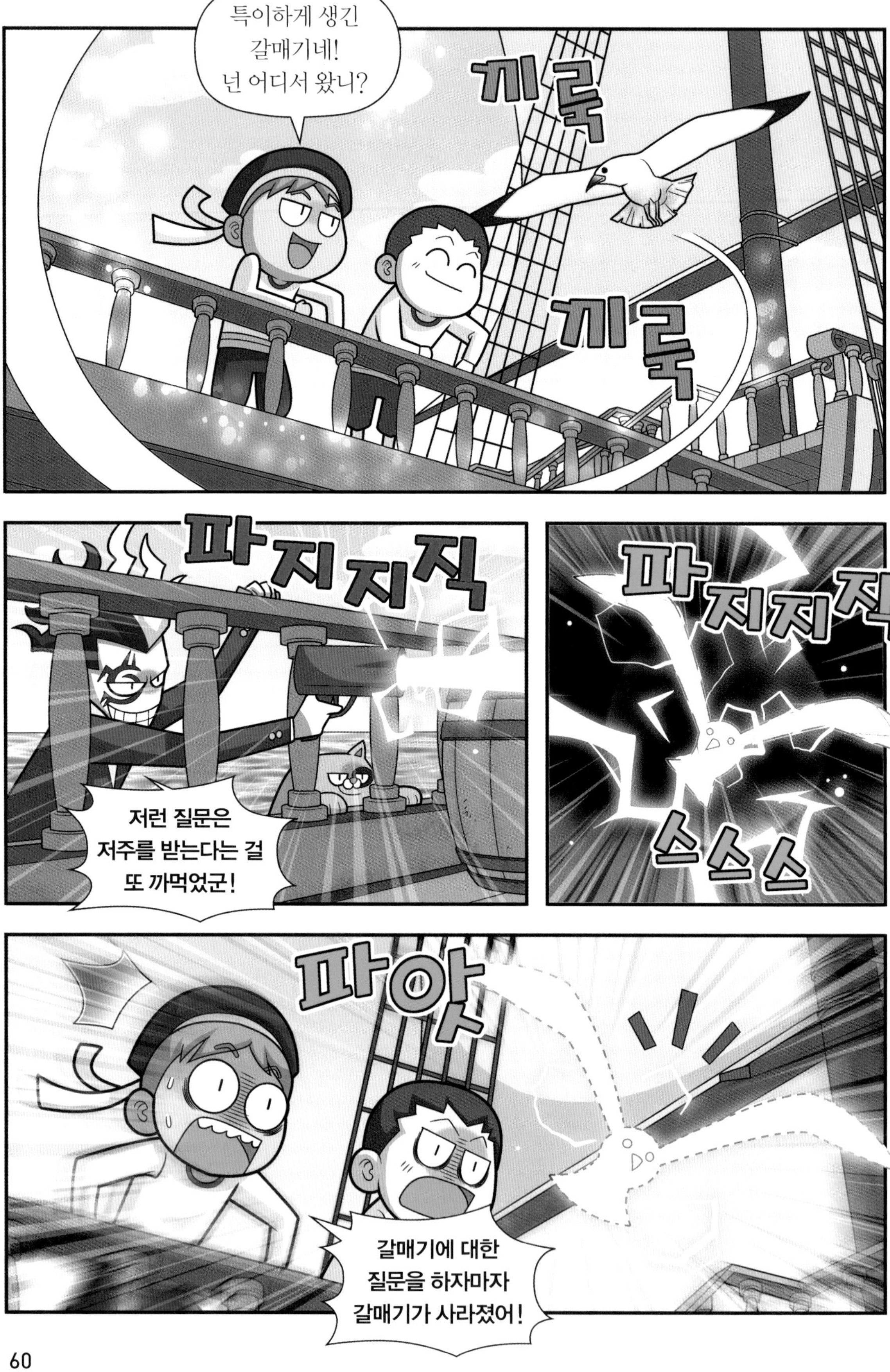
특이하게 생긴 갈매기네! 넌 어디서 왔니?
끼룩
끼룩
파지지직
저런 질문은 저주를 받는다는 걸 또 까먹었군!
파지지직
스스스
파앗
갈매기에 대한 질문을 하자마자 갈매기가 사라졌어!

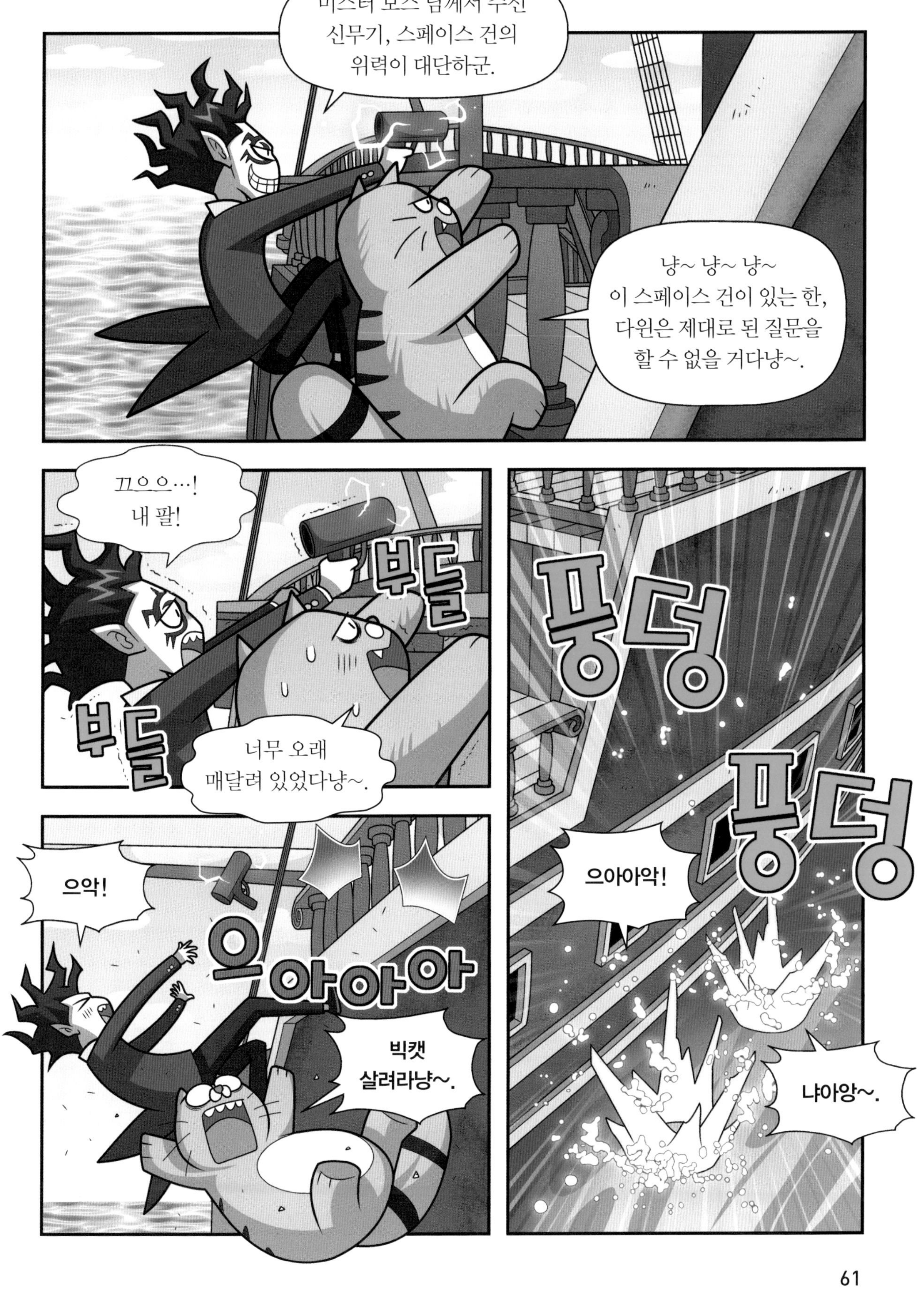

미스터 보스 님께서 주신
신무기, 스페이스 건의
위력이 대단하군.
냥~ 냥~ 냥~
이 스페이스 건이 있는 한,
다윈은 제대로 된 질문을
할 수 없을 거다냥~.
끄으으…!
내 팔!
부들
부들
너무 오래
매달려 있었다냥~.
으악!
으아아아아
빅캣
살려라냥~.
풍덩
풍덩
으아아악!
냐아앙~.

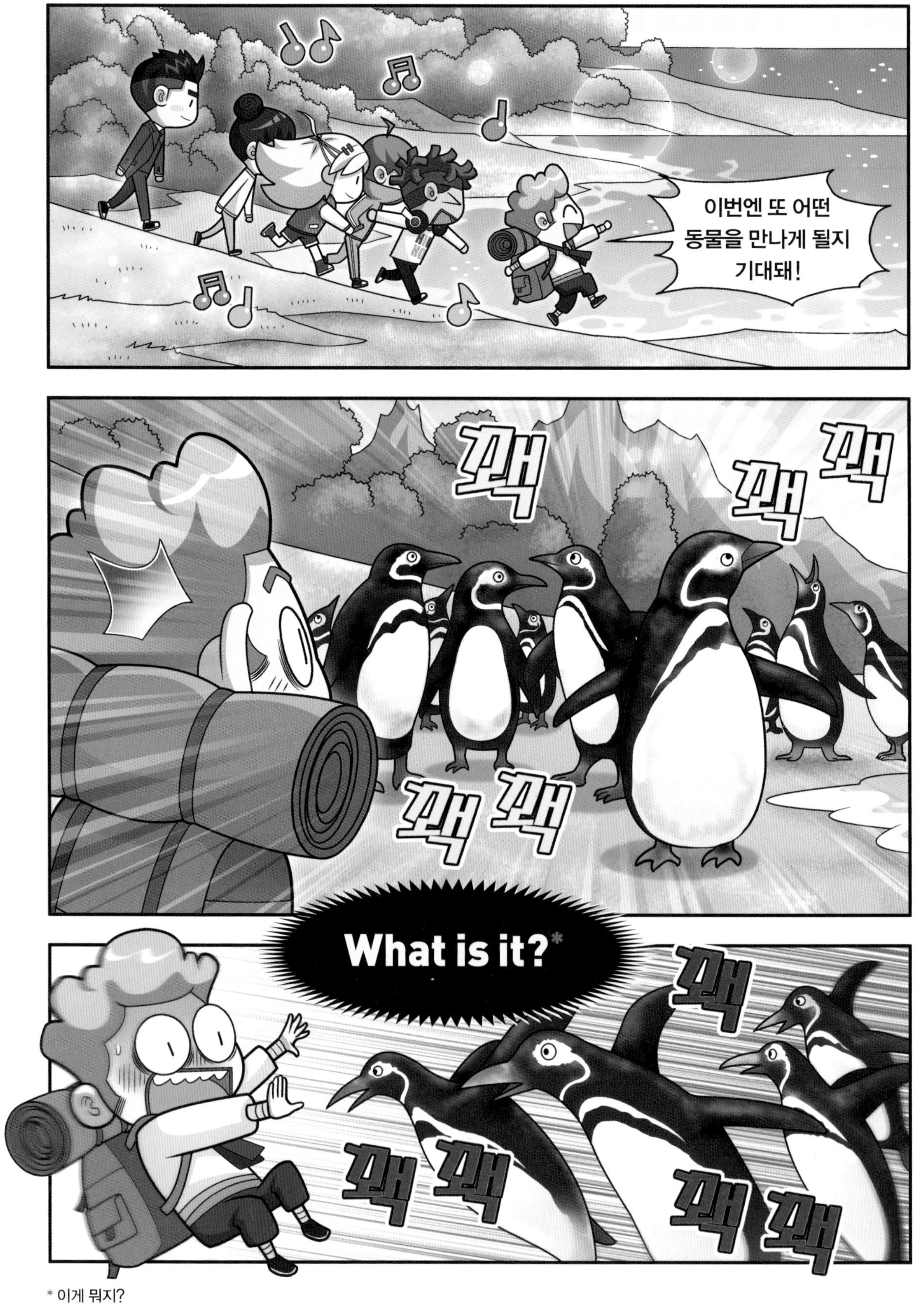
이번엔 또 어떤
동물을 만나게 될지
기대돼!
꽥
꽥
꽥
꽥
꽥
What is it?*
꽥
꽥
꽥
꽥
꽥

* 이게 뭐지?

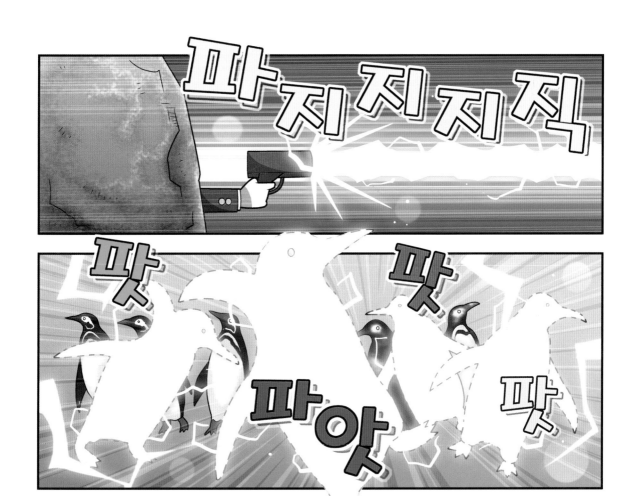

도, 동물들이 사라졌어! 저주야, 저주!

쌤! 펭귄들이 갑자기 어디로 사라진 걸까요?

의문사가 들어간 질문을 했더니 정말 사라졌어! 저주받은 건가?

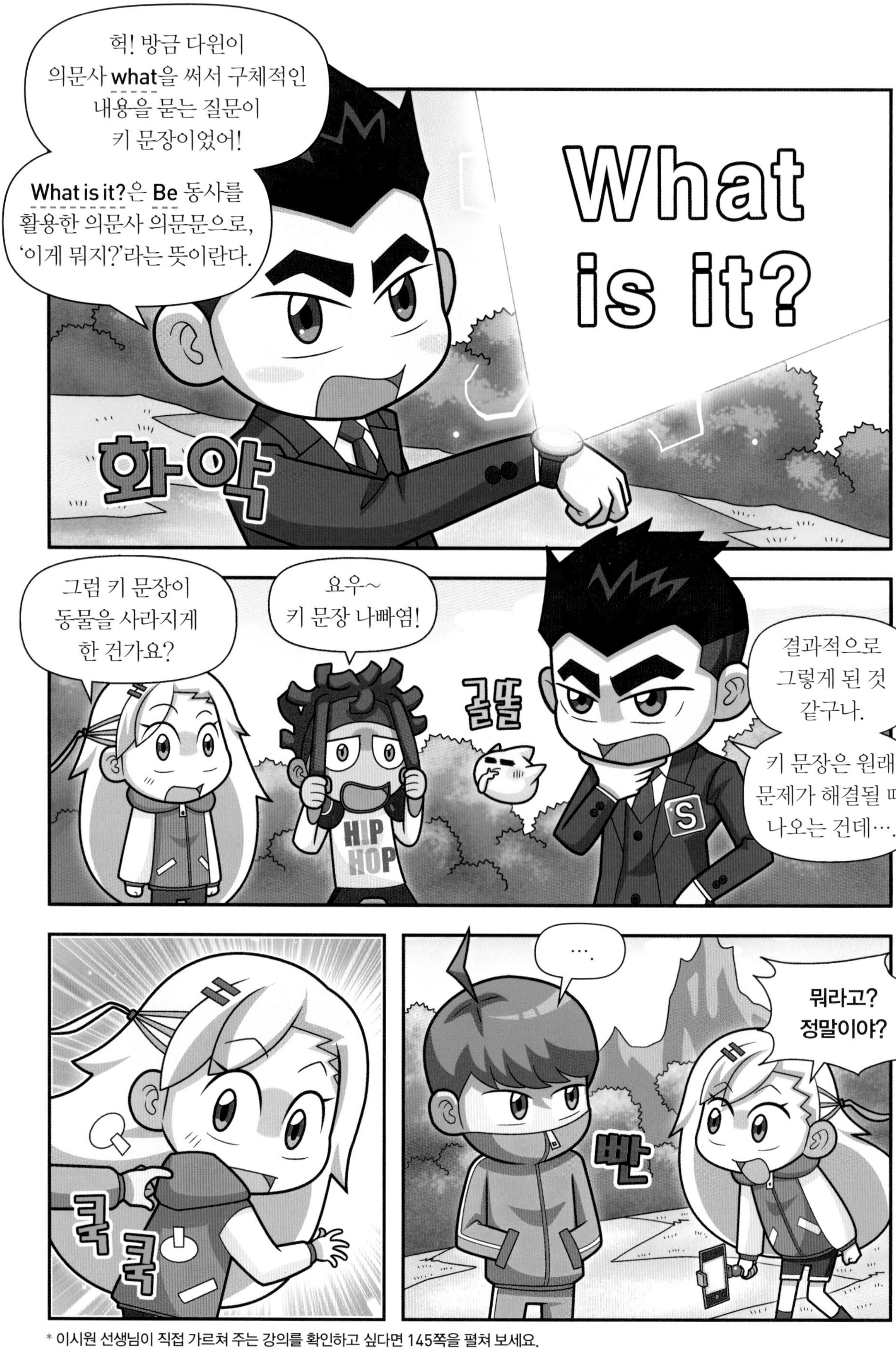
헉! 방금 다원이 의문사 what을 써서 구체적인 내용을 묻는 질문이 키 문장이었어!
What is it?은 Be 동사를 활용한 의문사 의문문으로, '이게 뭐지?'라는 뜻이란다.
What is it?
화악
그럼 키 문장이 동물을 사라지게 한 건가요?
요우~ 키 문장 나빠염!
골똘
결과적으로 그렇게 된 것 같구나.
키 문장은 원래 문제가 해결될 때 나오는 건데….
쿡 쿡
….
뭐라고? 정말이야?
빤

* 이시원 선생님이 직접 가르쳐 주는 강의를 확인하고 싶다면 145쪽을 펼쳐 보세요.

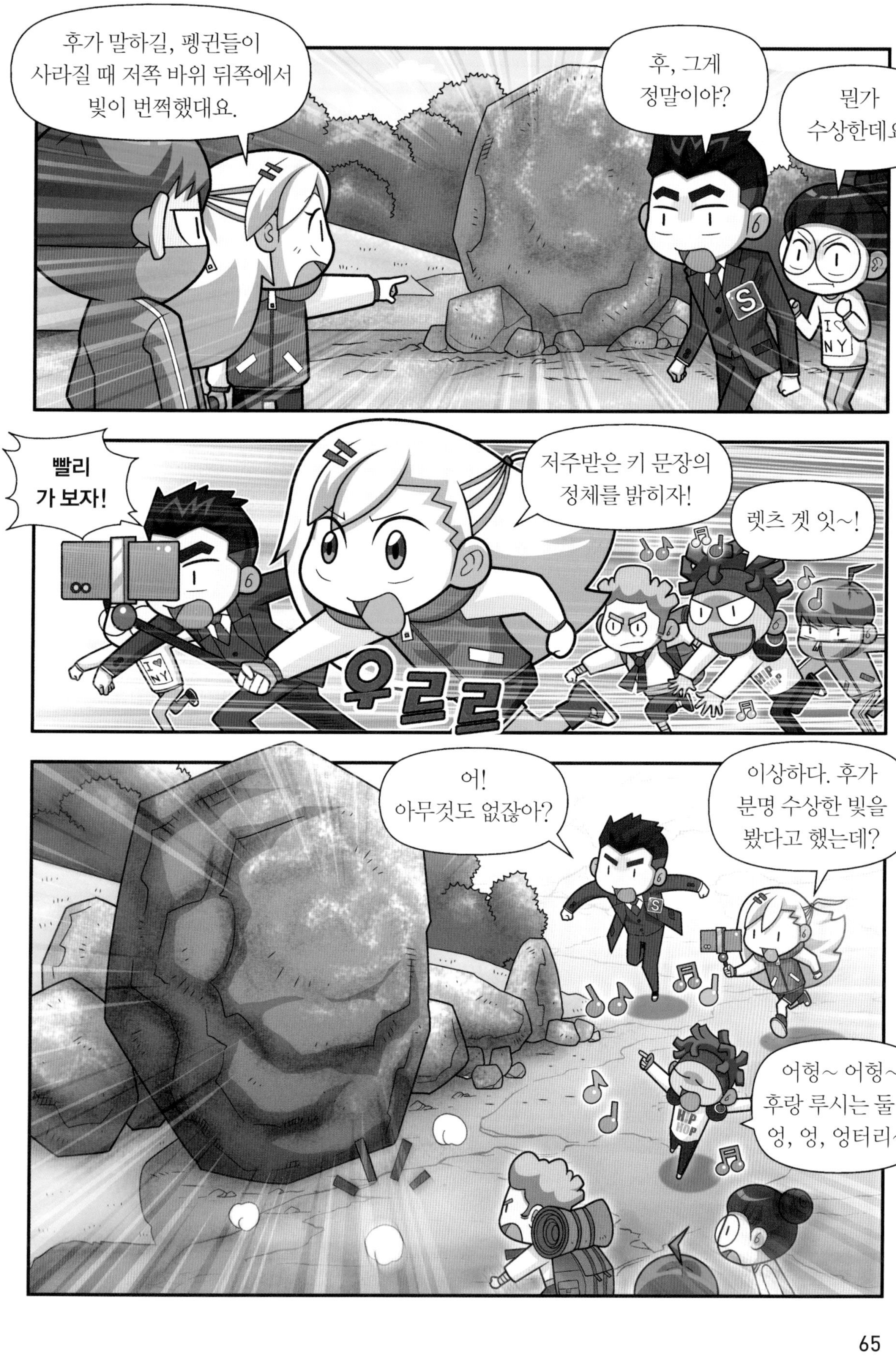
후가 말하길, 펭귄들이 사라질 때 저쪽 바위 뒤쪽에서 빛이 번쩍했대요.
후, 그게 정말이야?
뭔가 수상한데요.
빨리 가 보자!
저주받은 키 문장의 정체를 밝히자!
렛츠 겟 잇~!
우르르
어! 아무것도 없잖아?
이상하다. 후가 분명 수상한 빛을 봤다고 했는데?
어헝~ 어헝~ 후랑 루시는 둘 다 엉, 엉, 엉터리~!

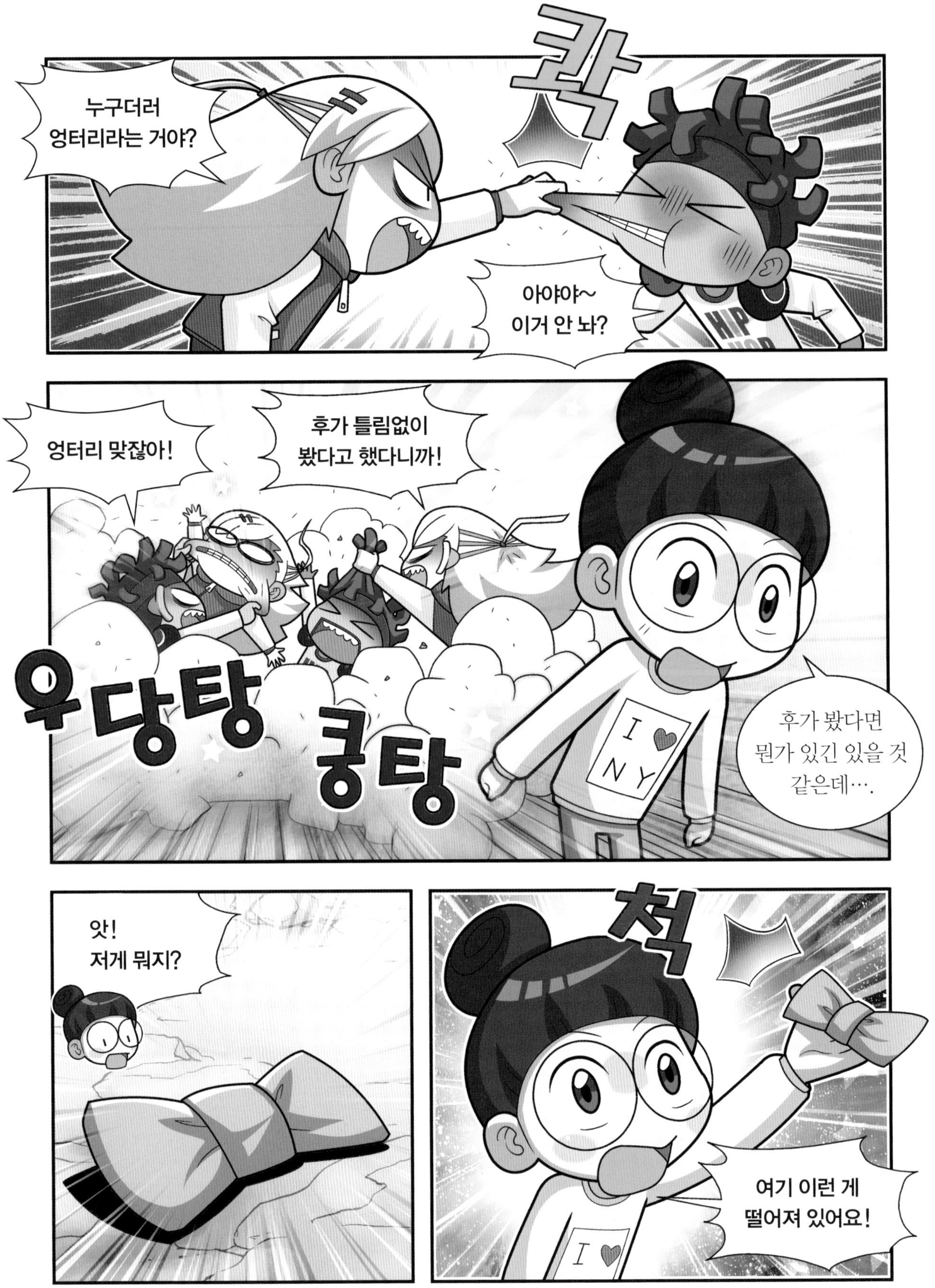

콱
누구더러 엉터리라는 거야?
아야야~ 이거 안 놔?
엉터리 맞잖아!
후가 틀림없이 봤다고 했다니까!
우당탕
쿵탕
후가 봤다면 뭔가 있긴 있을 것 같은데….
앗! 저게 뭐지?
척
여기 이런 게 떨어져 있어요!

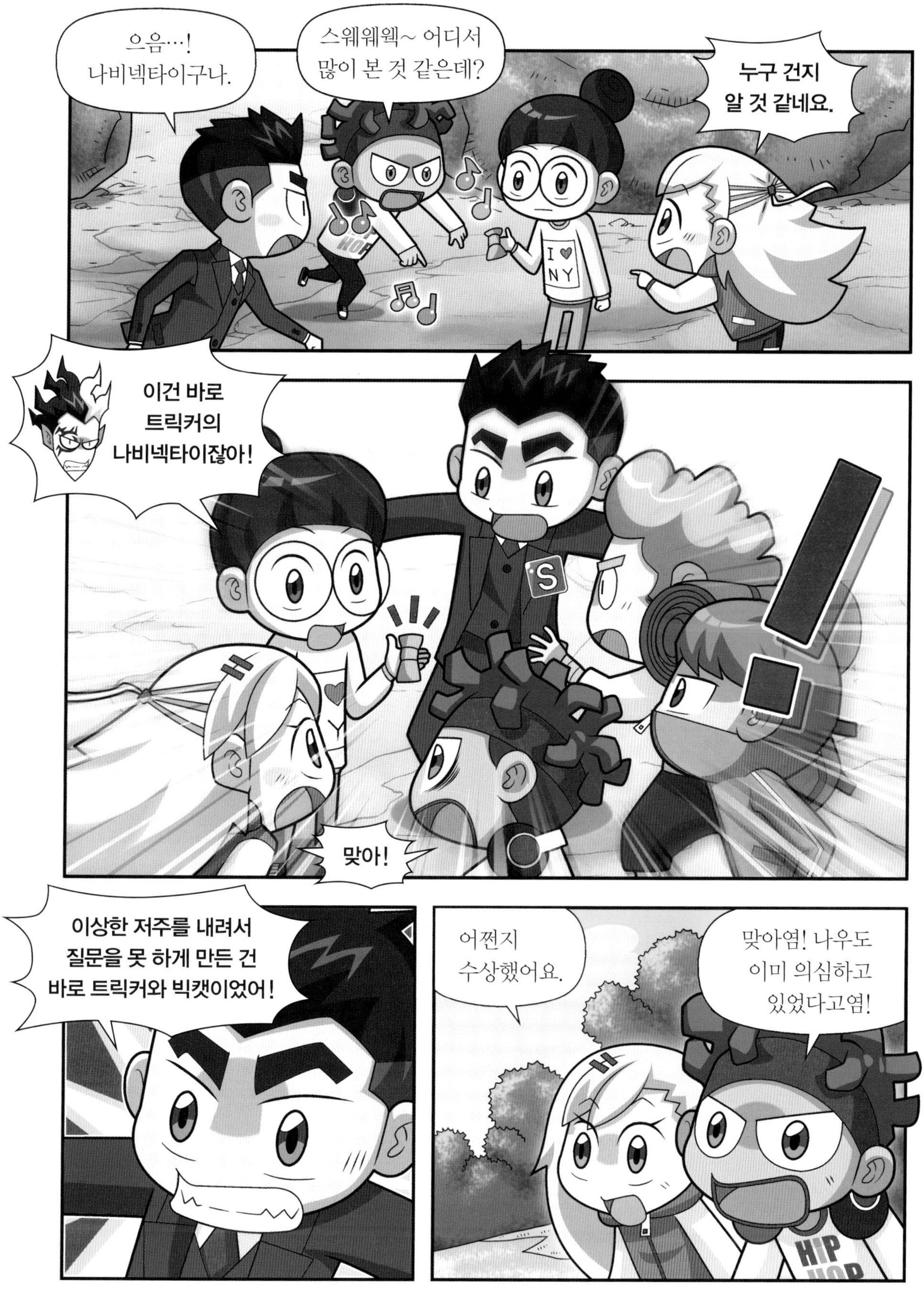

으음…!
나비넥타이구나.
스웨웨웩~ 어디서
많이 본 것 같은데?
누구 건지
알 것 같네요.
I ♥ NY
이건 바로
트릭커의
나비넥타이잖아!
S
맞아!
이상한 저주를 내려서
질문을 못 하게 만든 건
바로 트릭커와 빅캣이었어!
어쩐지
수상했어요.
맞아염! 나우도
이미 의심하고
있었다고염!
HIP

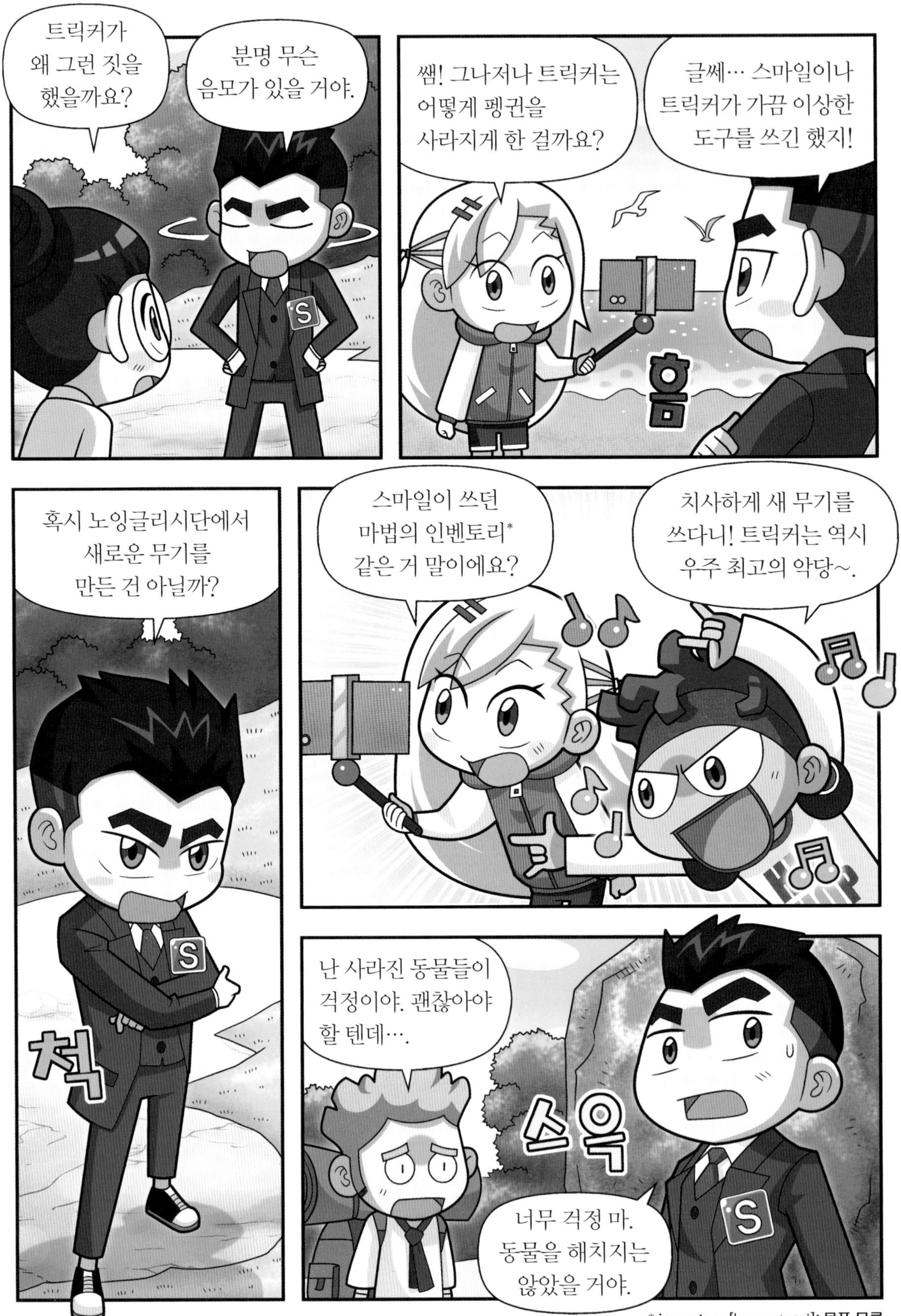
트릭커가 왜 그런 짓을 했을까요?
분명 무슨 음모가 있을 거야.
쌤! 그나저나 트릭커는 어떻게 펭귄을 사라지게 한 걸까요?
글쎄··· 스마일이나 트릭커가 가끔 이상한 도구를 쓰긴 했지!
흠
혹시 노잉글리시단에서 새로운 무기를 만든 건 아닐까?
척
스마일이 쓰던 마법의 인벤토리* 같은 거 말이에요?
치사하게 새 무기를 쓰다니! 트릭커는 역시 우주 최고의 악당~.
난 사라진 동물들이 걱정이야. 괜찮아야 할 텐데···.
스윽
너무 걱정 마. 동물을 해치지는 않았을 거야.

* inventory[ˈɪnvəntɔːri]: 물품 목록.

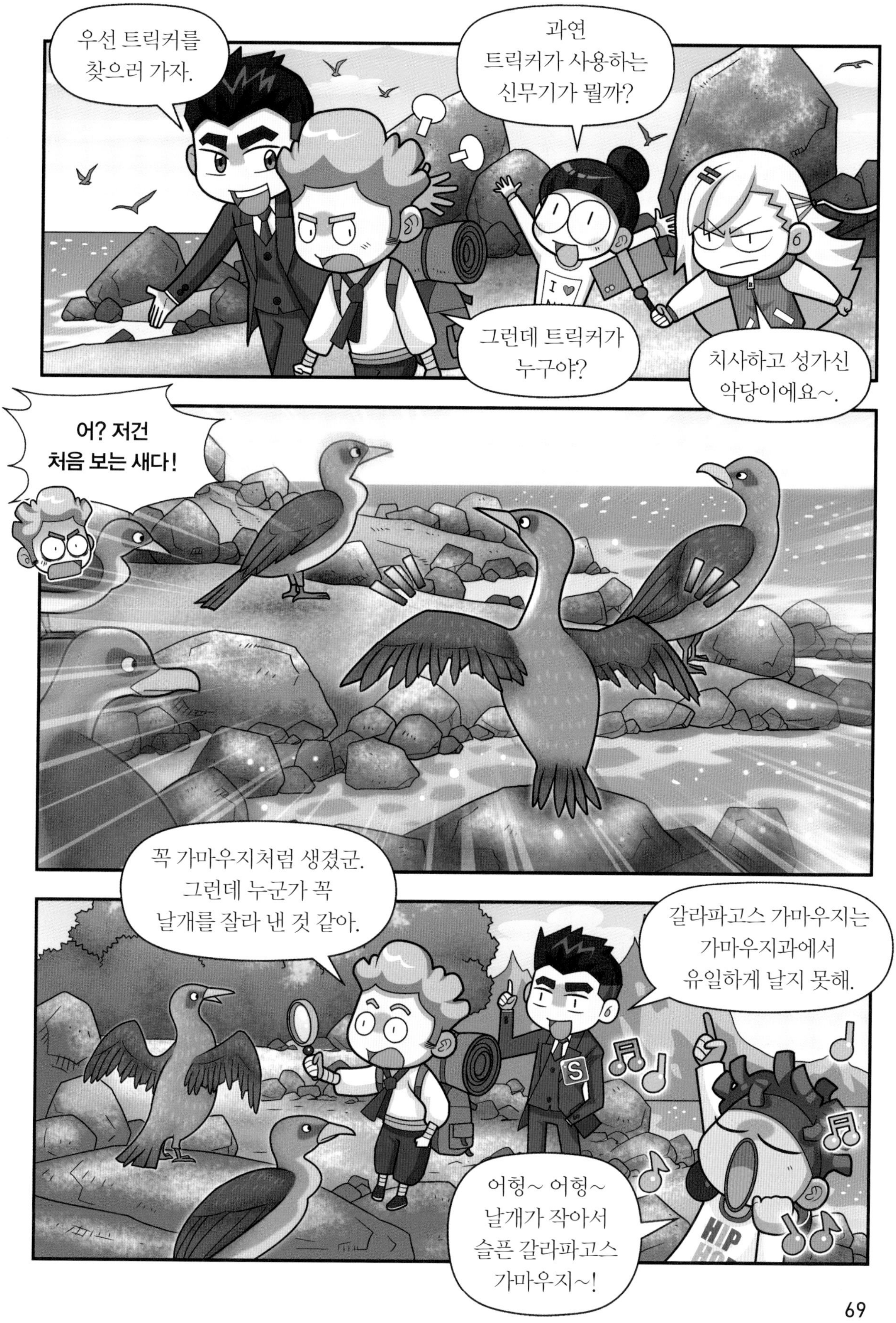
우선 트릭커를 찾으러 가자.
과연 트릭커가 사용하는 신무기가 뭘까?
그런데 트릭커가 누구야?
치사하고 성가신 악당이에요~.
어? 저건 처음 보는 새다!
꼭 가마우지처럼 생겼군. 그런데 누군가 꼭 날개를 잘라 낸 것 같아.
갈라파고스 가마우지는 가마우지과에서 유일하게 날지 못해.
어헝~ 어헝~ 날개가 작아서 슬픈 갈라파고스 가마우지~!
HIP HO

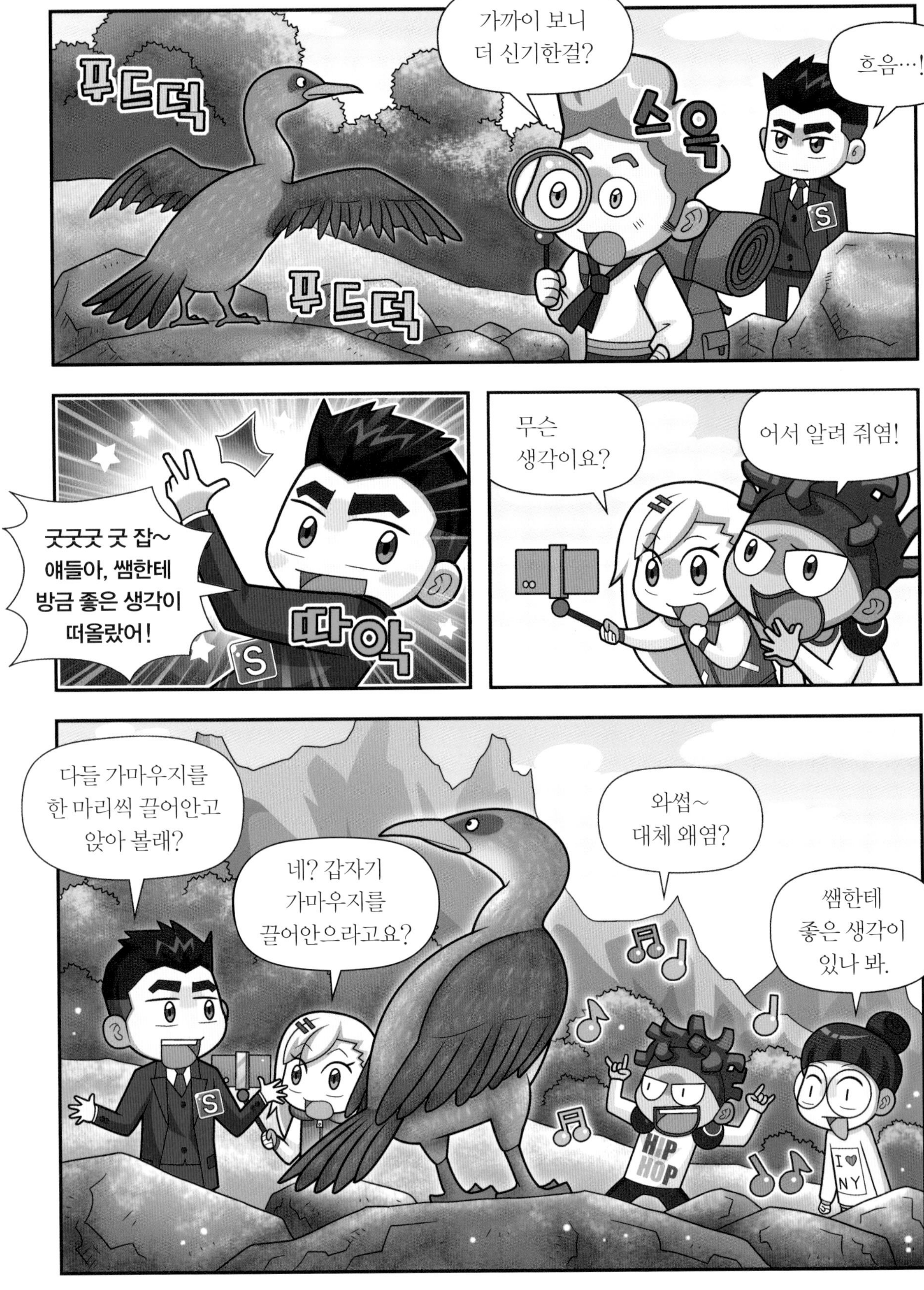

푸드덕
가까이 보니 더 신기한걸?
스윽
흐음…!
푸드덕
굿굿굿 굿 잡~ 얘들아, 쌤한테 방금 좋은 생각이 떠올랐어!
따악
무슨 생각이요?
어서 알려 줘염!
다들 가마우지를 한 마리씩 끌어안고 앉아 볼래?
네? 갑자기 가마우지를 끌어안으라고요?
와썹~ 대체 왜염?
쌤한테 좋은 생각이 있나 봐.
HIP HOP
I ♥ NY

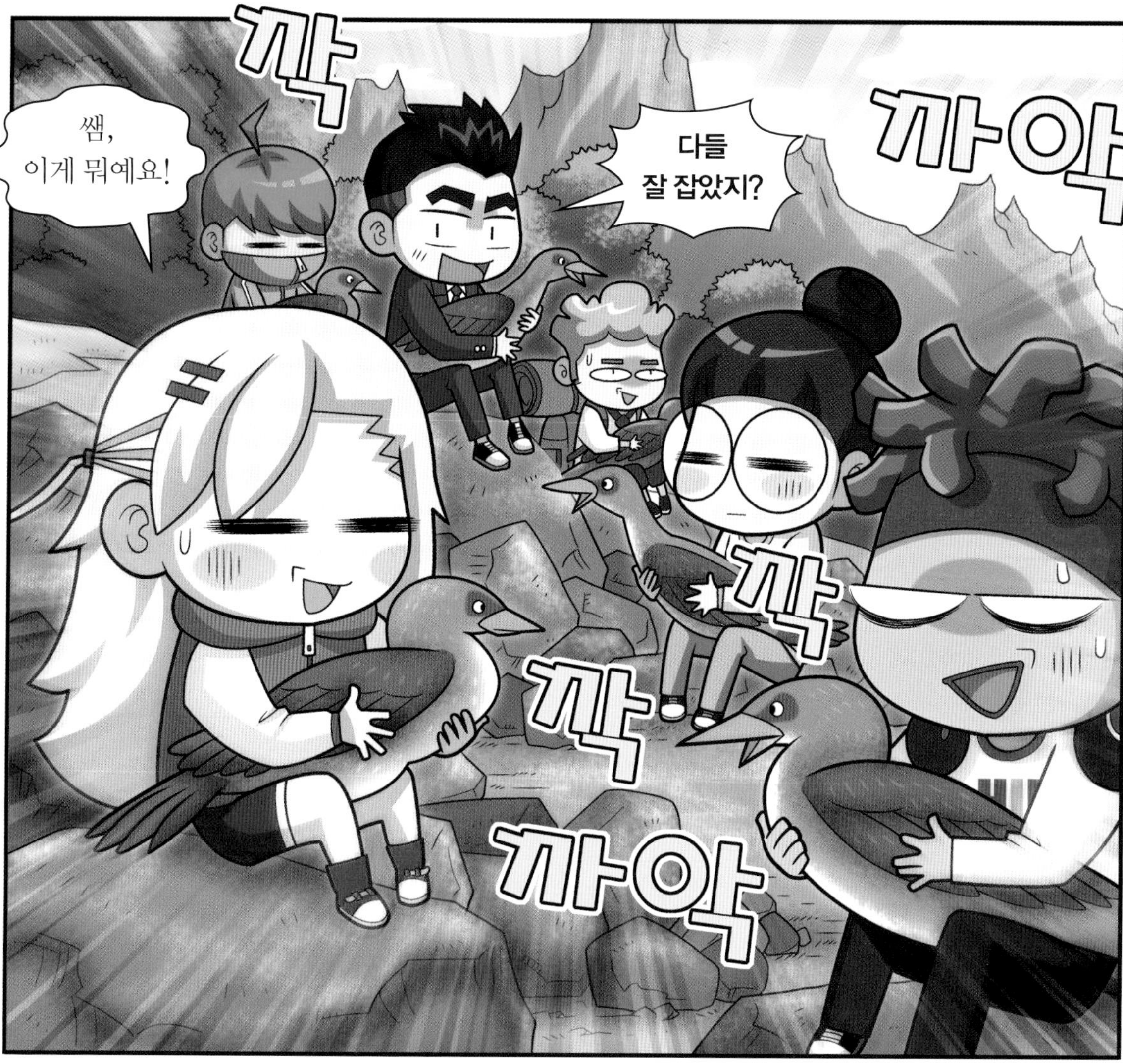
깍
쌤,
이게 뭐예요!
다들
잘 잡았지?
까악
깍
깍
까악

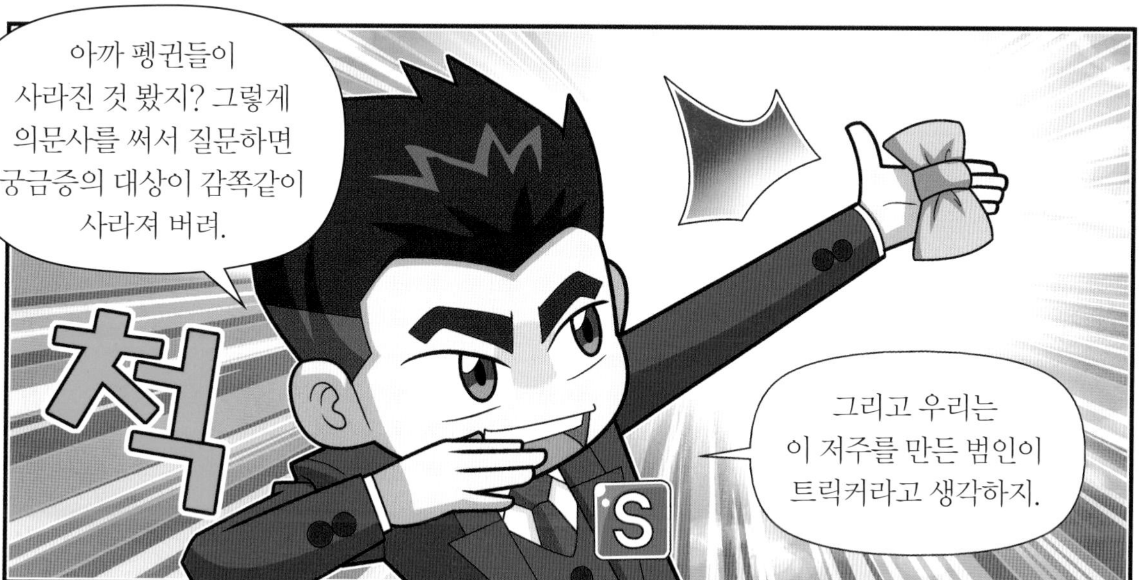
아까 펭귄들이
사라진 것 봤지? 그렇게
의문사를 써서 질문하면
궁금증의 대상이 감쪽같이
사라져 버려.
척
그리고 우리는
이 저주를 만든 범인이
트릭커라고 생각하지.
S

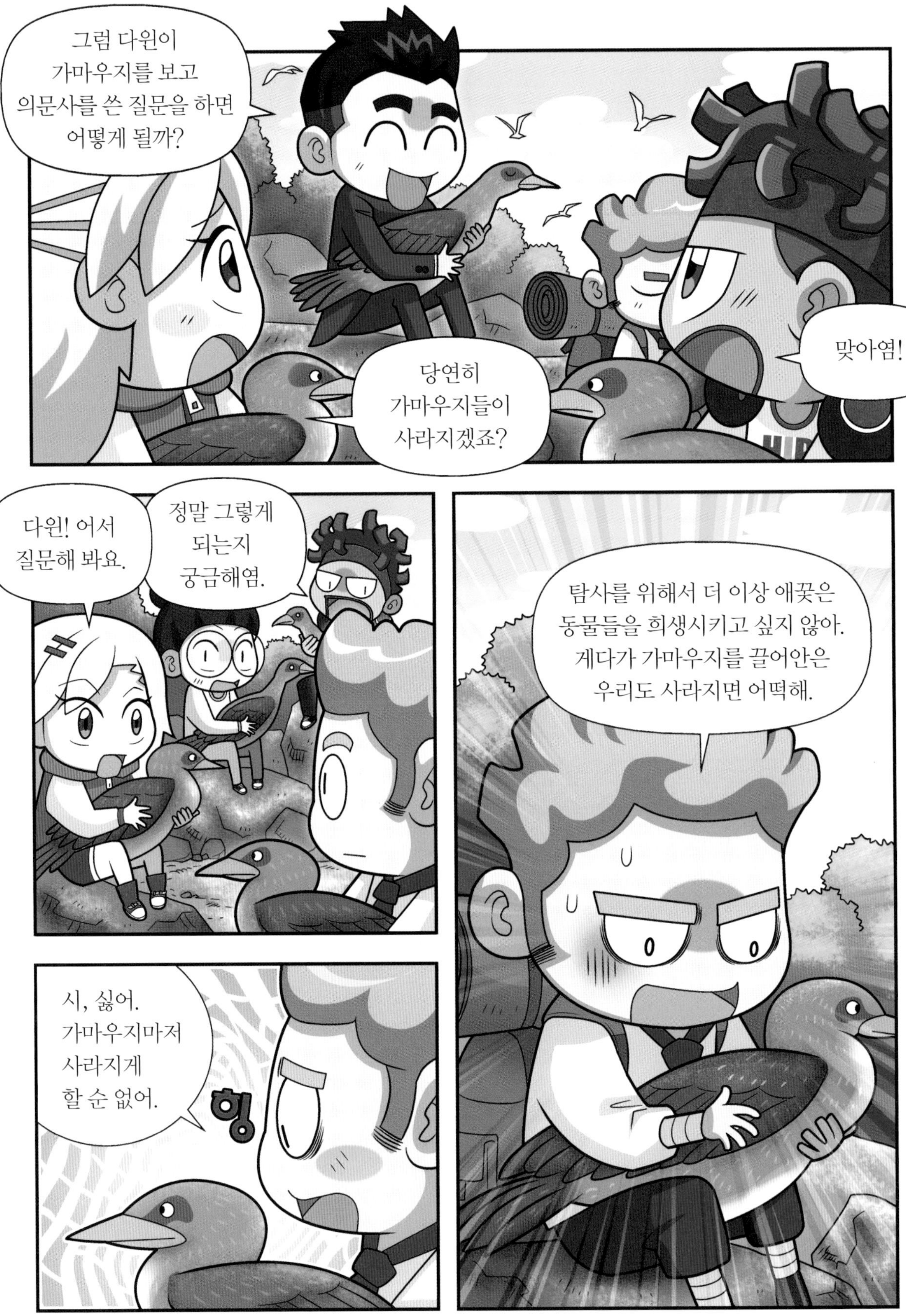
그럼 다윈이 가마우지를 보고 의문사를 쓴 질문을 하면 어떻게 될까?
당연히 가마우지들이 사라지겠죠?
맞아염!
다윈! 어서 질문해 봐요.
정말 그렇게 되는지 궁금해염.
탐사를 위해서 더 이상 애꿎은 동물들을 희생시키고 싶지 않아. 게다가 가마우지를 끌어안은 우리도 사라지면 어떡해.
시, 싫어. 가마우지마저 사라지게 할 순 없어.
힝

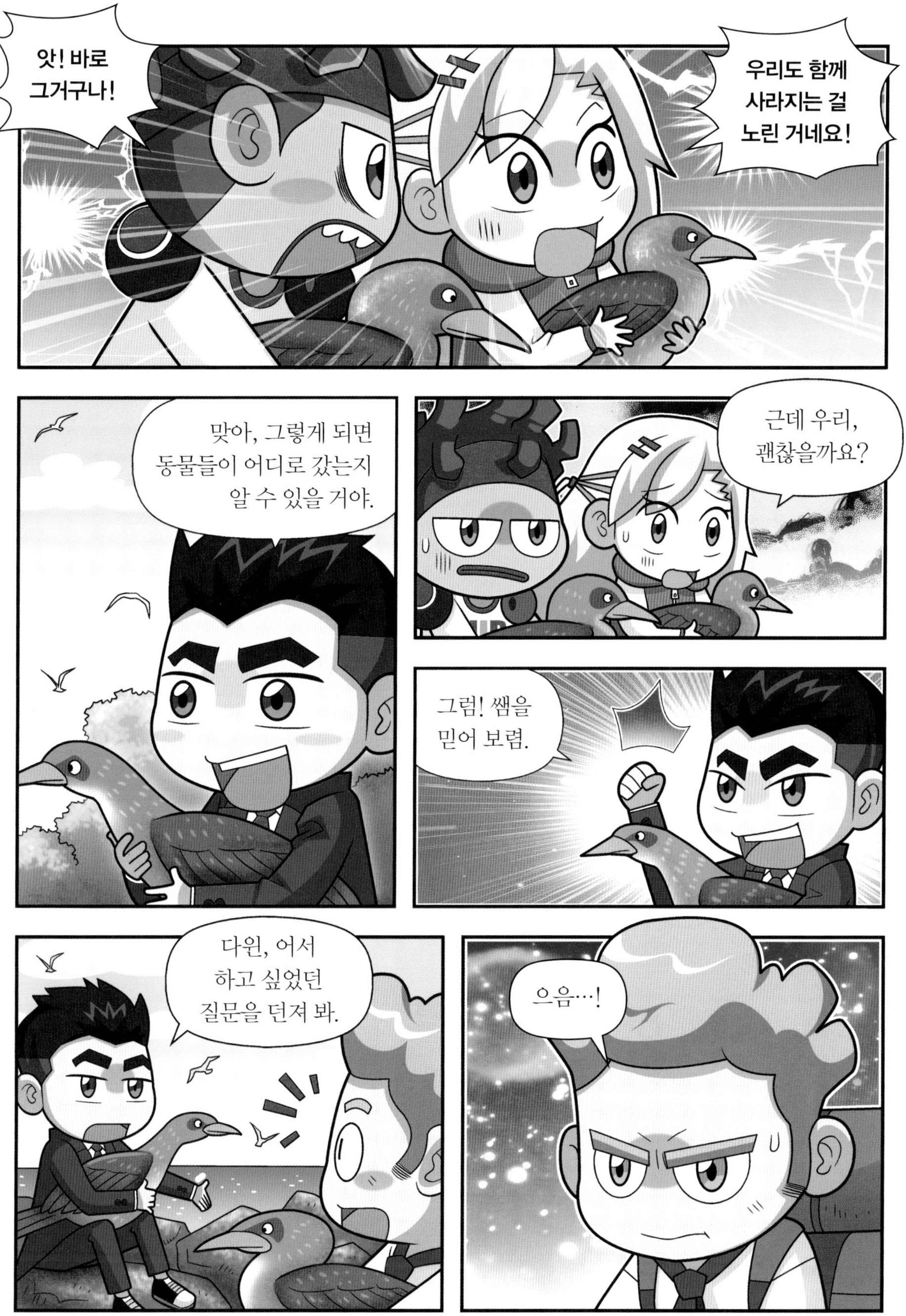
앗! 바로 그거구나!
우리도 함께 사라지는 걸 노린 거네요!
맞아, 그렇게 되면 동물들이 어디로 갔는지 알 수 있을 거야.
근데 우리, 괜찮을까요?
그럼! 쌤을 믿어 보렴.
다윈, 어서 하고 싶었던 질문을 던져 봐.
으음…!

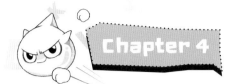

Chapter 4

저주의 숨겨진 진실

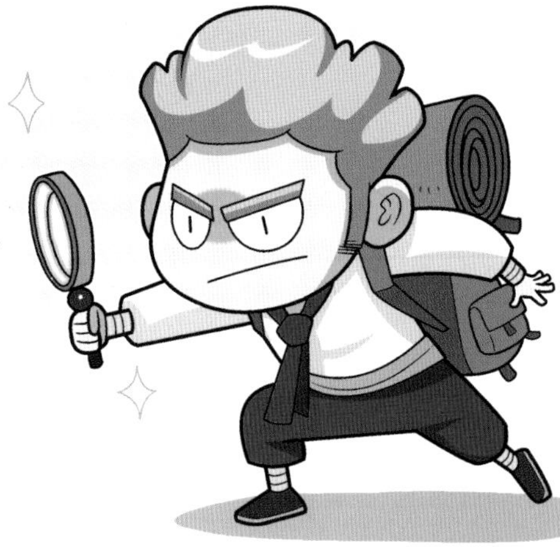

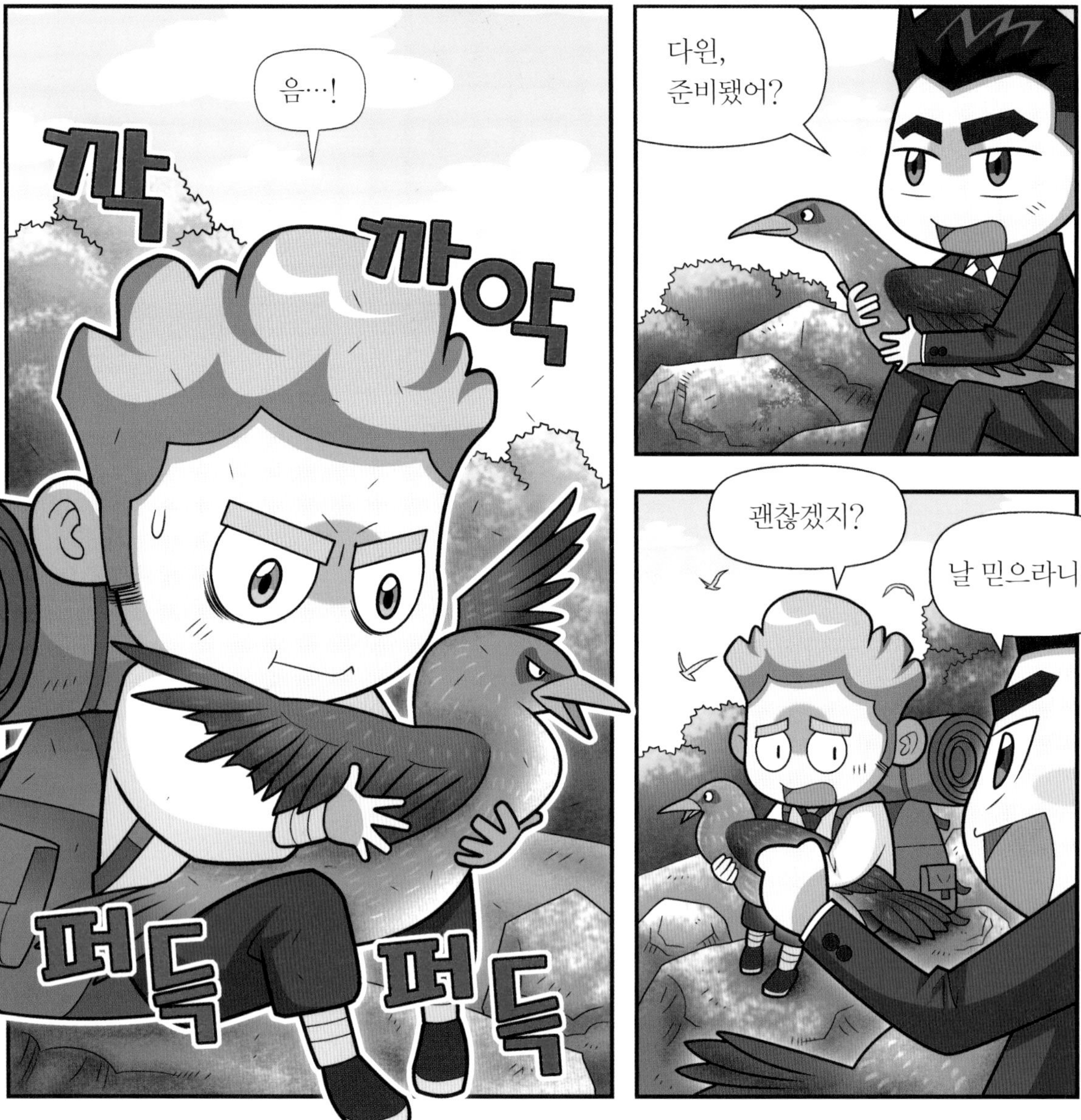
음…!
깍
까약
퍼득 퍼득
다윈,
준비됐어?
괜찮겠지?
날 믿으라니까!

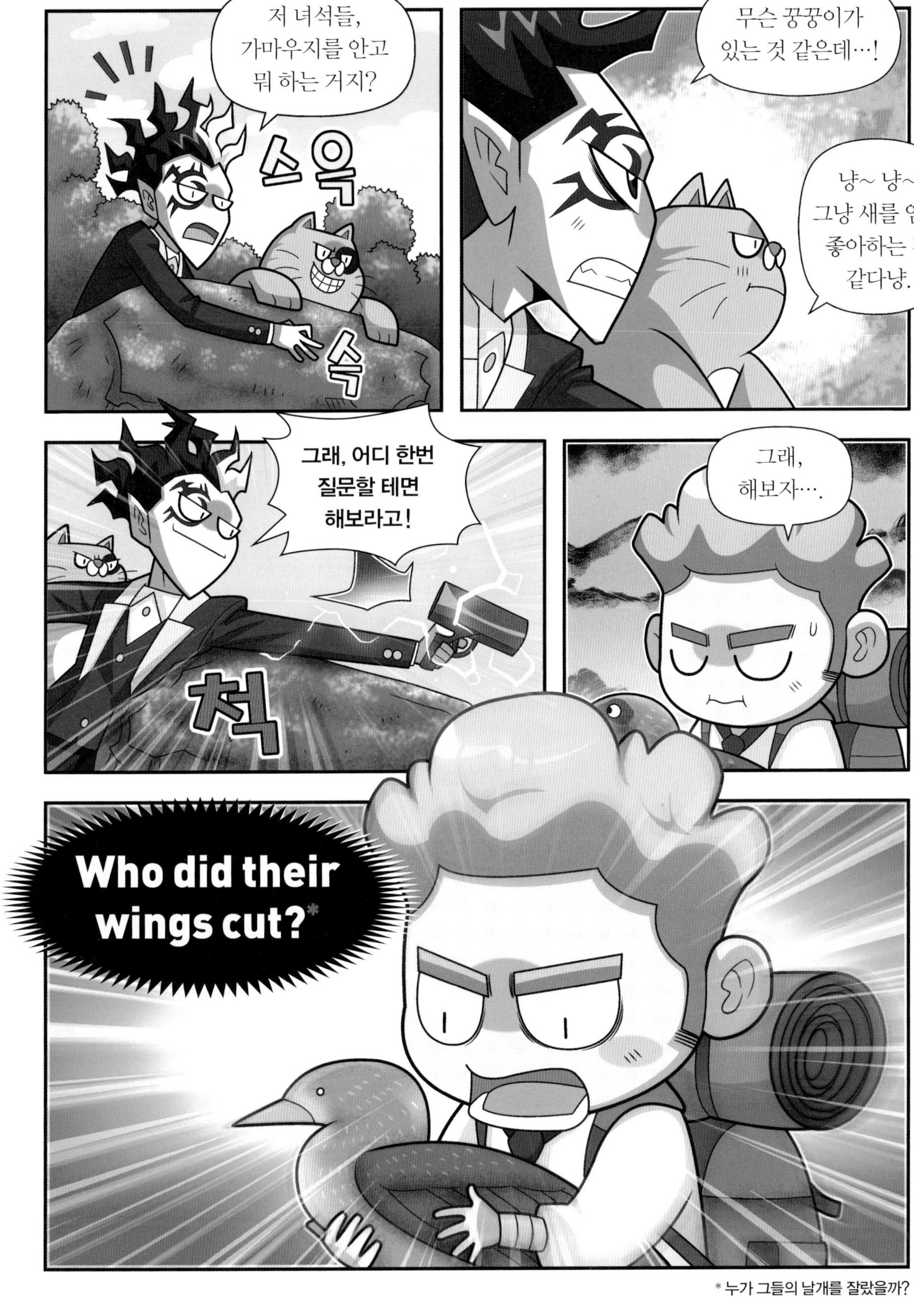
저 녀석들,
가마우지를 안고
뭐 하는 거지?
스윽
슥
무슨 꿍꿍이가
있는 것 같은데…!
냥~ 냥~
그냥 새를 엄청
좋아하는 것
같다냥.
그래, 어디 한번
질문할 테면
해보라고!
척
그래,
해보자….
Who did their
wings cut?*

* 누가 그들의 날개를 잘랐을까?

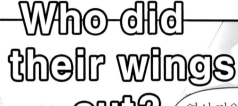

Who did their wings cut?

앗! 드디어 질문을 했어요!

사라져라, 얍!

무, 무서워….

역시 다원이 의문사 who를 써서 한 질문도 키 문장이었어!

Who did their wings cut?은 일반 동사를 활용한 의문사 의문문으로, '누가 그들의 날개를 잘랐을까?'라는 뜻이야.

지 이잉

조용하니 뭔가 불길한데염?

나도 왠지 불안해….

이 녀석들! 감히 이 몸의 저주를 무시하고 대답이 길어지는 질문을 했겠다?

냥~ 냥~ 냥~ 저주의 무서움을 보여 줘라냥.

파 지 지 지 직

파 직

앗! 수상한 광선이 날아와 가마우지를 맞혔어!

파 지 직

* 이시원 선생님이 직접 가르쳐 주는 강의를 확인하고 싶다면 147쪽을 펼쳐 보세요.

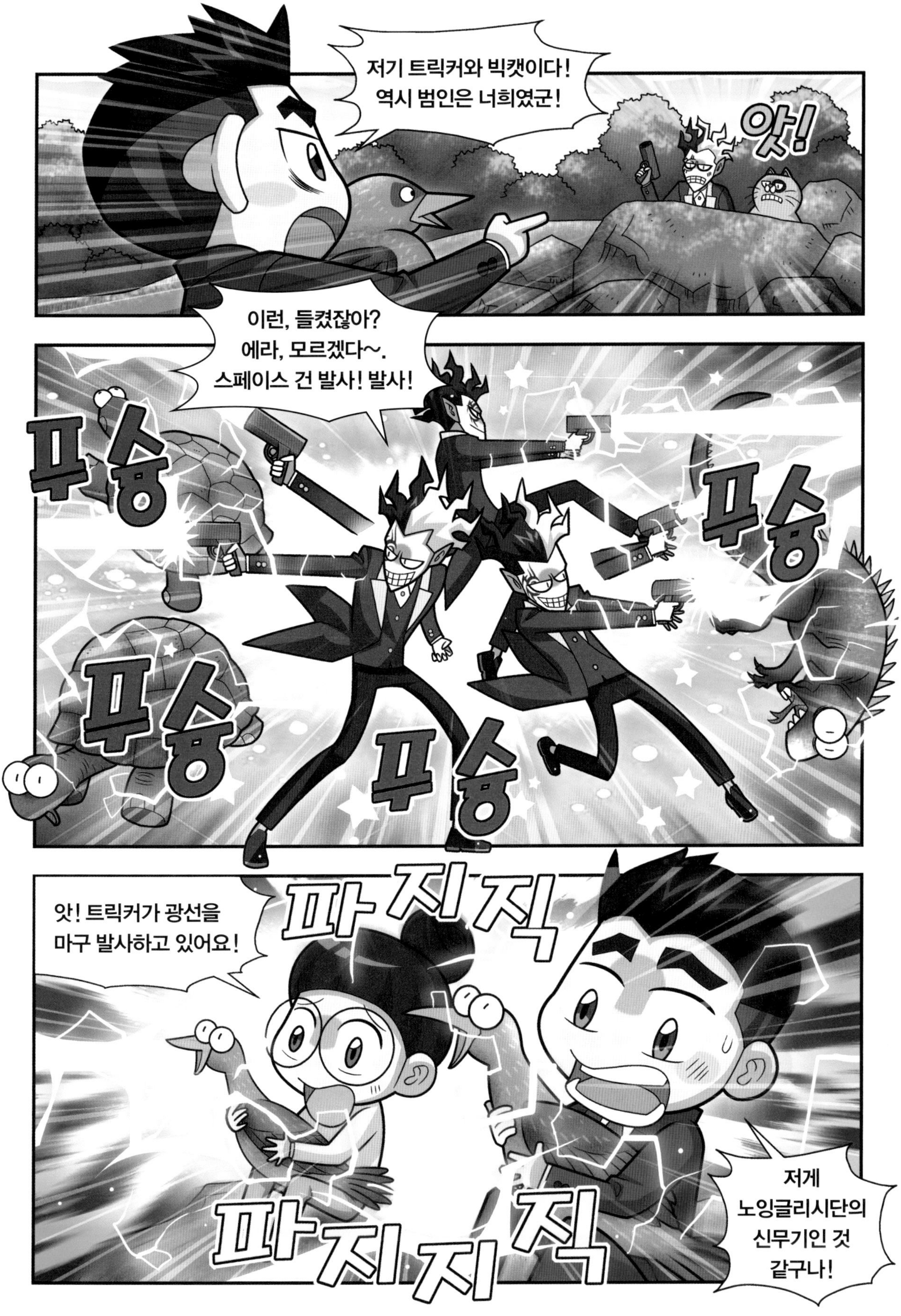
저기 트릭커와 빅캣이다! 역시 범인은 너희였군!
앗!
이런, 들켰잖아? 에라, 모르겠다~. 스페이스 건 발사! 발사!
푸슝
푸슝
푸슝
푸슝
파지직
앗! 트릭커가 광선을 마구 발사하고 있어요!
파지지직
저게 노잉글리시단의 신무기인 것 같구나!

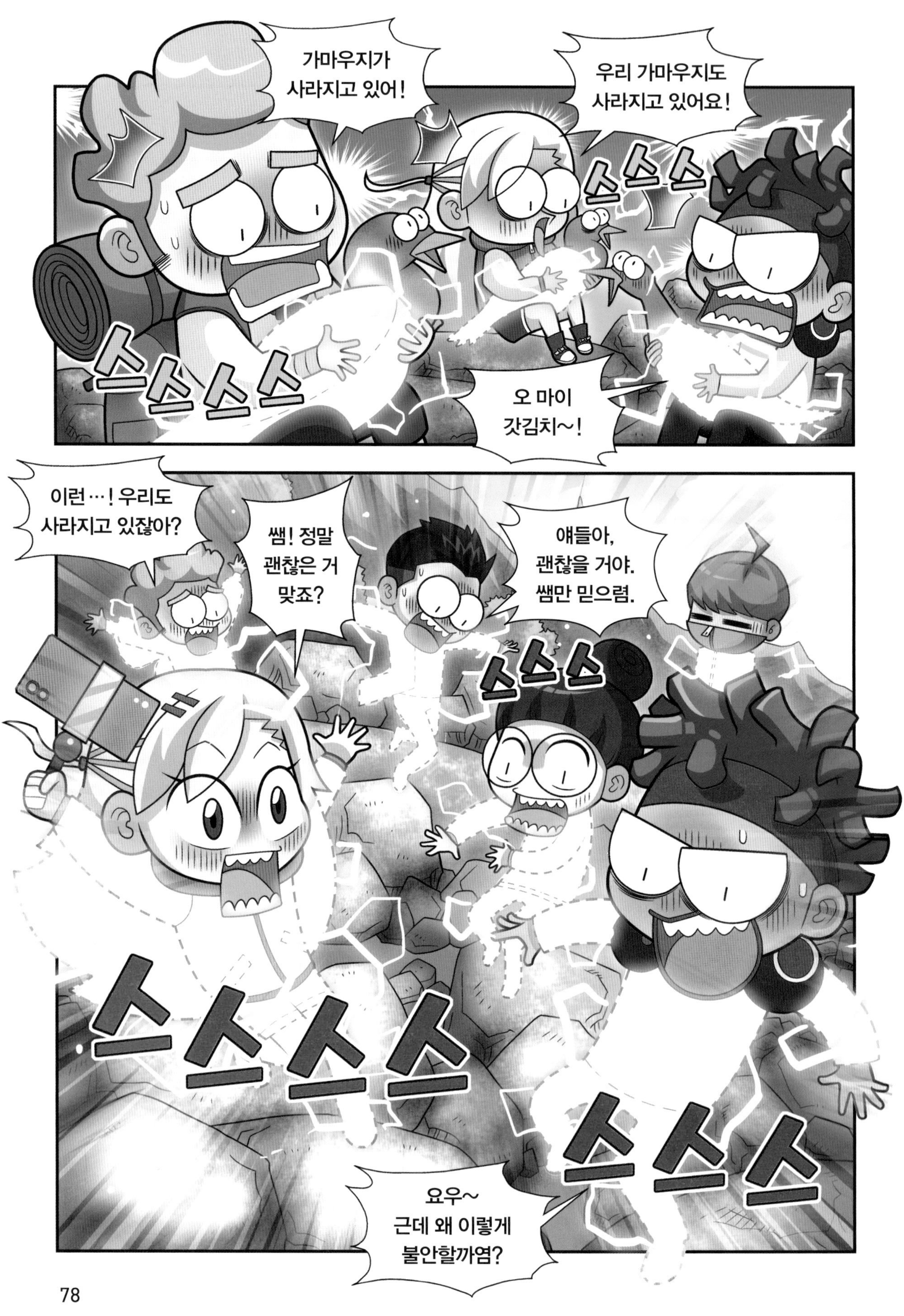
가마우지가 사라지고 있어!
우리 가마우지도 사라지고 있어요!
스스스
스스스스
오 마이 갓김치~!
이런…! 우리도 사라지고 있잖아?
쌤! 정말 괜찮은 거 맞죠?
얘들아, 괜찮을 거야. 쌤만 믿으렴.
스스스
스스스스
스스스
요우~ 근데 왜 이렇게 불안할까염?

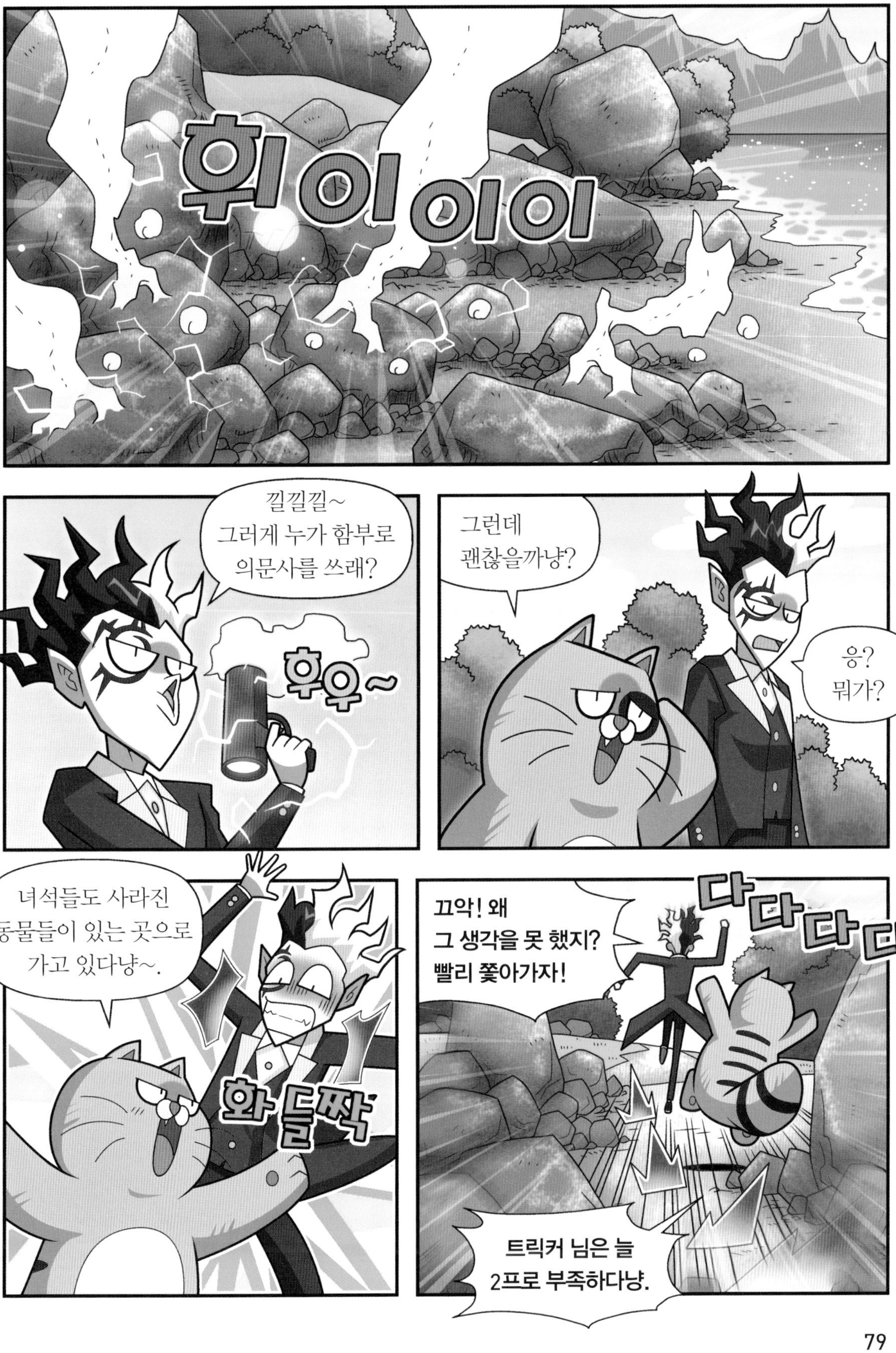

휘이이이이
낄낄낄~
그러게 누가 함부로
의문사를 쓰래?
후우~
그런데
괜찮을까냥?
응?
뭐가?
녀석들도 사라진
동물들이 있는 곳으로
가고 있다냥~.
화들짝
끄악! 왜
그 생각을 못 했지?
빨리 쫓아가자!
다다다다다
트릭커 님은 늘
2프로 부족하다냥.

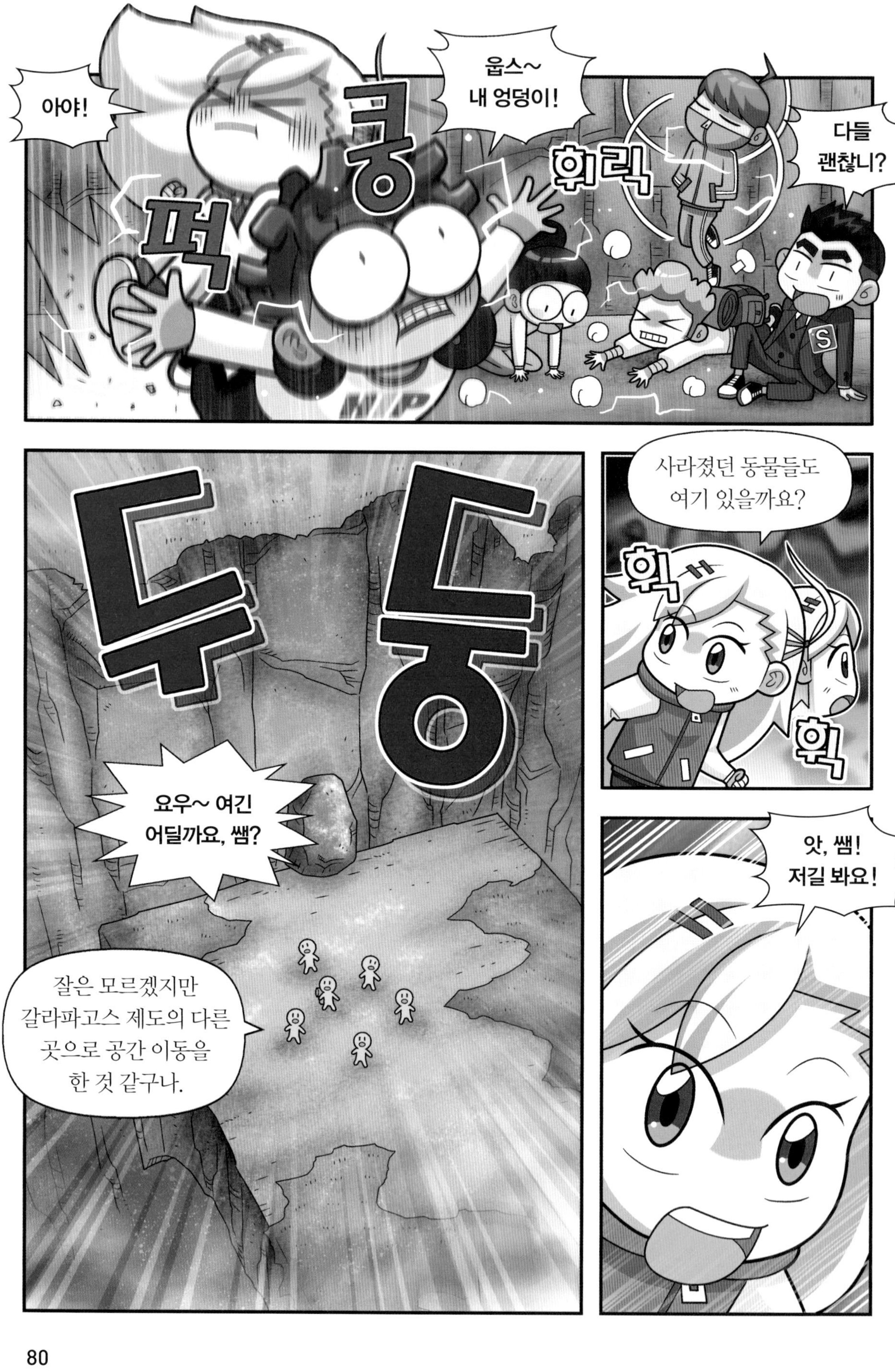
아야!
쿵
퍽
웁스~
내 엉덩이!
휘릭
다들
괜찮니?
두둥
요우~ 여긴
어딜까요, 쌤?
잘은 모르겠지만
갈라파고스 제도의 다른
곳으로 공간 이동을
한 것 같구나.
사라졌던 동물들도
여기 있을까요?
휙
휙
앗, 쌤!
저길 봐요!

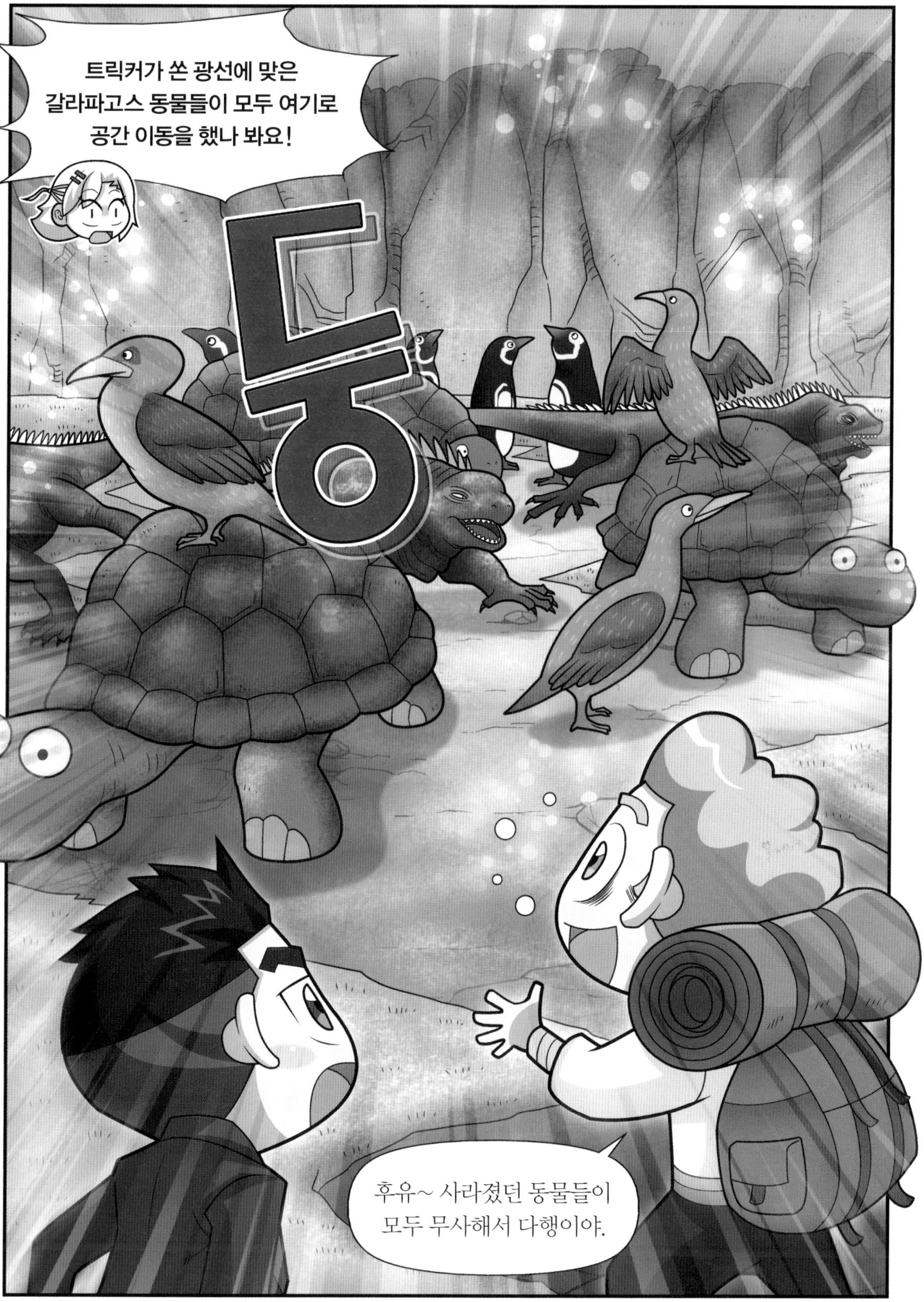
트릭커가 쏜 광선에 맞은 갈라파고스 동물들이 모두 여기로 공간 이동을 했나 봐요!
동
후유~ 사라졌던 동물들이 모두 무사해서 다행이야.

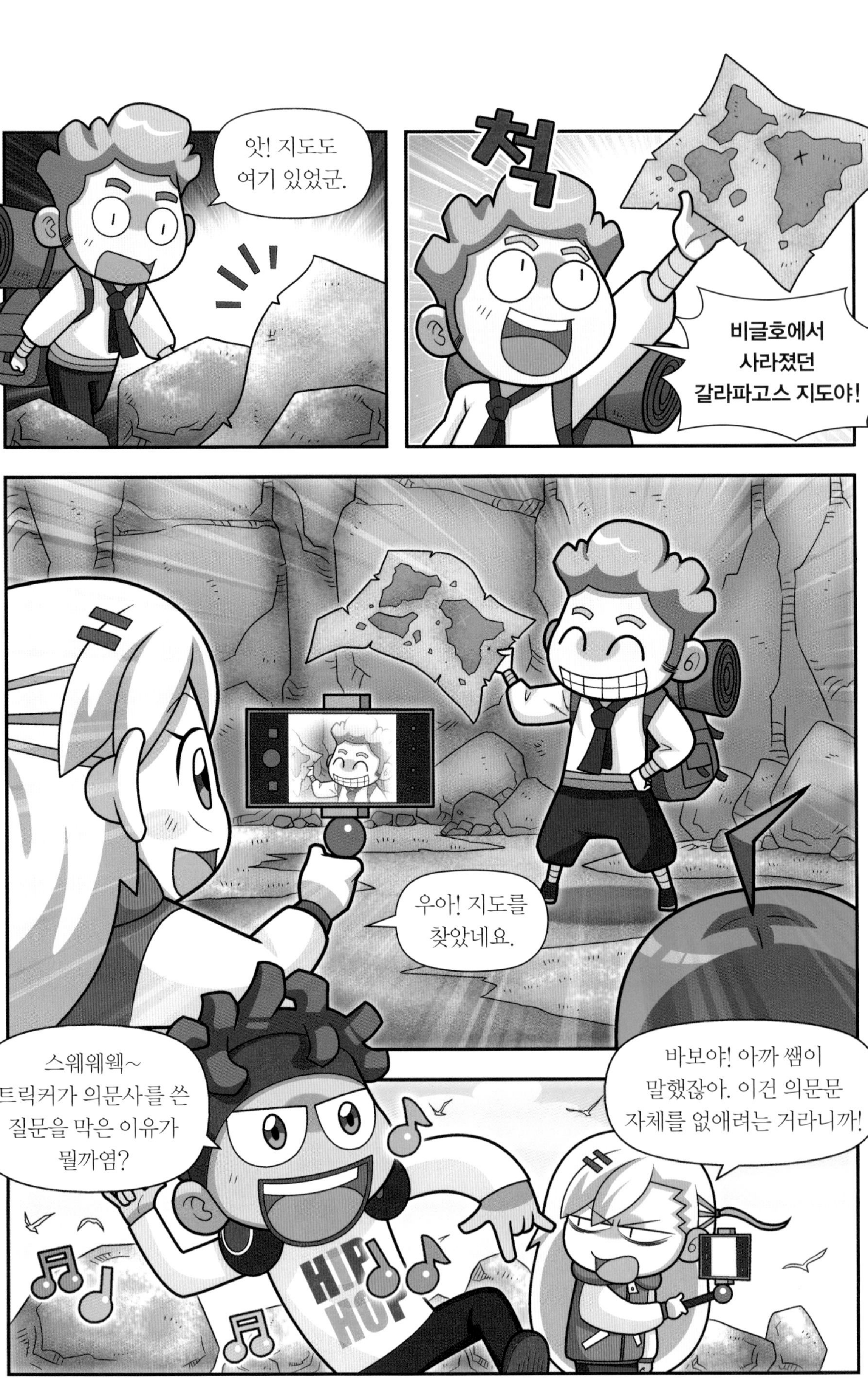
앗! 지도도
여기 있었군.
척
비글호에서
사라졌던
갈라파고스 지도야!
우아! 지도를
찾았네요.
스웨웨웩~
트릭커가 의문사를 쓴
질문을 막은 이유가
뭘까염?
바보야! 아까 쌤이
말했잖아. 이건 의문문
자체를 없애려는 거라니까!
HIP
HOP

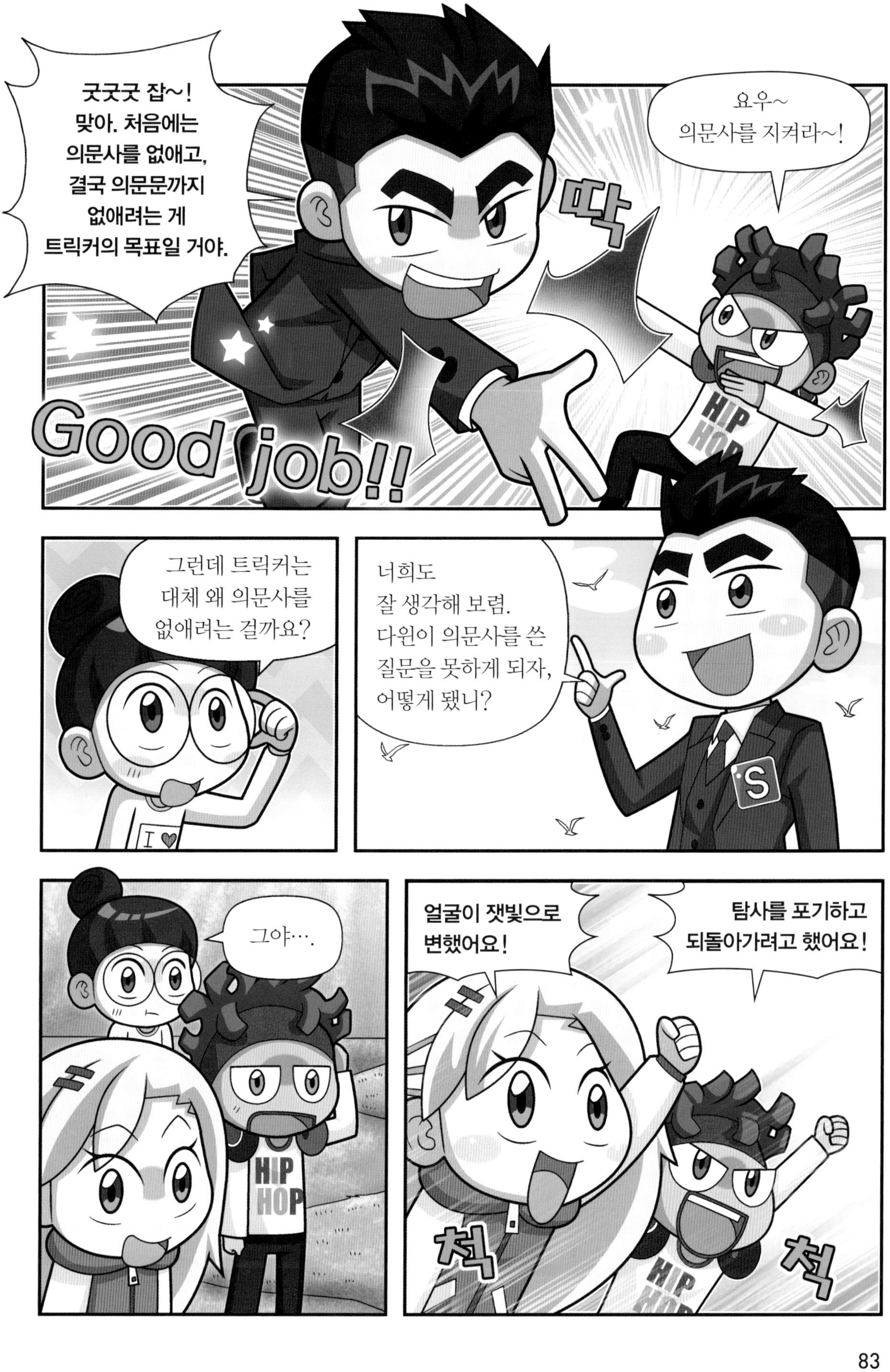
굿굿굿 잡~! 맞아. 처음에는 의문사를 없애고, 결국 의문문까지 없애려는 게 트릭커의 목표일 거야.
요우~ 의문사를 지켜라~!
딱
Good job!!
그런데 트릭커는 대체 왜 의문사를 없애려는 걸까요?
너희도 잘 생각해 보렴. 다윈이 의문사를 쓴 질문을 못하게 되자, 어떻게 됐니?
그야….
얼굴이 잿빛으로 변했어요!
탐사를 포기하고 되돌아가려고 했어요!
척
척

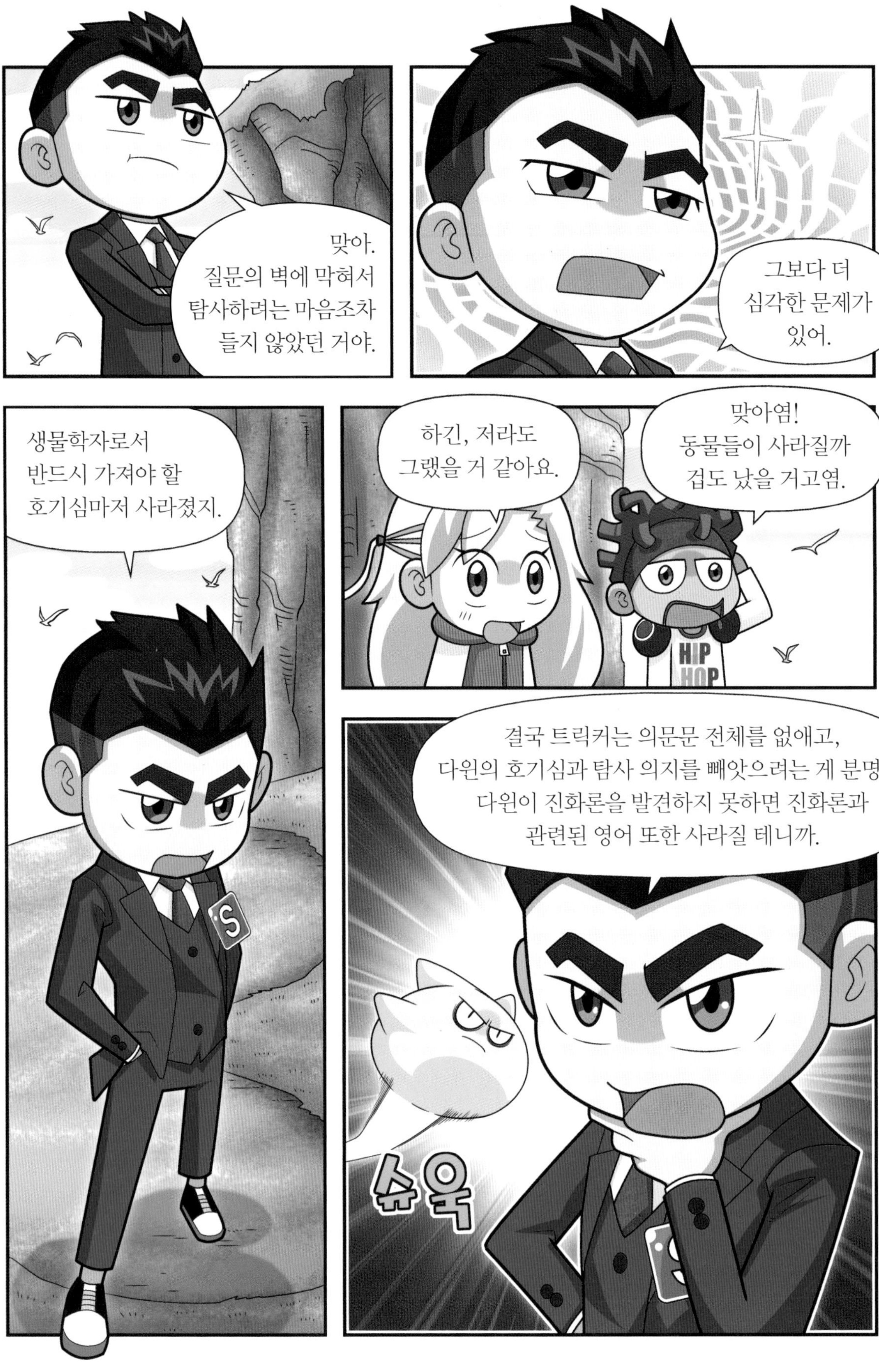
맞아.
질문의 벽에 막혀서
탐사하려는 마음조차
들지 않았던 거야.
그보다 더
심각한 문제가
있어.
생물학자로서
반드시 가져야 할
호기심마저 사라졌지.
하긴, 저라도
그랬을 거 같아요.
맞아염!
동물들이 사라질까
겁도 났을 거고염.
HIP HOP
결국 트릭커는 의문문 전체를 없애고,
다윈의 호기심과 탐사 의지를 빼앗으려는 게 분명해.
다윈이 진화론을 발견하지 못하면 진화론과
관련된 영어 또한 사라질 테니까.
슈욱

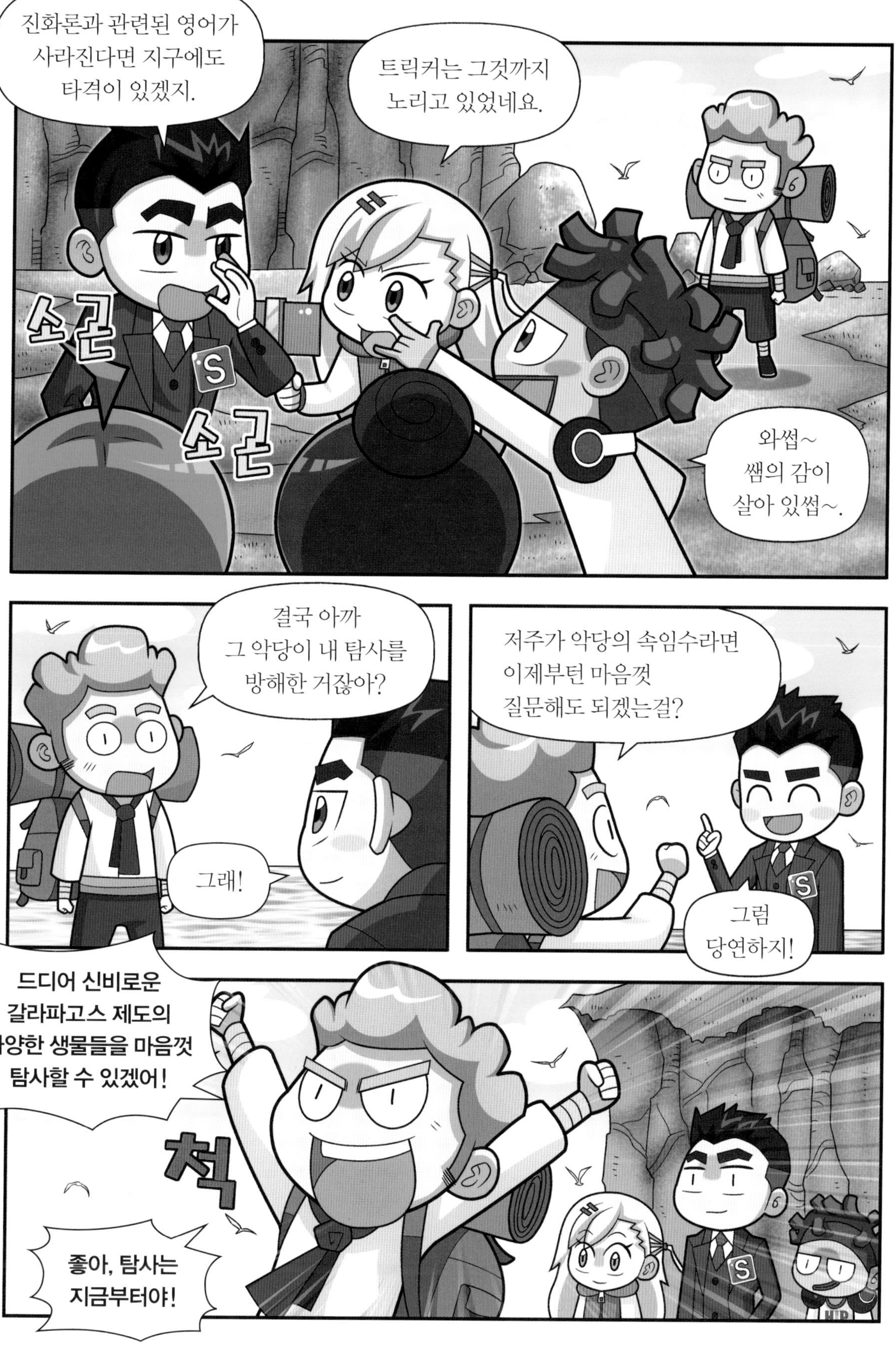

진화론과 관련된 영어가 사라진다면 지구에도 타격이 있겠지.
소곤
소곤
트릭커는 그것까지 노리고 있었네요.
와썹~ 쌤의 감이 살아 있썹~.
결국 아까 그 악당이 내 탐사를 방해한 거잖아?
그래!
저주가 악당의 속임수라면 이제부턴 마음껏 질문해도 되겠는걸?
그럼 당연하지!
드디어 신비로운 갈라파고스 제도의 다양한 생물들을 마음껏 탐사할 수 있겠어!
척
좋아, 탐사는 지금부터야!

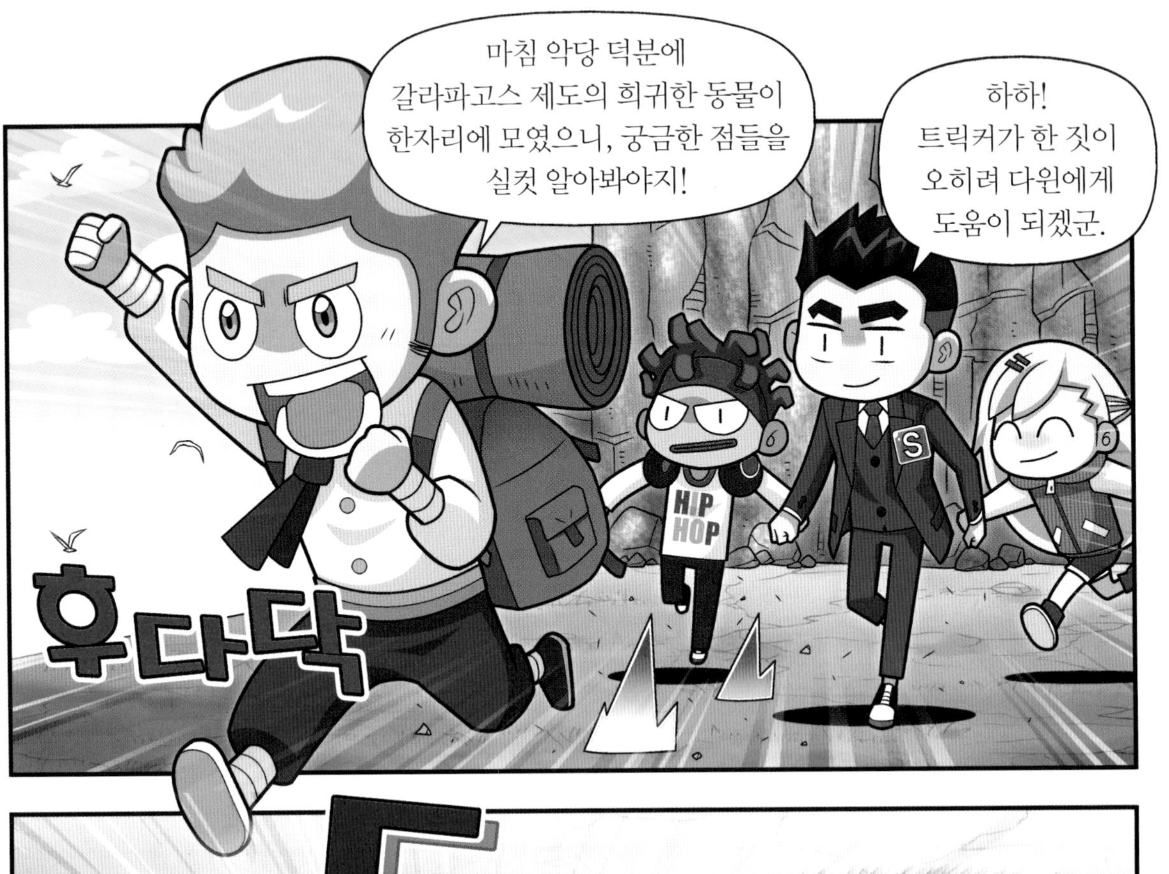
마침 악당 덕분에
갈라파고스 제도의 희귀한 동물이
한자리에 모였으니, 궁금한 점들을
실컷 알아봐야지!
하하!
트릭커가 한 짓이
오히려 다윈에게
도움이 되겠군.
후다닥

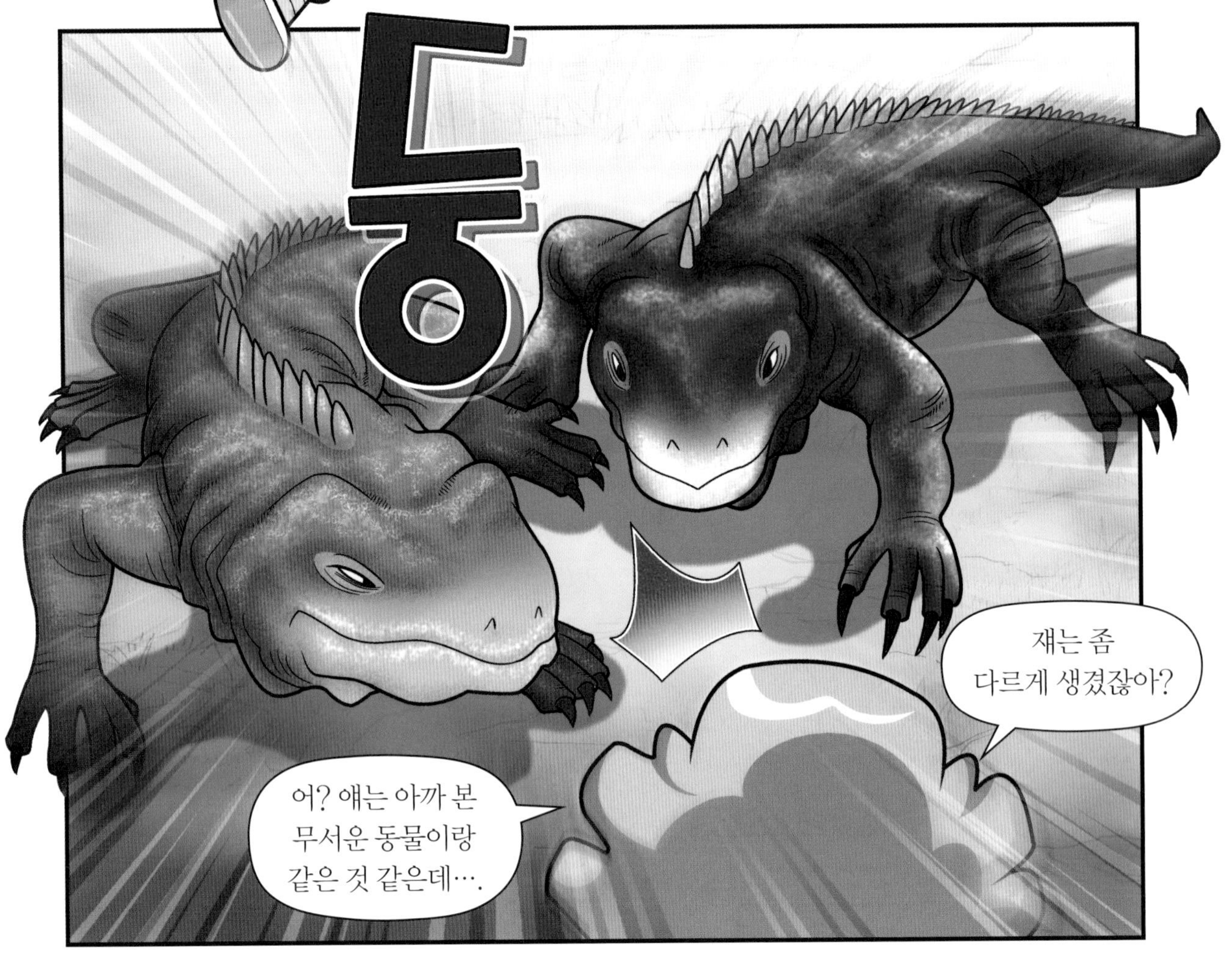
동
재는 좀
다르게 생겼잖아?
어? 얘는 아까 본
무서운 동물이랑
같은 것 같은데….

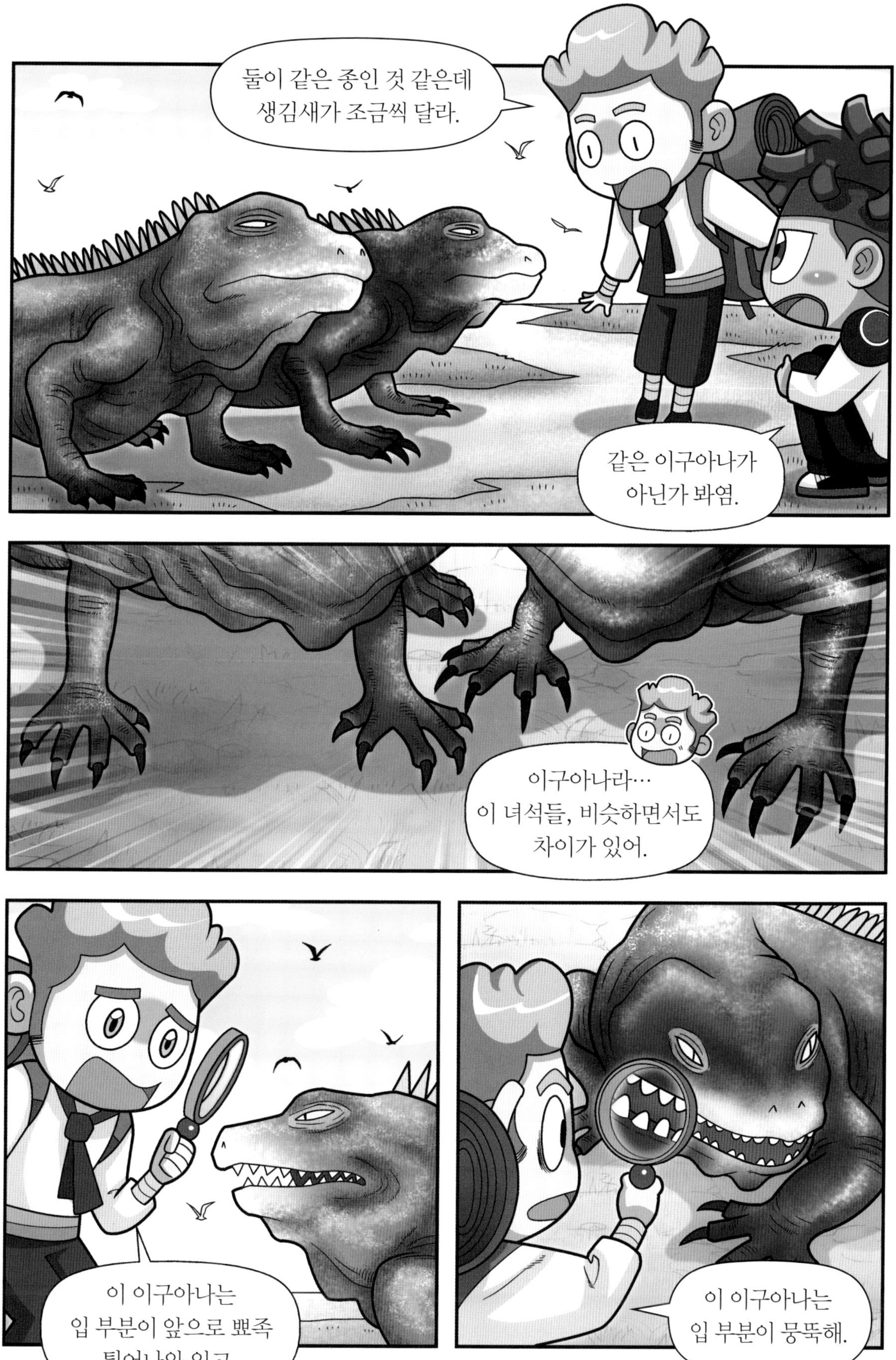
둘이 같은 종인 것 같은데 생김새가 조금씩 달라.
같은 이구아나가 아닌가 봐염.
이구아나라… 이 녀석들, 비슷하면서도 차이가 있어.
이 이구아나는 입 부분이 앞으로 뾰족 튀어나와 있고,
이 이구아나는 입 부분이 뭉뚝해.

어디 또 다르게 생긴 곳은….

앗! 발 모양이 좀 다른 것 같아!

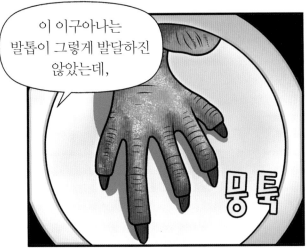

이 이구아나는 발톱이 그렇게 발달하진 않았는데,

뭉툭

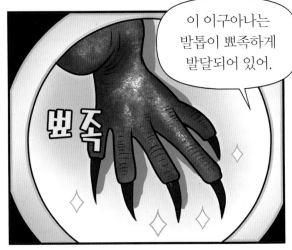

이 이구아나는 발톱이 뾰족하게 발달되어 있어.

뾰족

어쩌면 먹이를 찾느라 발톱이 날카롭게 발달한 걸지도 몰라!

맞아. 힌트를 주자면, 이 이구아나는 바위에 붙은 해조류를 뜯어 먹어. 강한 파도에 흔들리지 않고 바위를 움켜쥐려면 발톱이 발달해야 했지.

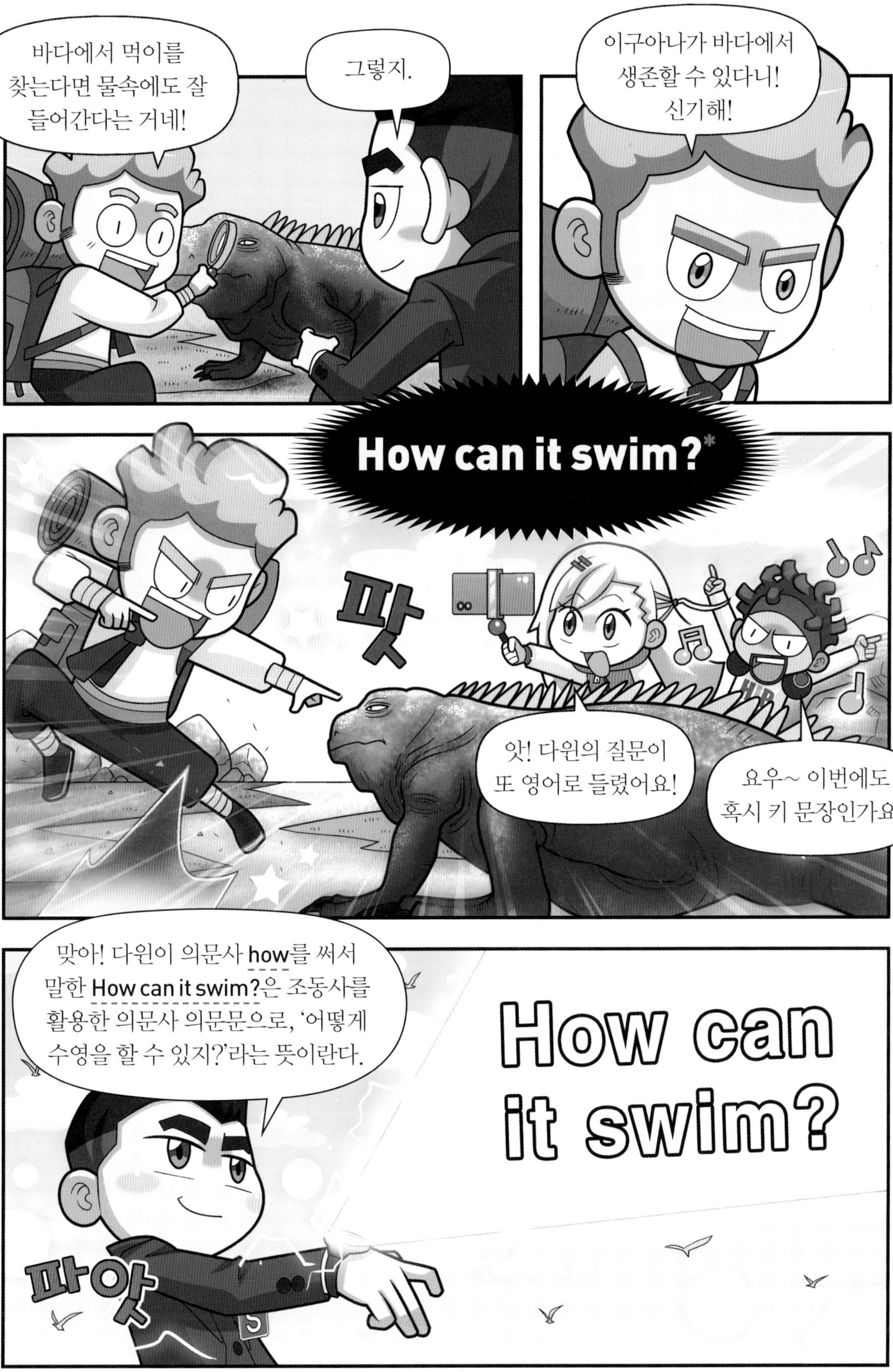
바다에서 먹이를 찾는다면 물속에도 잘 들어간다는 거네!
그렇지.
이구아나가 바다에서 생존할 수 있다니! 신기해!
How can it swim?*
팟
앗! 다윈의 질문이 또 영어로 들렸어요!
요우~ 이번에도 혹시 키 문장인가요?
맞아! 다윈이 의문사 how를 써서 말한 How can it swim?은 조동사를 활용한 의문사 의문문으로, '어떻게 수영을 할 수 있지?'라는 뜻이란다.
How can it swim?
파앗

* 어떻게 수영을 할 수 있지?

* 이시원 선생님이 직접 가르쳐 주는 강의를 확인하고 싶다면 149쪽을 펼쳐 보세요.

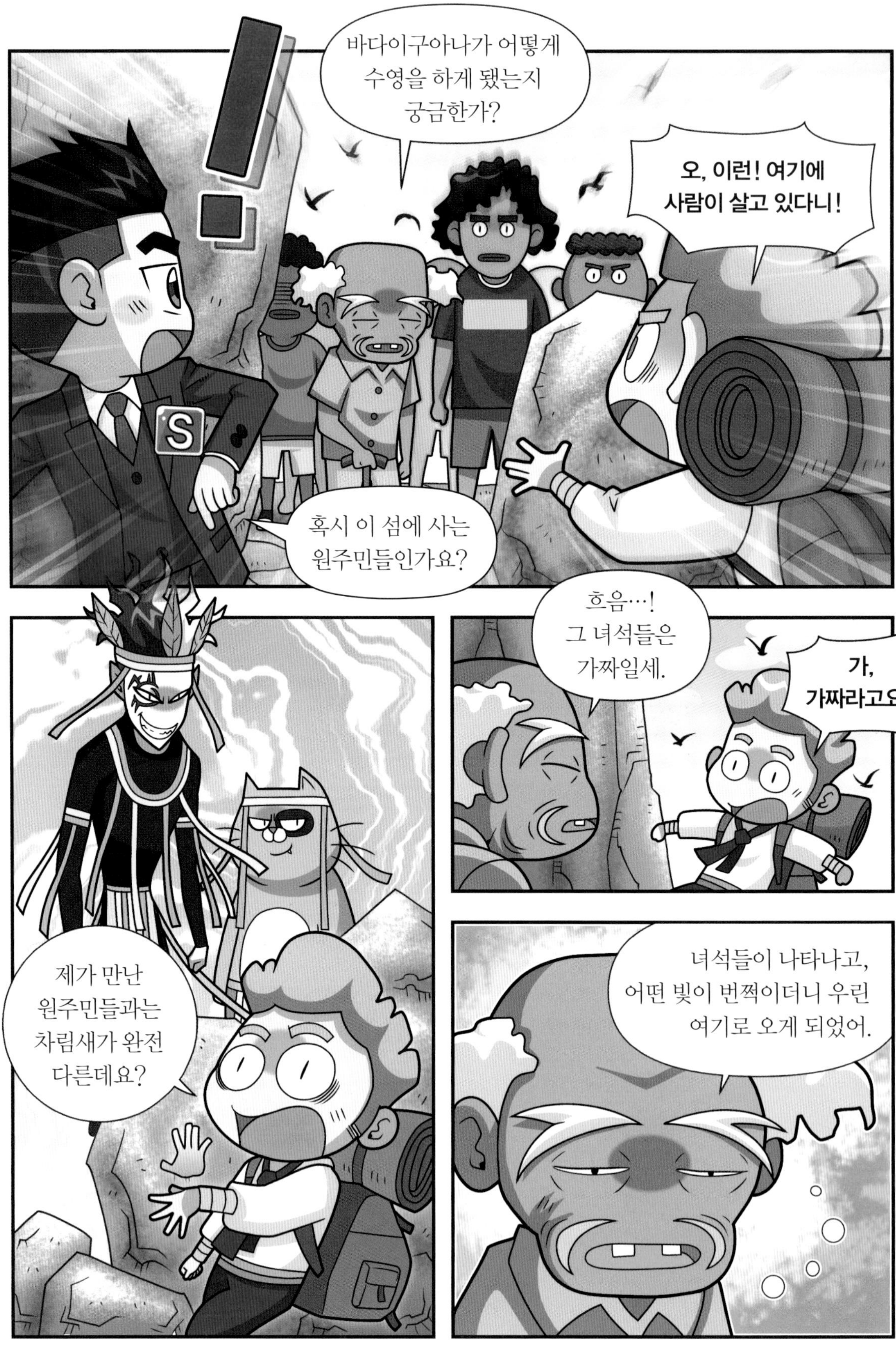
바다이구아나가 어떻게 수영을 하게 됐는지 궁금한가?
오, 이런! 여기에 사람이 살고 있다니!
혹시 이 섬에 사는 원주민들인가요?
제가 만난 원주민들과는 차림새가 완전 다른데요?
흐음…! 그 녀석들은 가짜일세.
가, 가짜라고요?
녀석들이 나타나고, 어떤 빛이 번쩍이더니 우린 여기로 오게 되었어.

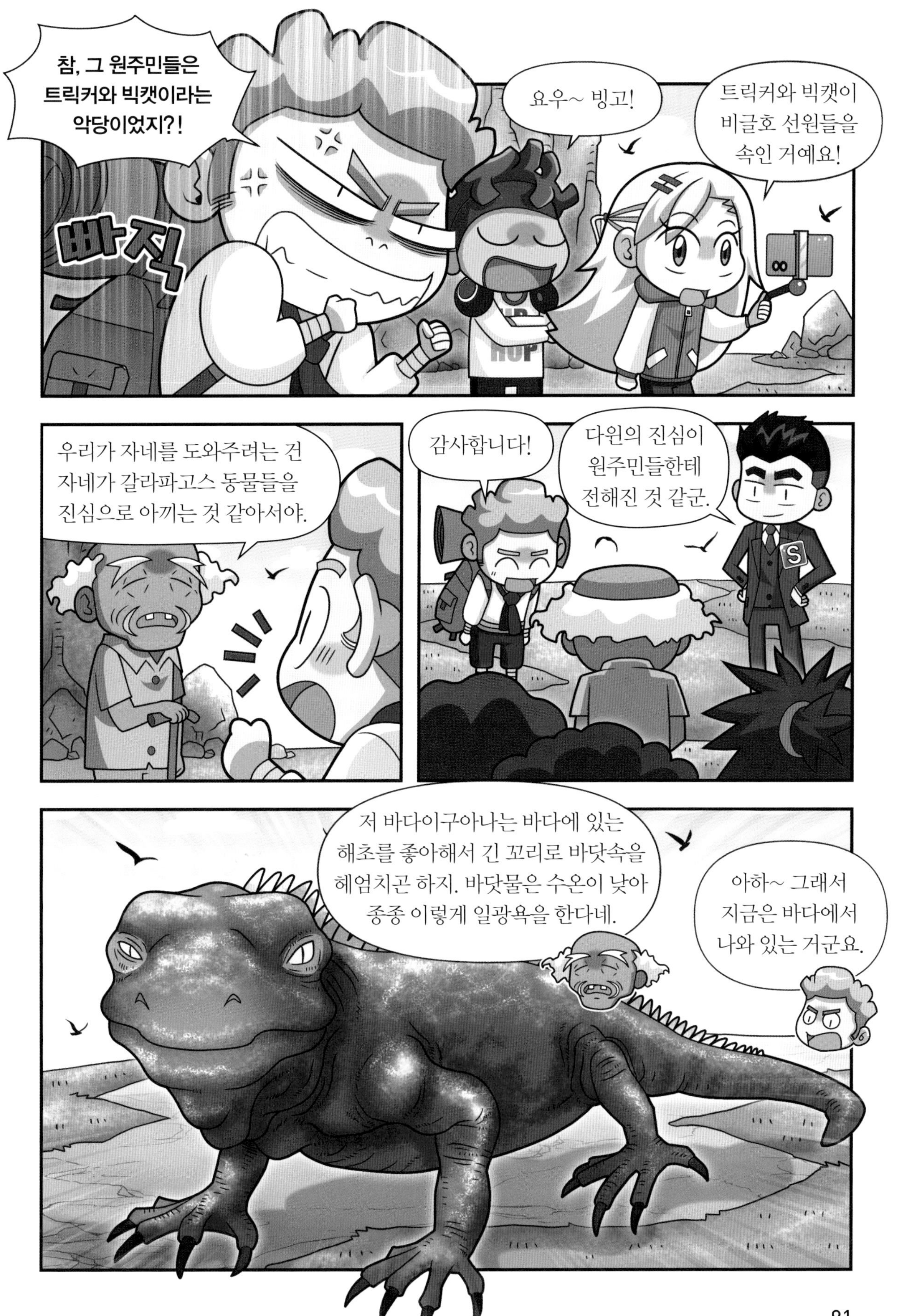

참, 그 원주민들은
트릭커와 빅캣이라는
악당이었지?!
빠직
요우~ 빙고!
트릭커와 빅캣이
비글호 선원들을
속인 거예요!
우리가 자네를 도와주려는 건
자네가 갈라파고스 동물들을
진심으로 아끼는 것 같아서야.
감사합니다!
다윈의 진심이
원주민들한테
전해진 것 같군.
저 바다이구아나는 바다에 있는
해초를 좋아해서 긴 꼬리로 바닷속을
헤엄치곤 하지. 바닷물은 수온이 낮아
종종 이렇게 일광욕을 한다네.
아하~ 그래서
지금은 바다에서
나와 있는 거군요.

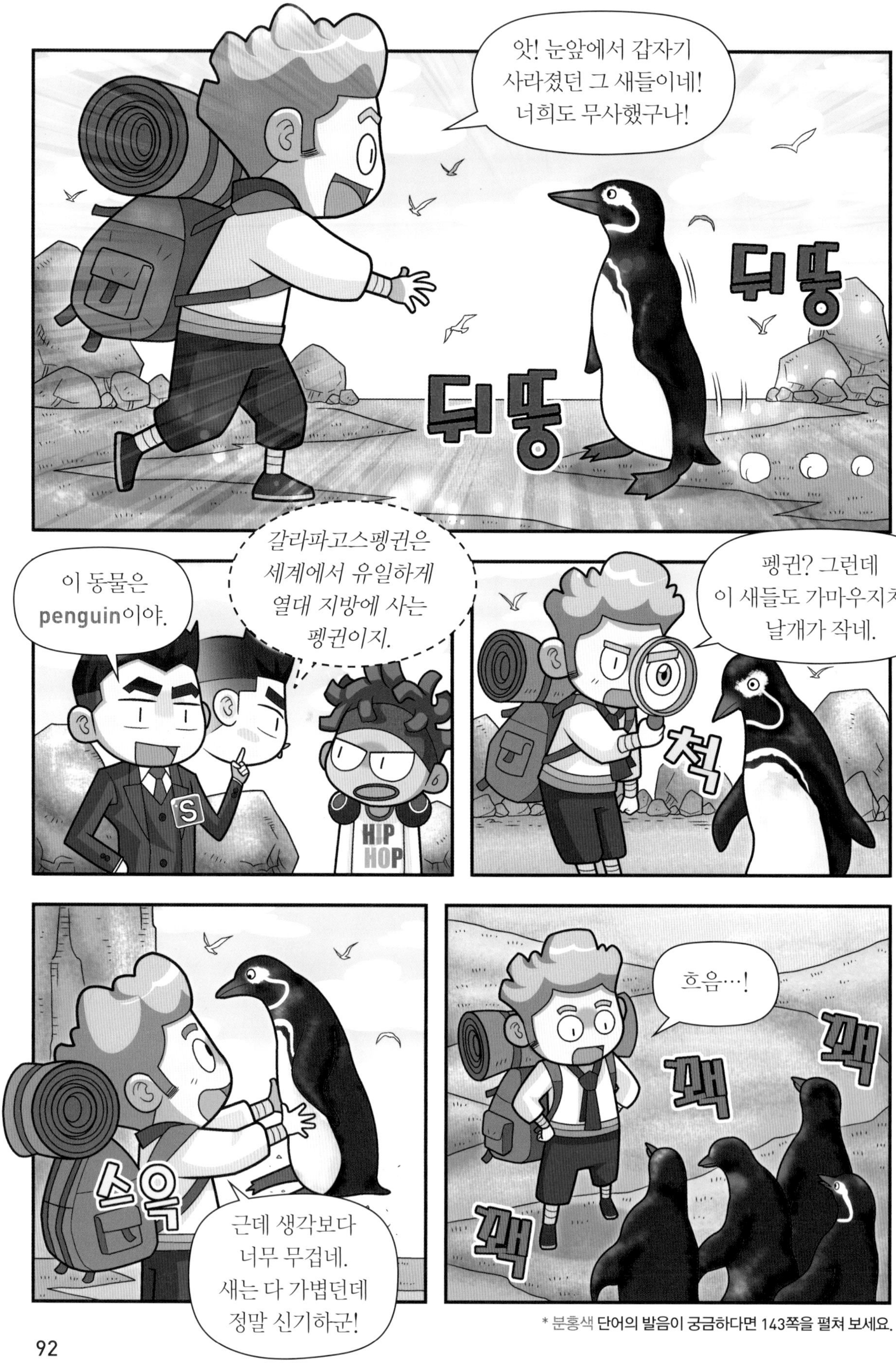

앗! 눈앞에서 갑자기 사라졌던 그 새들이네! 너희도 무사했구나!
뒤뚱
뒤뚱
이 동물은 penguin이야.
갈라파고스펭귄은 세계에서 유일하게 열대 지방에 사는 펭귄이지.
펭귄? 그런데 이 새들도 가마우지처럼 날개가 작네.
척
HIP HOP
S
스윽
근데 생각보다 너무 무겁네. 새는 다 가볍던데 정말 신기하군!
흐음…!
꽥
꽥
꽥

* 분홍색 단어의 발음이 궁금하다면 143쪽을 펼쳐 보세요.

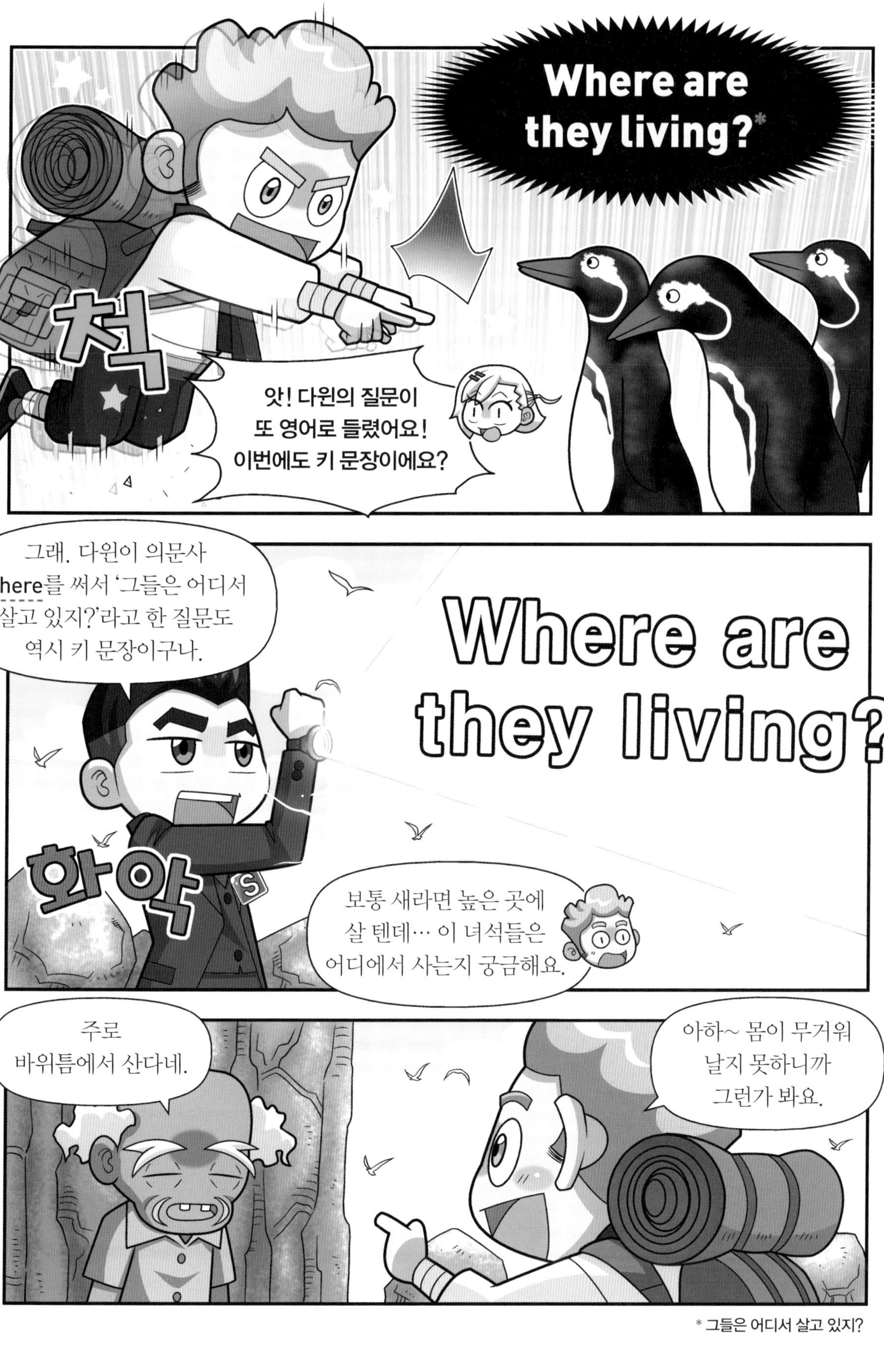
Where are they living?*
척
앗! 다윈의 질문이
또 영어로 들렸어요!
이번에도 키 문장이에요?
그래. 다윈이 의문사
where를 써서 '그들은 어디서
살고 있지?'라고 한 질문도
역시 키 문장이구나.
Where are they living?
화악
보통 새라면 높은 곳에
살 텐데… 이 녀석들은
어디에서 사는지 궁금해요.
주로
바위틈에서 산다네.
아하~ 몸이 무거워
날지 못하니까
그런가 봐요.

* 그들은 어디서 살고 있지?

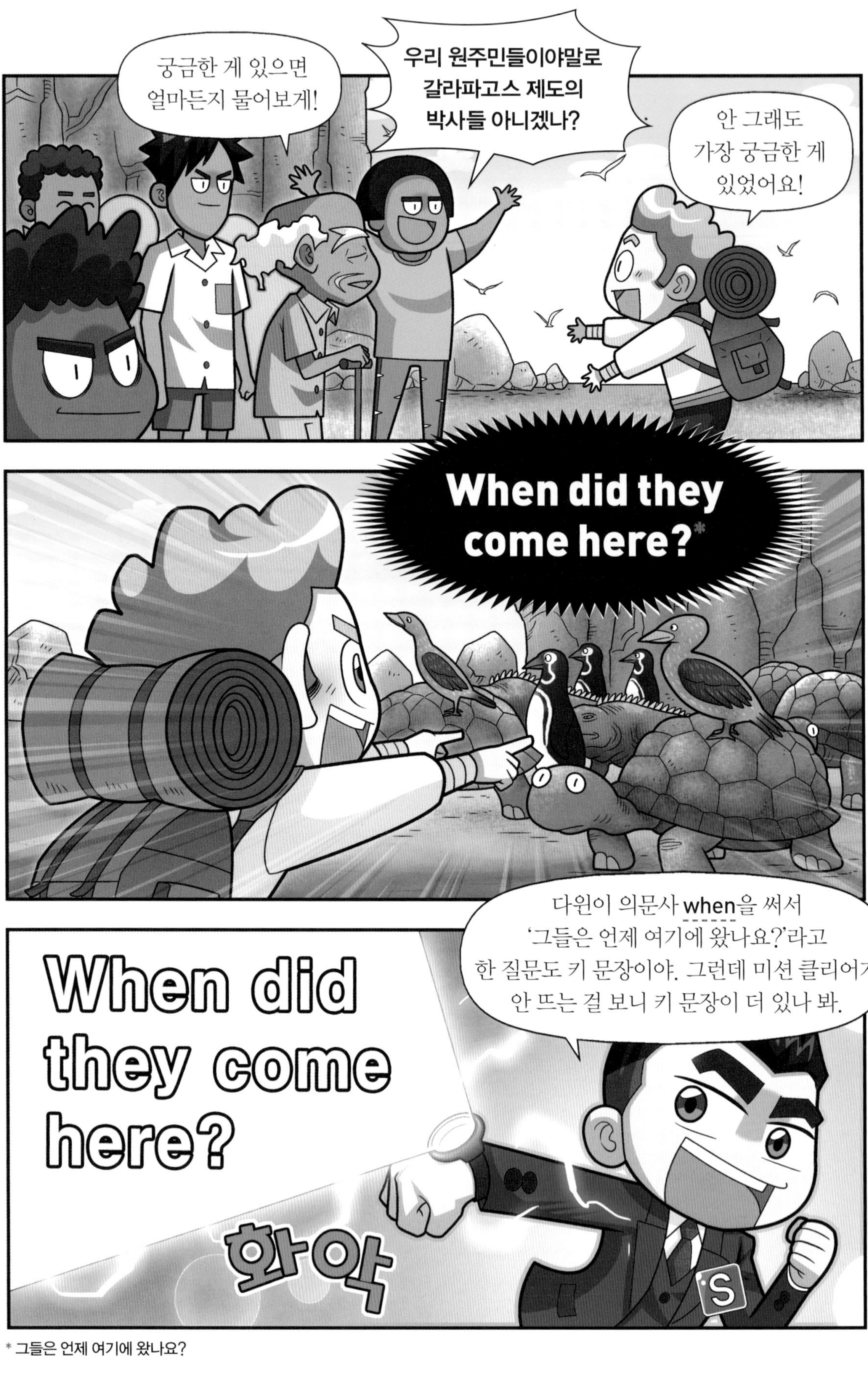
궁금한 게 있으면 얼마든지 물어보게!
우리 원주민들이야말로 갈라파고스 제도의 박사들 아니겠나?
안 그래도 가장 궁금한 게 있었어요!
When did they come here?*
다원이 의문사 when을 써서 '그들은 언제 여기에 왔나요?'라고 한 질문도 키 문장이야. 그런데 미션 클리어가 안 뜨는 걸 보니 키 문장이 더 있나 봐.
When did they come here?
화악

* 그들은 언제 여기에 왔나요?

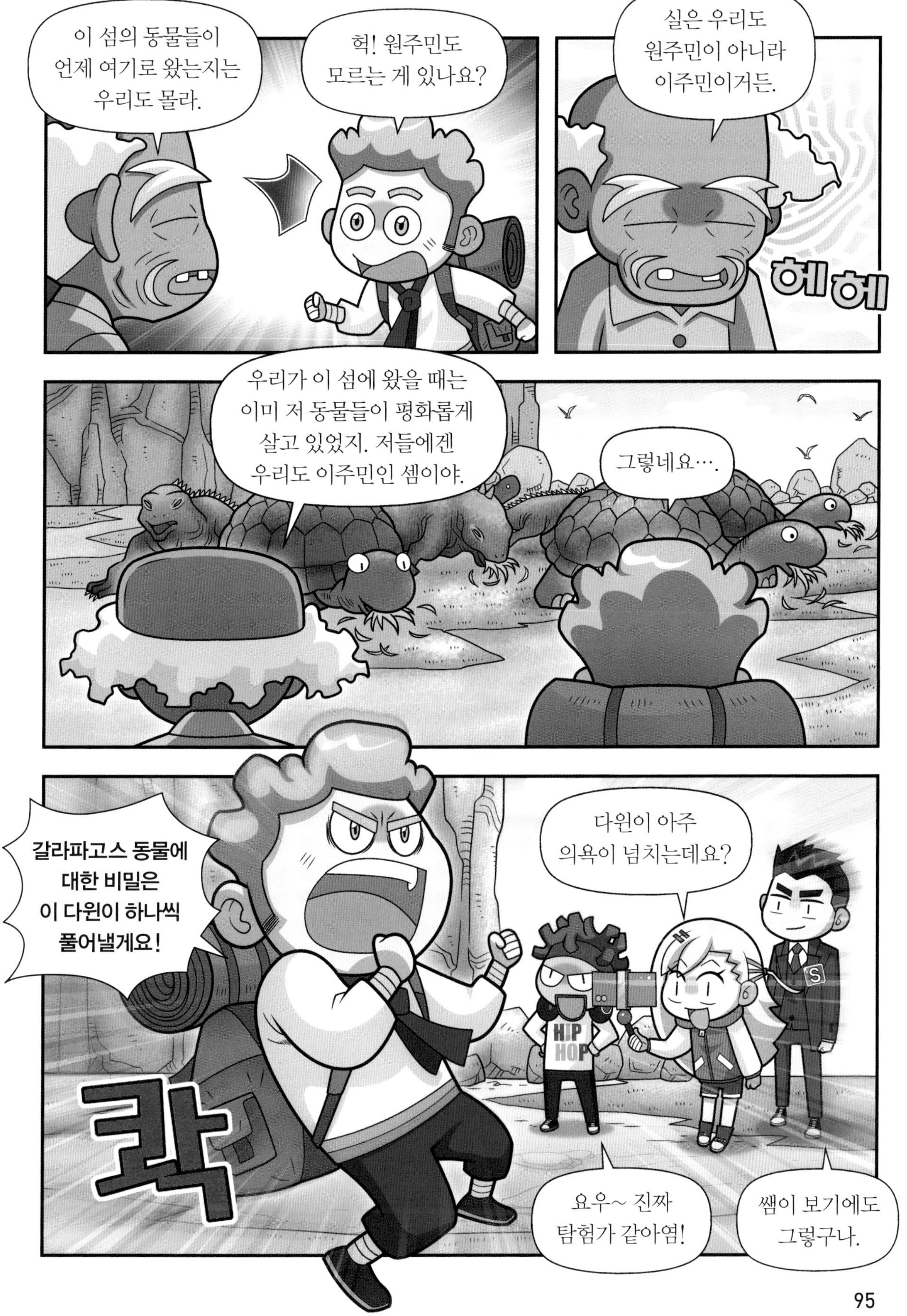
이 섬의 동물들이 언제 여기로 왔는지는 우리도 몰라.
헉! 원주민도 모르는 게 있나요?
실은 우리도 원주민이 아니라 이주민이거든.
헤헤
우리가 이 섬에 왔을 때는 이미 저 동물들이 평화롭게 살고 있었지. 저들에겐 우리도 이주민인 셈이야.
그렇네요….
갈라파고스 동물에 대한 비밀은 이 다윈이 하나씩 풀어낼게요!
콱
다윈이 아주 의욕이 넘치는데요?
요우~ 진짜 탐험가 같아염!
쌤이 보기에도 그렇구나.

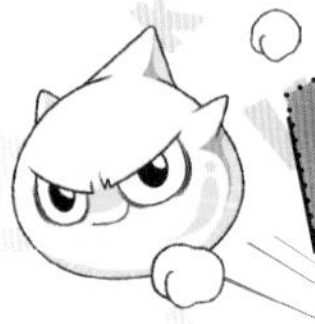

Chapter 5

최후의 결투

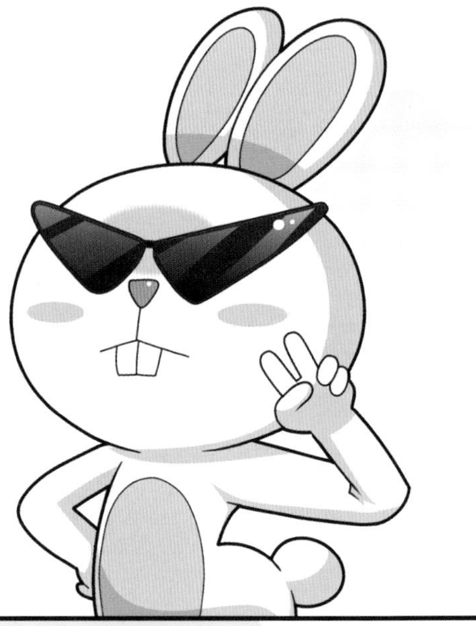

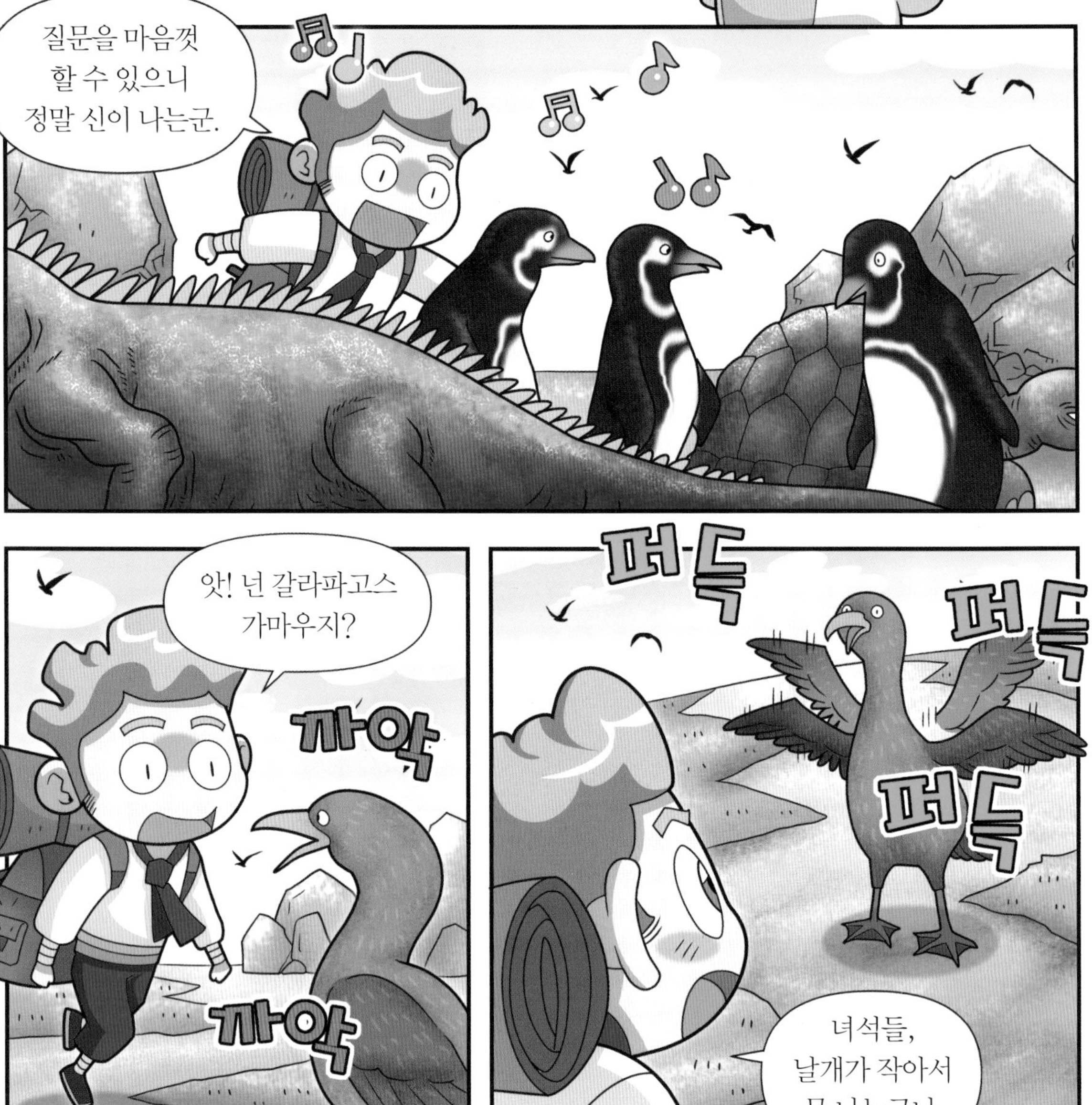

질문을 마음껏 할 수 있으니 정말 신이 나는군.
앗! 넌 갈라파고스 가마우지?
까악
까악
퍼득
퍼득
퍼득
녀석들, 날개가 작아서 못 나는구나.

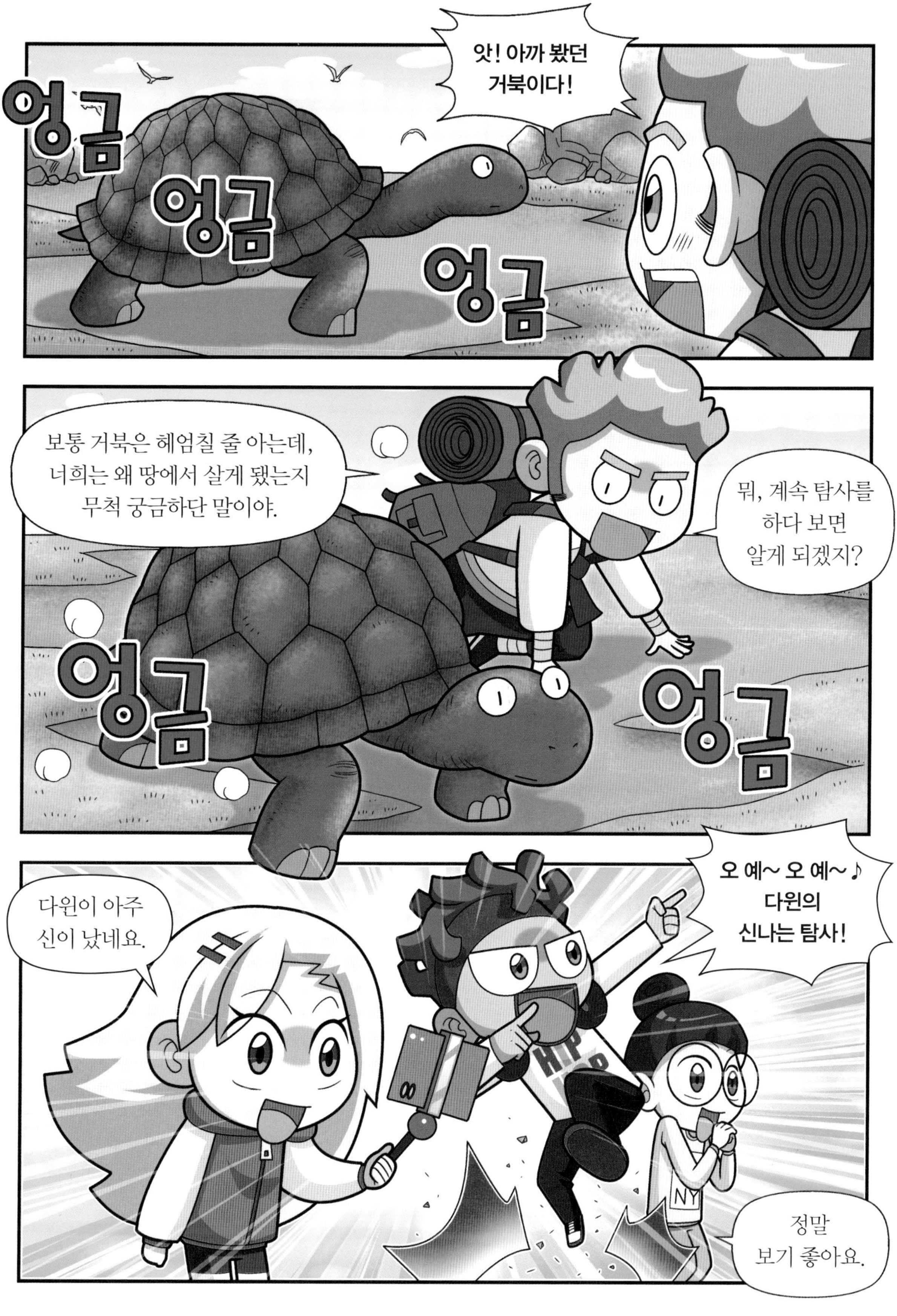
엉금
엉금
엉금
앗! 아까 봤던 거북이다!
보통 거북은 헤엄칠 줄 아는데, 너희는 왜 땅에서 살게 됐는지 무척 궁금하단 말이야.
뭐, 계속 탐사를 하다 보면 알게 되겠지?
엉금
엉금
오 예~ 오 예~♪ 다윈의 신나는 탐사!
다윈이 아주 신이 났네요.
HIP
NY
정말 보기 좋아요.

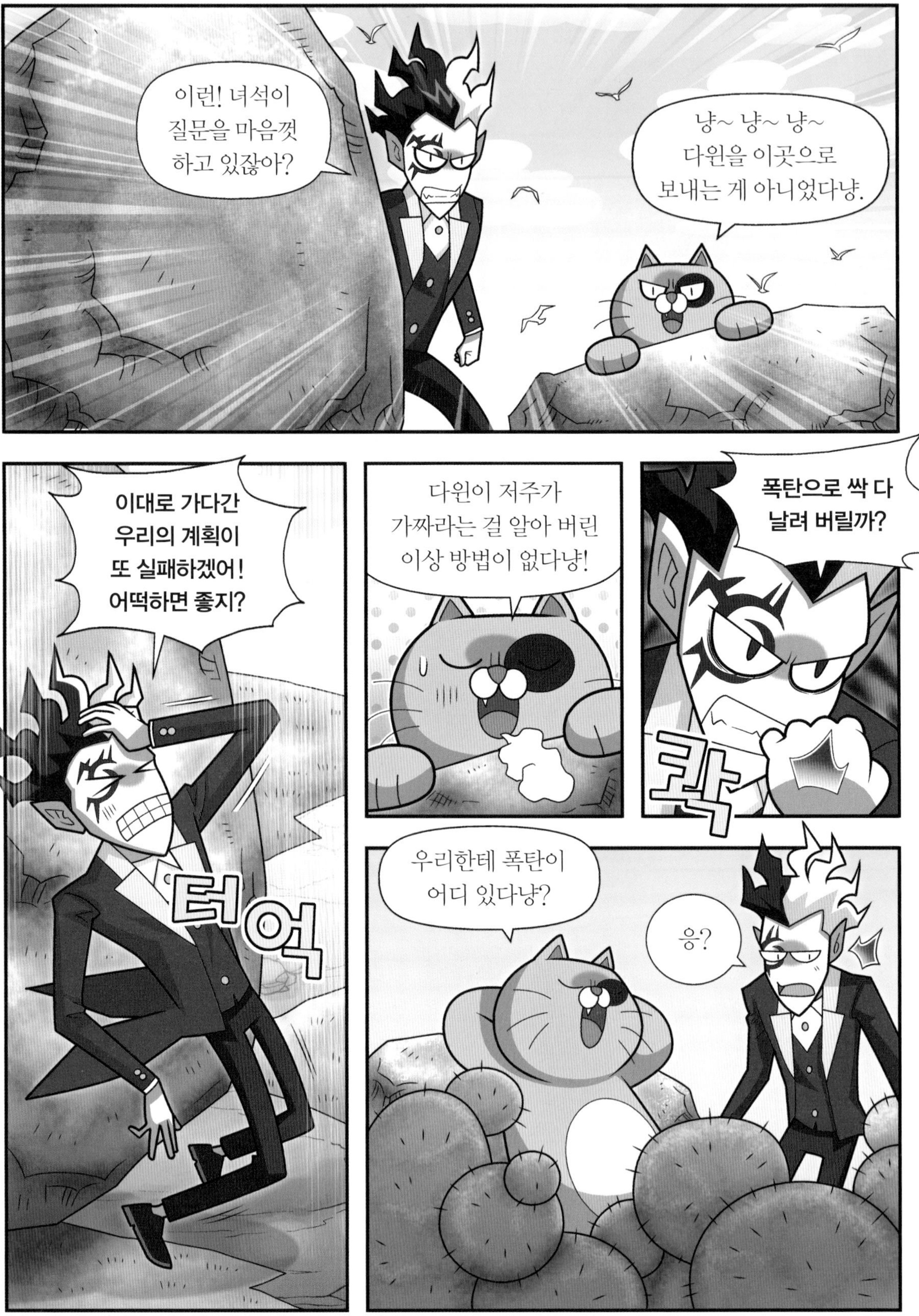

이런! 녀석이 질문을 마음껏 하고 있잖아?
냥~ 냥~ 냥~ 다윈을 이곳으로 보내는 게 아니었다냥.
이대로 가다간 우리의 계획이 또 실패하겠어! 어떡하면 좋지?
터억
다윈이 저주가 가짜라는 걸 알아 버린 이상 방법이 없다냥!
폭탄으로 싹 다 날려 버릴까?
콱
우리한테 폭탄이 어디 있다냥?
응?

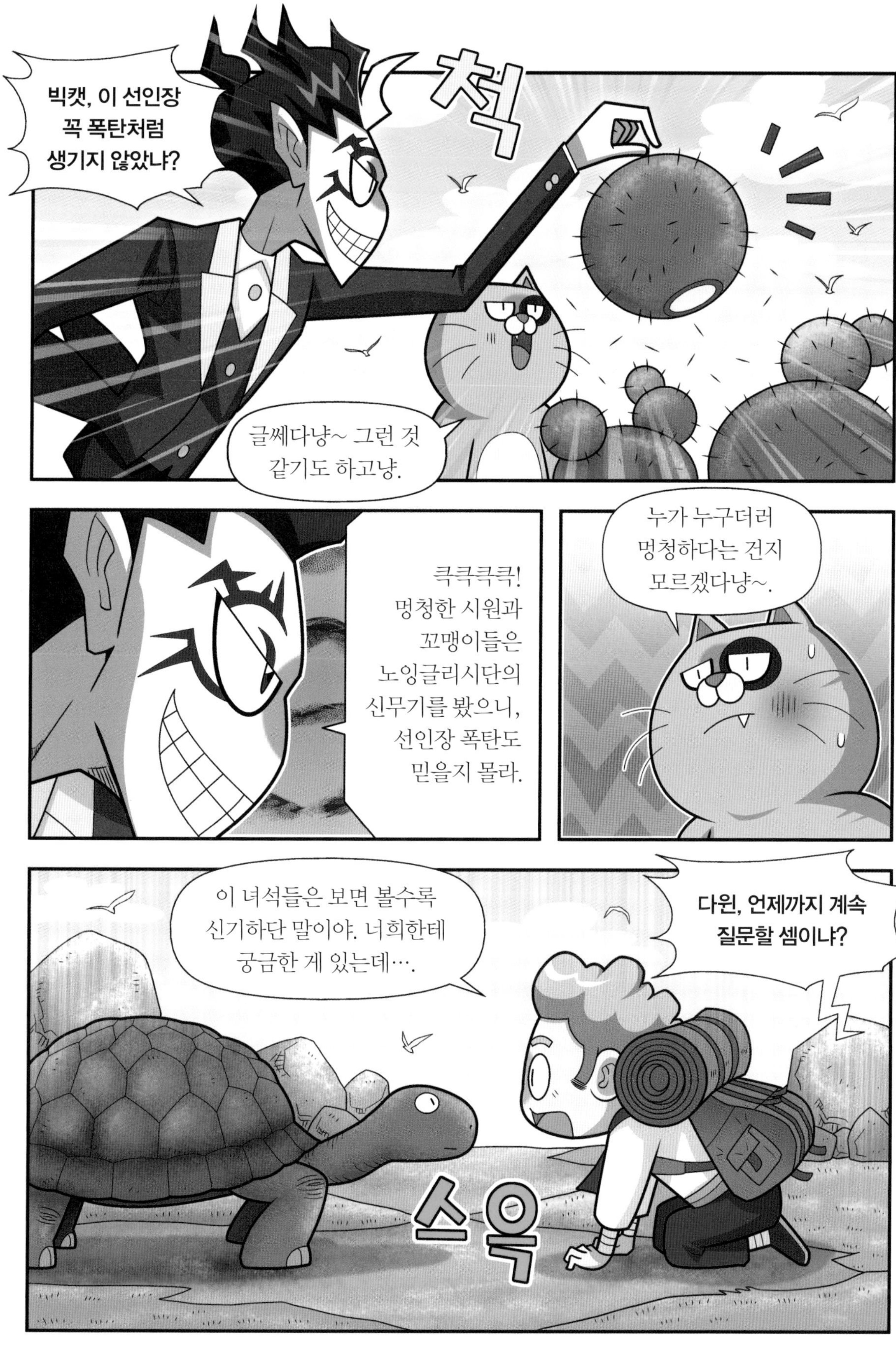
빅캣, 이 선인장
꼭 폭탄처럼
생기지 않았냐?
척
글쎄다냥~ 그런 것
같기도 하고냥.
크크크크!
멍청한 시원과
꼬맹이들은
노잉글리시단의
신무기를 봤으니,
선인장 폭탄도
믿을지 몰라.
누가 누구더러
멍청하다는 건지
모르겠다냥~.
이 녀석들은 보면 볼수록
신기하단 말이야. 너희한테
궁금한 게 있는데….
다윈, 언제까지 계속
질문할 셈이냐?
스윽

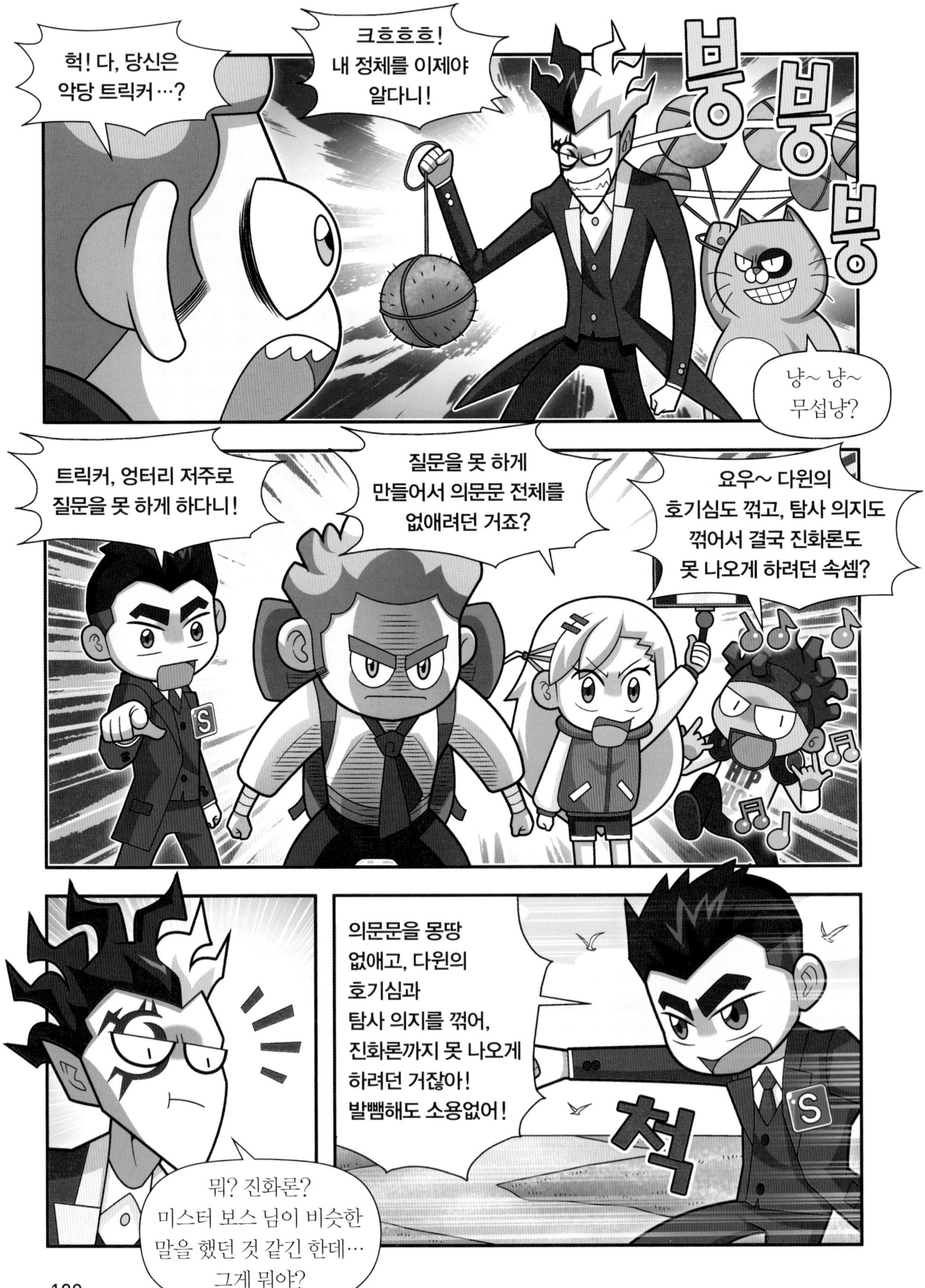
헉! 다, 당신은
악당 트릭커…?
크흐흐흐!
내 정체를 이제야
알다니!
붕 붕 붕
냥~ 냥~
무섭냥?
트릭커, 엉터리 저주로
질문을 못 하게 하다니!
질문을 못 하게
만들어서 의문문 전체를
없애려던 거죠?
요우~ 다윈의
호기심도 꺾고, 탐사 의지도
꺾어서 결국 진화론도
못 나오게 하려던 속셈?
HIP HOP
의문문을 몽땅
없애고, 다윈의
호기심과
탐사 의지를 꺾어,
진화론까지 못 나오게
하려던 거잖아!
발뺌해도 소용없어!
척
S
뭐? 진화론?
미스터 보스 님이 비슷한
말을 했던 것 같긴 한데…
그게 뭐야?

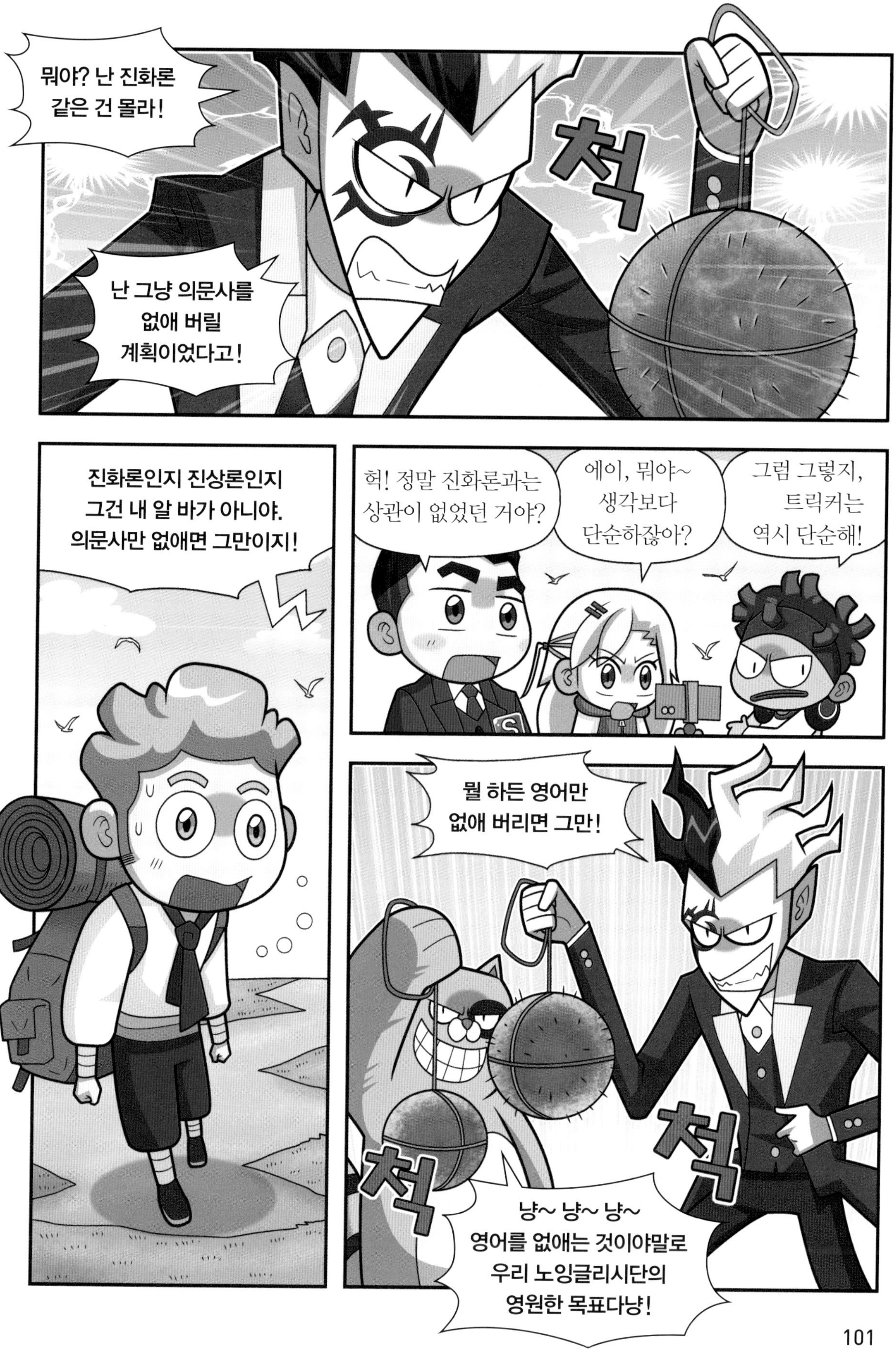

뭐야? 난 진화론
같은 건 몰라!
척
난 그냥 의문사를
없애 버릴
계획이었다고!
진화론인지 진상론인지
그건 내 알 바가 아니야.
의문사만 없애면 그만이지!
헉! 정말 진화론과는
상관이 없었던 거야?
에이, 뭐야~
생각보다
단순하잖아?
그럼 그렇지,
트릭커는
역시 단순해!
뭘 하든 영어만
없애 버리면 그만!
척
척
냥~ 냥~ 냥~
영어를 없애는 것이야말로
우리 노잉글리시단의
영원한 목표다냥!

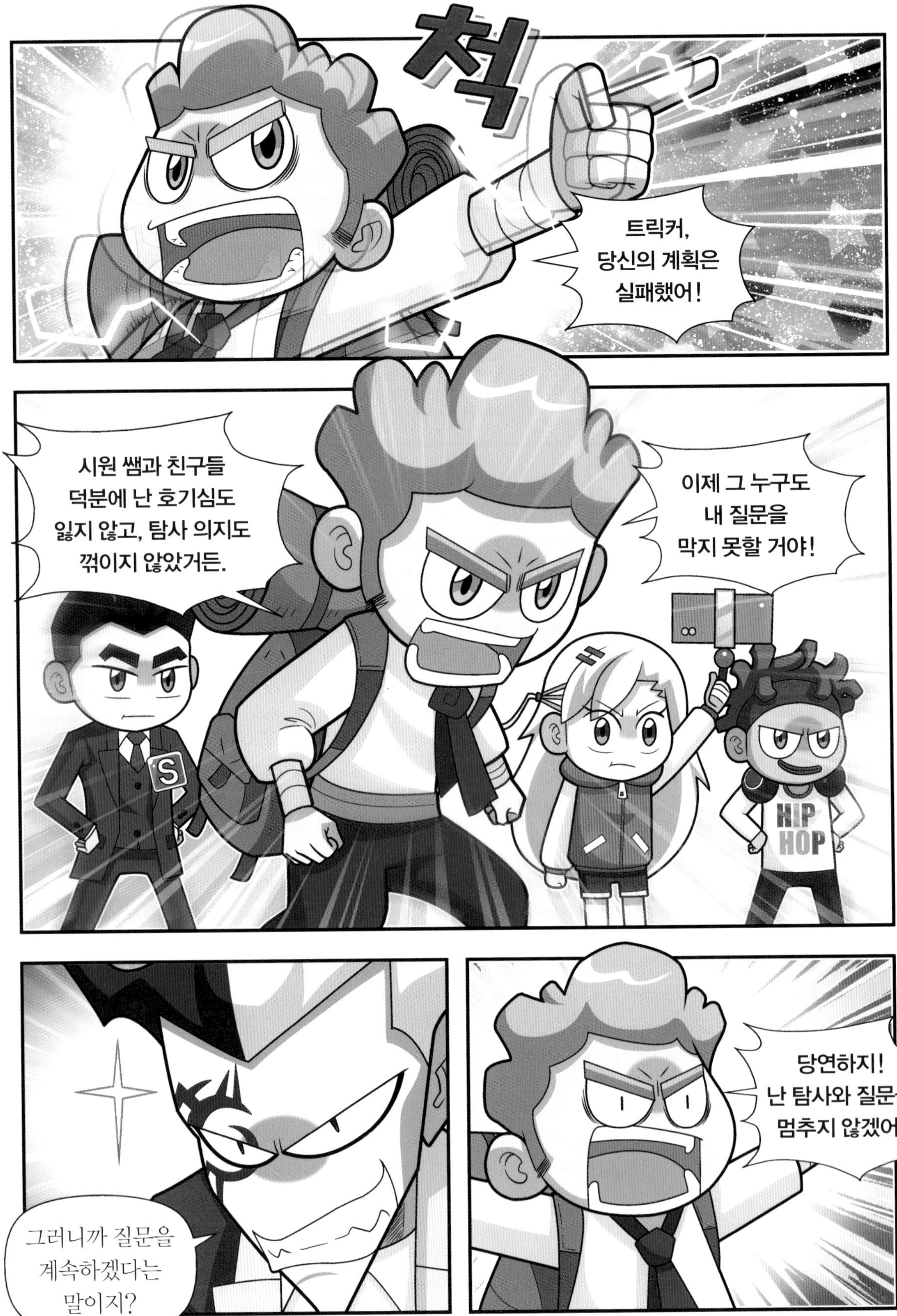
척
트릭커,
당신의 계획은
실패했어!
시원 쌤과 친구들
덕분에 난 호기심도
잃지 않고, 탐사 의지도
꺾이지 않았거든.
이제 그 누구도
내 질문을
막지 못할 거야!
HIP HOP
그러니까 질문을
계속하겠다는
말이지?
당연하지!
난 탐사와 질문을
멈추지 않겠어.

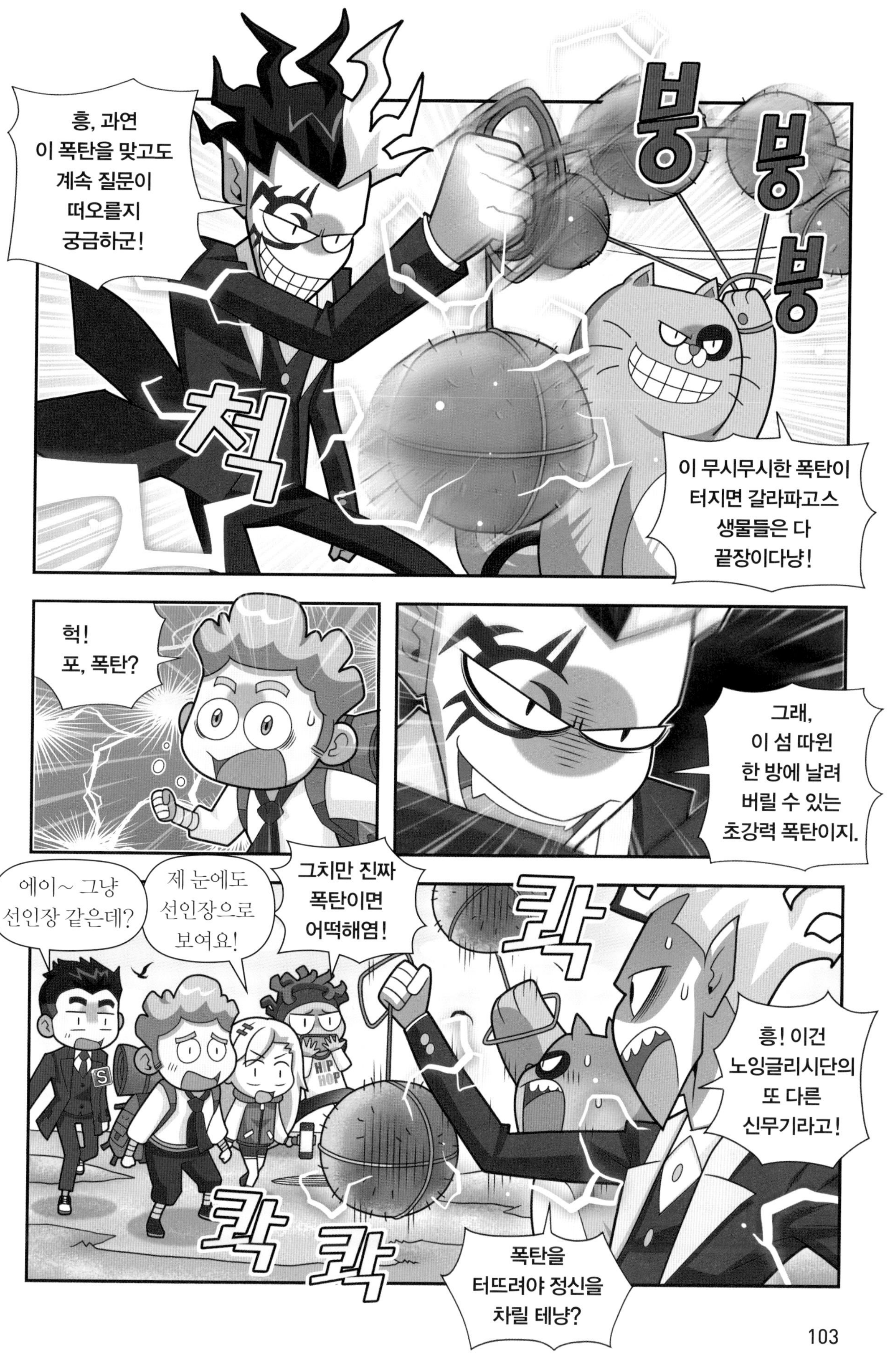

흥, 과연 이 폭탄을 맞고도 계속 질문이 떠오를지 궁금하군!
붕 붕 붕
척
이 무시무시한 폭탄이 터지면 갈라파고스 생물들은 다 끝장이다냥!
헉! 포, 폭탄?
그래, 이 섬 따윈 한 방에 날려 버릴 수 있는 초강력 폭탄이지.
에이~ 그냥 선인장 같은데?
제 눈에도 선인장으로 보여요!
그치만 진짜 폭탄이면 어떡해염!
콰
흥! 이건 노잉글리시단의 또 다른 신무기라고!
콱 콱
폭탄을 터뜨려야 정신을 차릴 테냥?

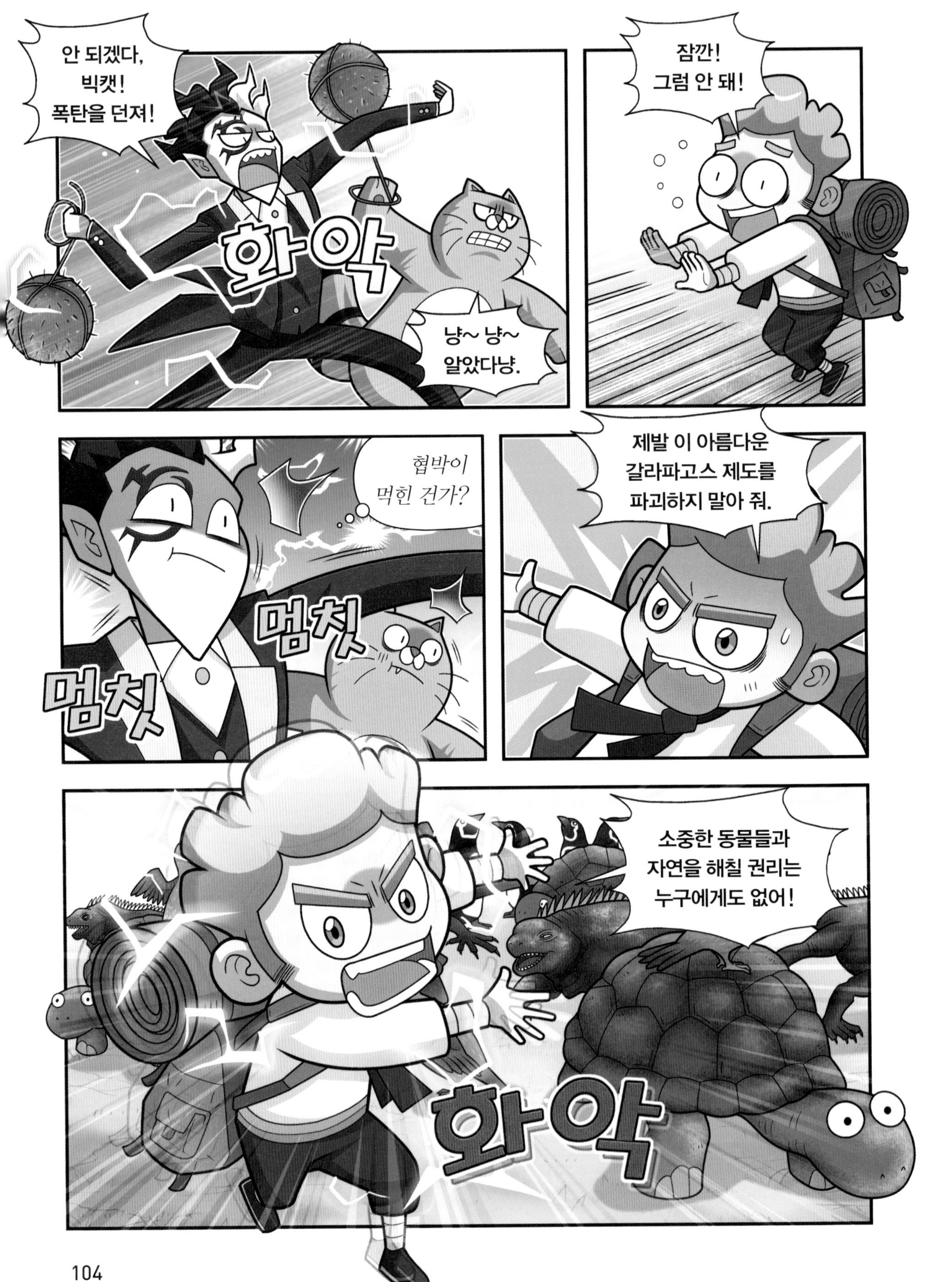
안 되겠다,
빅캣!
폭탄을 던져!
화악
냥~ 냥~
알았다냥.
잠깐!
그럼 안 돼!
협박이
먹힌 건가?
멈칫
멈칫
제발 이 아름다운
갈라파고스 제도를
파괴하지 말아 줘.
소중한 동물들과
자연을 해칠 권리는
누구에게도 없어!
화악

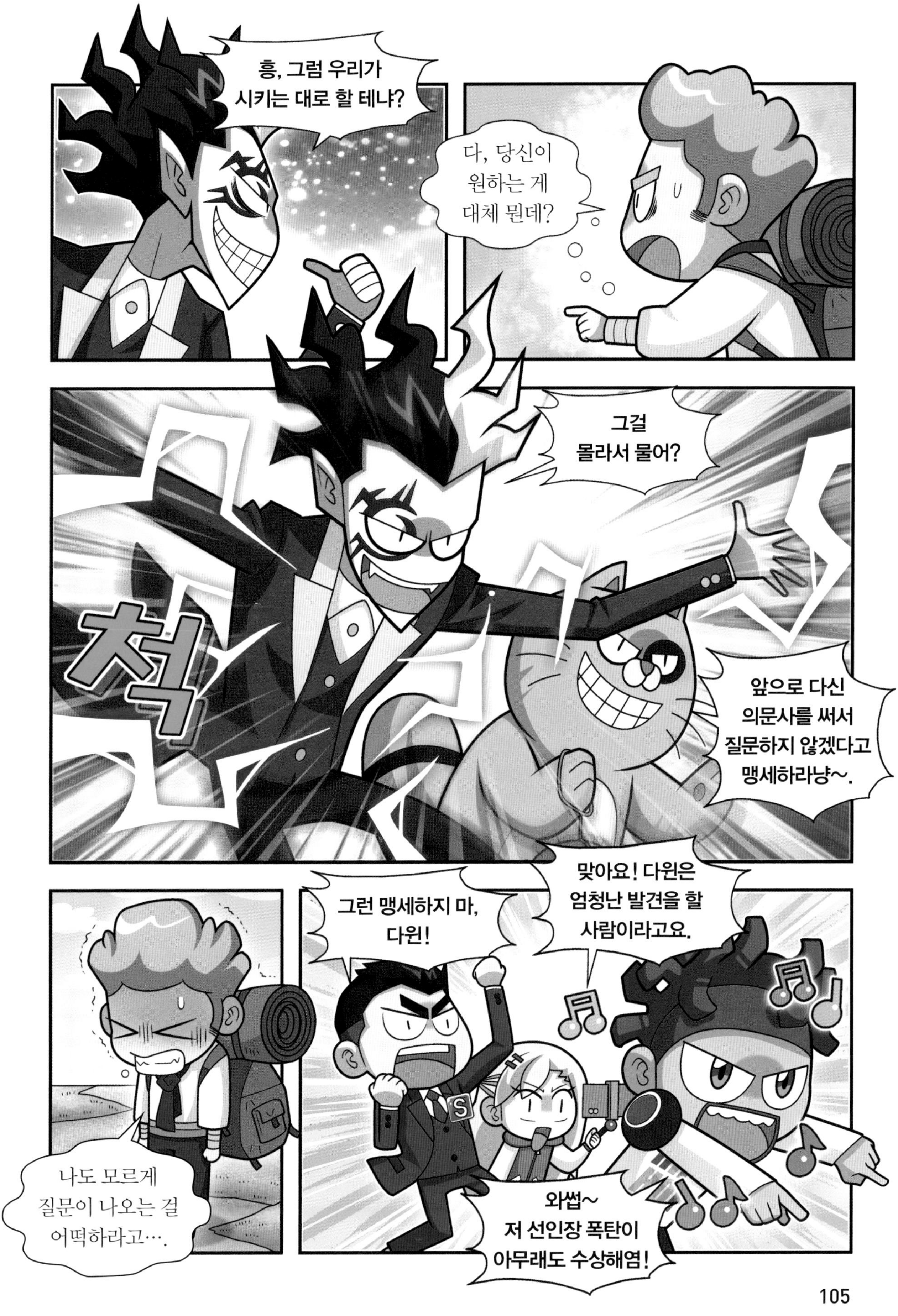
흥, 그럼 우리가 시키는 대로 할 테냐?
다, 당신이 원하는 게 대체 뭔데?
그걸 몰라서 물어?
척
앞으로 다신 의문사를 써서 질문하지 않겠다고 맹세하라냥~.
나도 모르게 질문이 나오는 걸 어떡하라고….
그런 맹세하지 마, 다윈!
맞아요! 다윈은 엄청난 발견을 할 사람이라고요.
와썹~ 저 선인장 폭탄이 아무래도 수상해염!

혹시라도 저 폭탄이 진짜면 어떡해.
설레
설레
소중한 생명을 걸고 모험할 수는 없어.
콰악
다윈…!
동물을 사랑하는 다윈의 마음이 느껴져요.
그래서 맹세를 할 거야, 말 거야?
빨리 결정하라냥~.
나, 다윈은 다시는 의문사를 써서 질문하지 않을 것을….
이히히히! 작전 성공이다.
냥~ 냥~ 일이 쉽게 풀린다냥~.
툭
툭

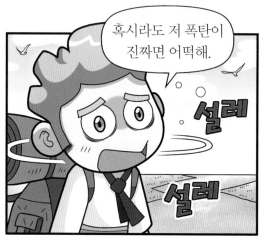

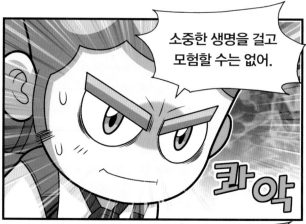

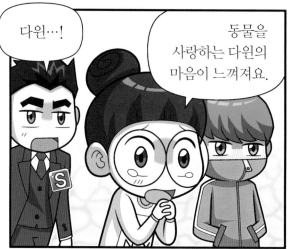

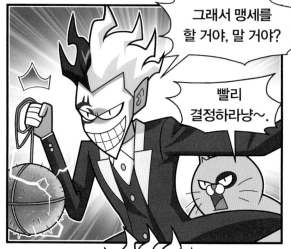

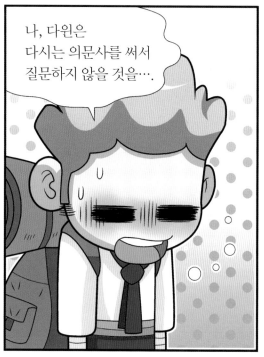

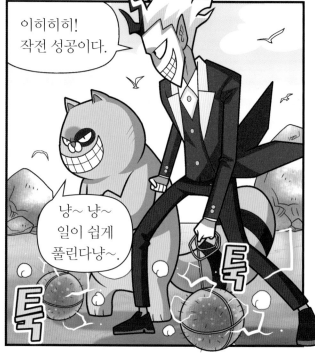

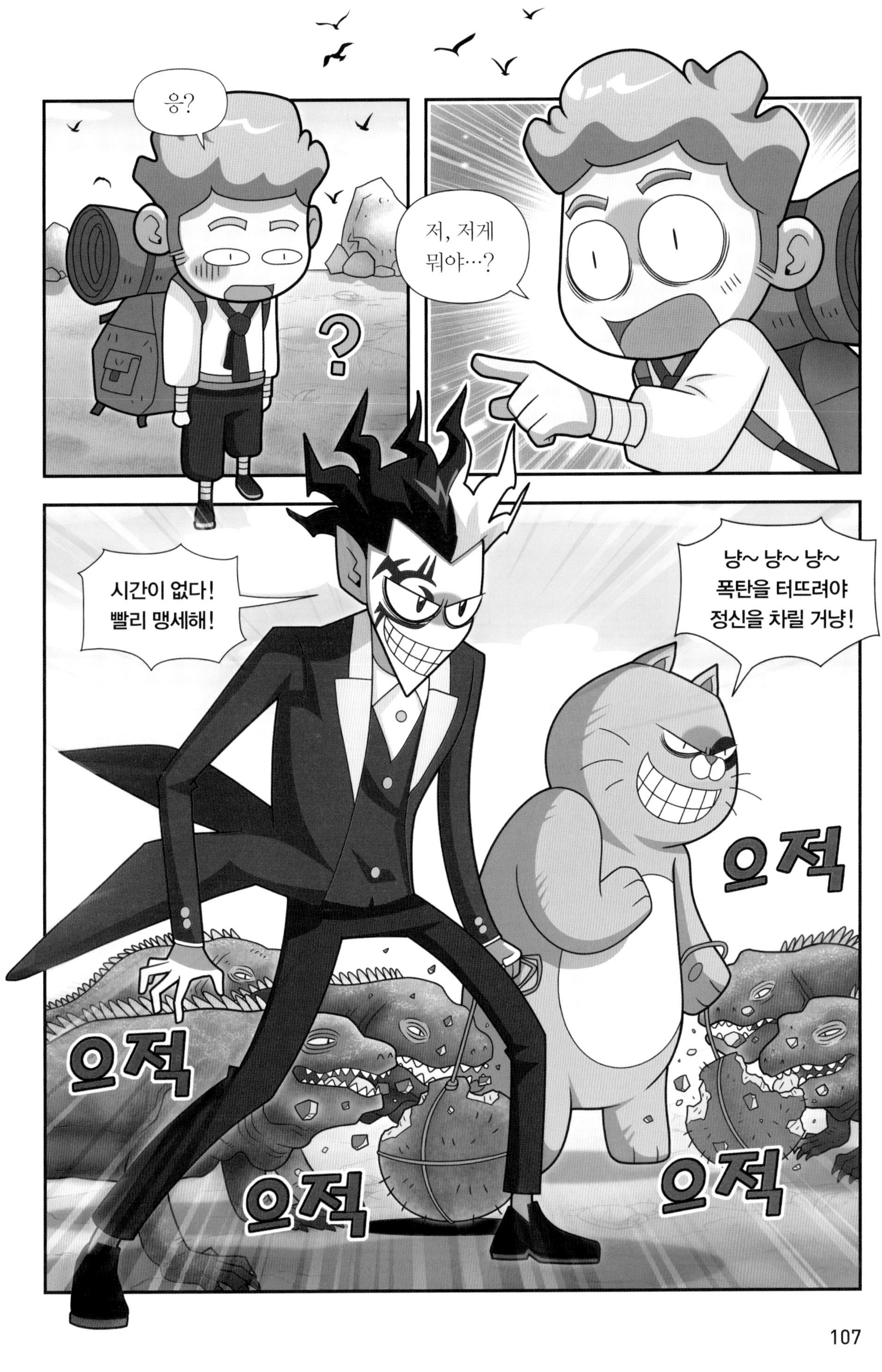
응?
저, 저게
뭐야…?
시간이 없다!
빨리 맹세해!
냥~ 냥~ 냥~
폭탄을 터뜨려야
정신을 차릴 거냥!
으적
으적
으적
으적

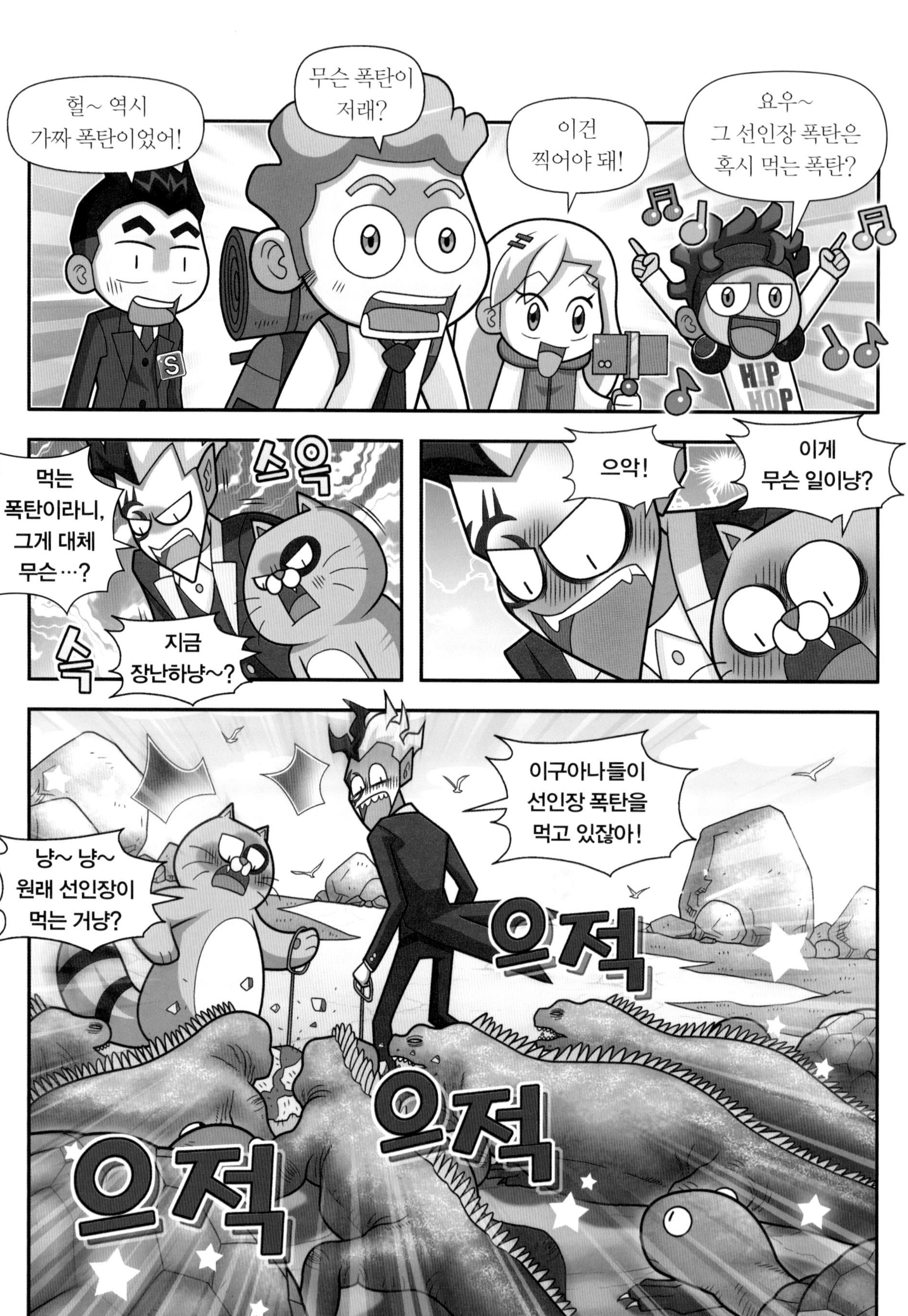
헐~ 역시 가짜 폭탄이었어!
무슨 폭탄이 저래?
이건 찍어야 돼!
요우~ 그 선인장 폭탄은 혹시 먹는 폭탄?
HIP HOP
먹는 폭탄이라니, 그게 대체 무슨…?
스윽
지금 장난하냥~?
슥
으악!
이게 무슨 일이냥?
이구아나들이 선인장 폭탄을 먹고 있잖아!
냥~ 냥~ 원래 선인장이 먹는 거냥?
오적
오적
오적

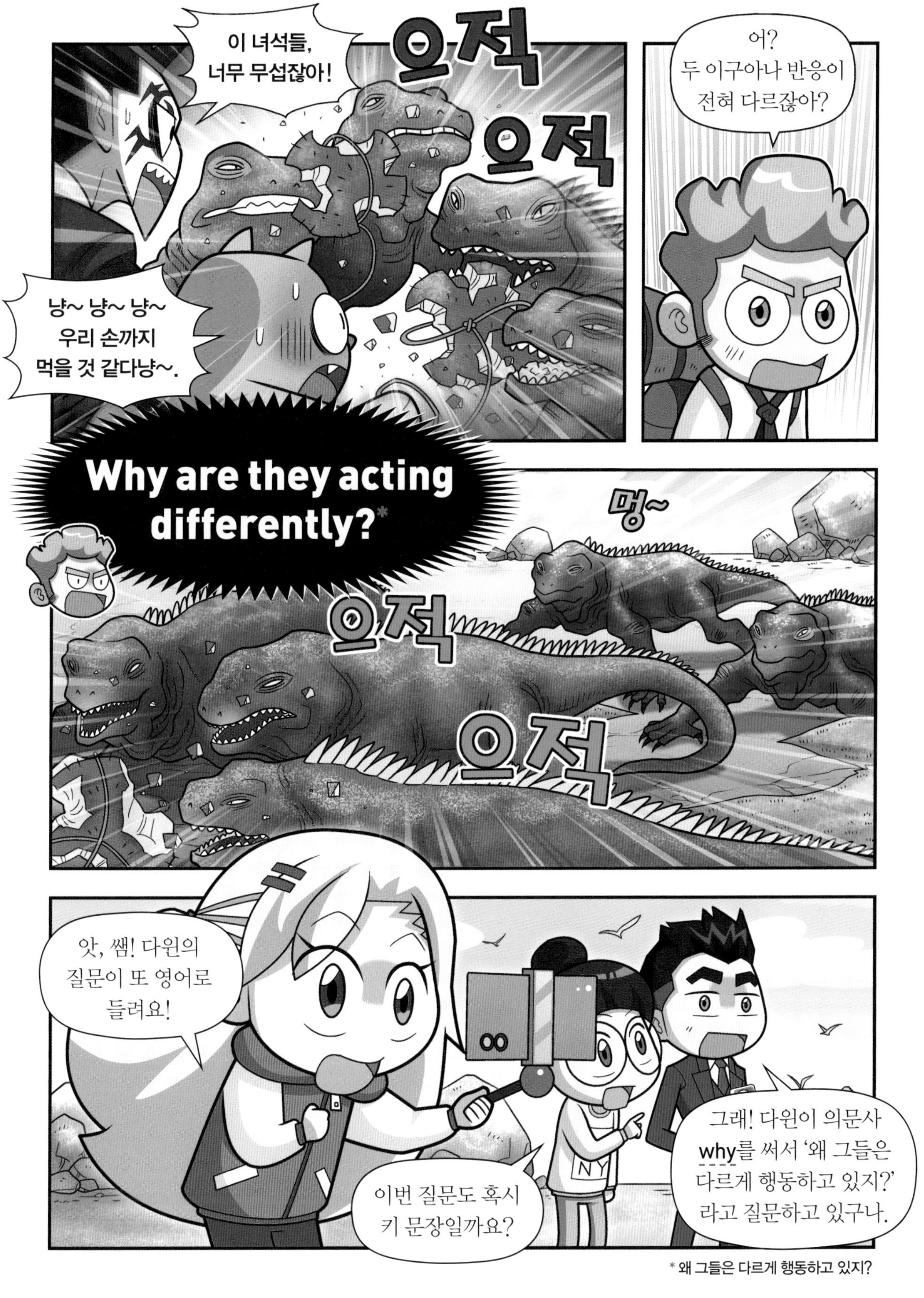
이 녀석들, 너무 무섭잖아!
으적
으적
냥~ 냥~ 냥~ 우리 손까지 먹을 것 같다냥~.
어? 두 이구아나 반응이 전혀 다르잖아?
Why are they acting differently?*
멍~
으적
으적
앗, 쌤! 다원의 질문이 또 영어로 들려요!
이번 질문도 혹시 키 문장일까요?
그래! 다원이 의문사 why를 써서 '왜 그들은 다르게 행동하고 있지?' 라고 질문하고 있구나.

* 왜 그들은 다르게 행동하고 있지?

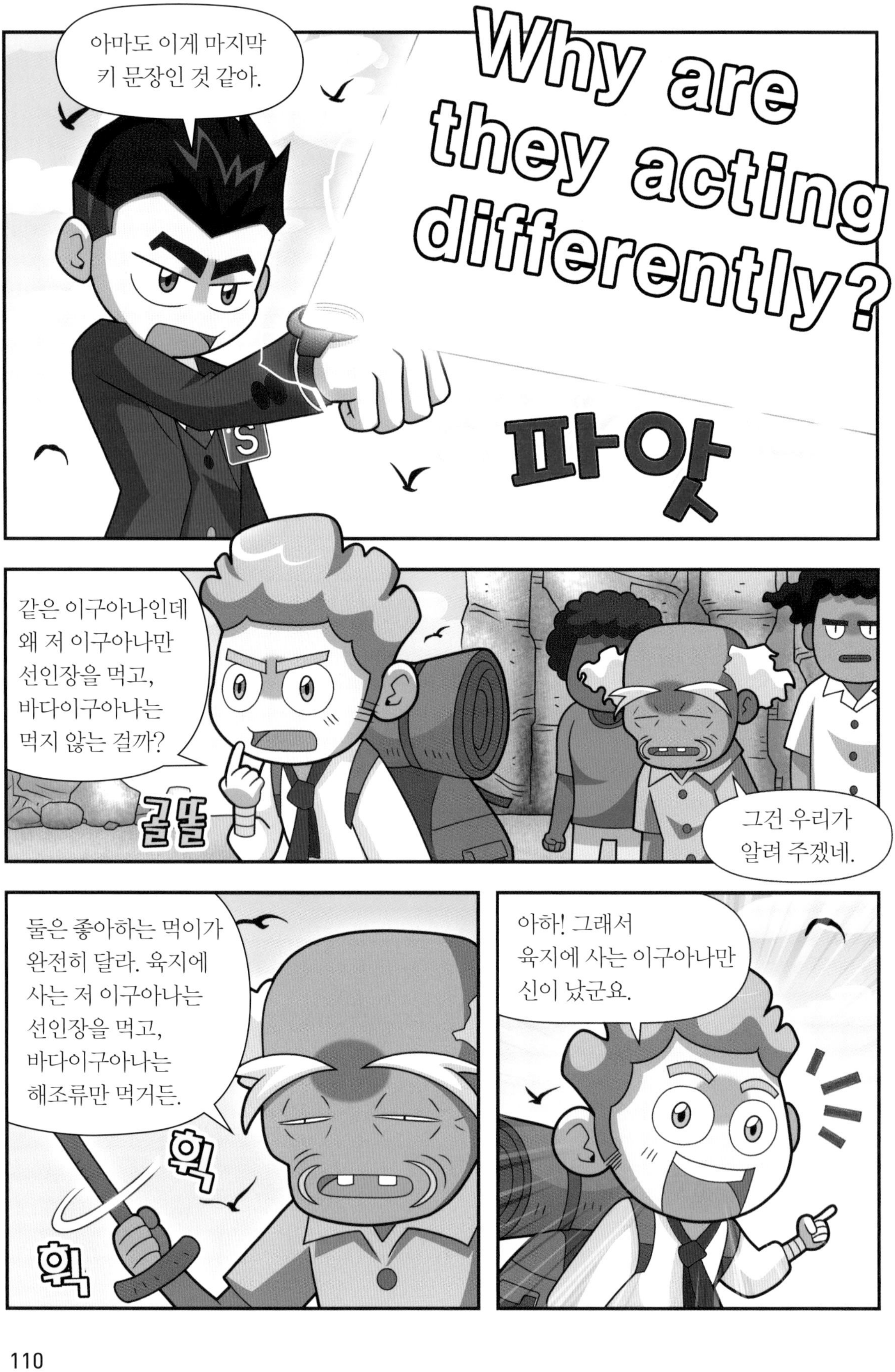
아마도 이게 마지막 키 문장인 것 같아.
Why are they acting differently?
파앗
같은 이구아나인데 왜 저 이구아나만 선인장을 먹고, 바다이구아나는 먹지 않는 걸까?
갸웃
그건 우리가 알려 주겠네.
둘은 좋아하는 먹이가 완전히 달라. 육지에 사는 저 이구아나는 선인장을 먹고, 바다이구아나는 해조류만 먹거든.
휙
휙
아하! 그래서 육지에 사는 이구아나만 신이 났군요.

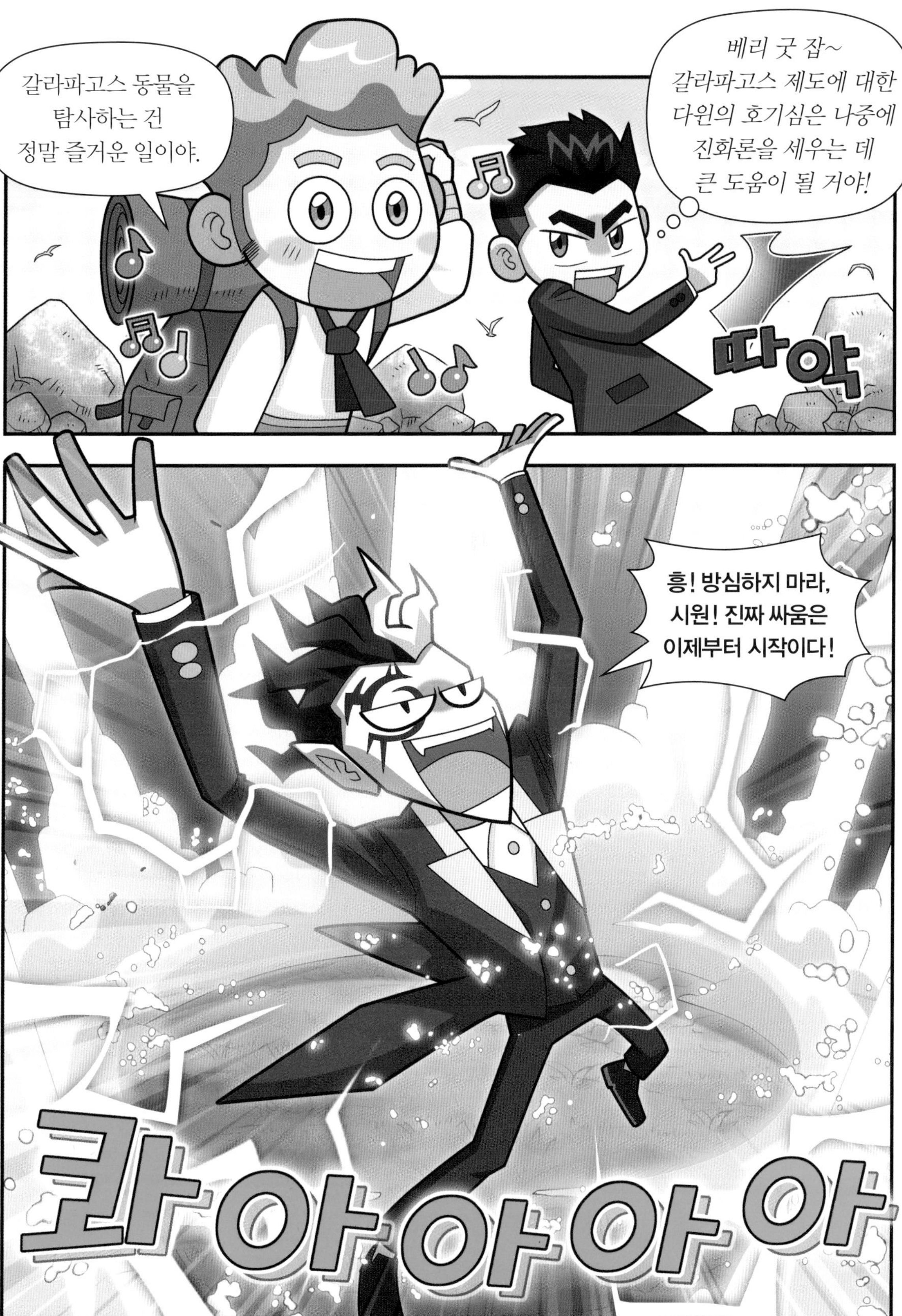
갈라파고스 동물을 탐사하는 건 정말 즐거운 일이야.
베리 굿 잡~ 갈라파고스 제도에 대한 다윈의 호기심은 나중에 진화론을 세우는 데 큰 도움이 될 거야!
따악
흥! 방심하지 마라, 시원! 진짜 싸움은 이제부터 시작이다!
콰아아아아

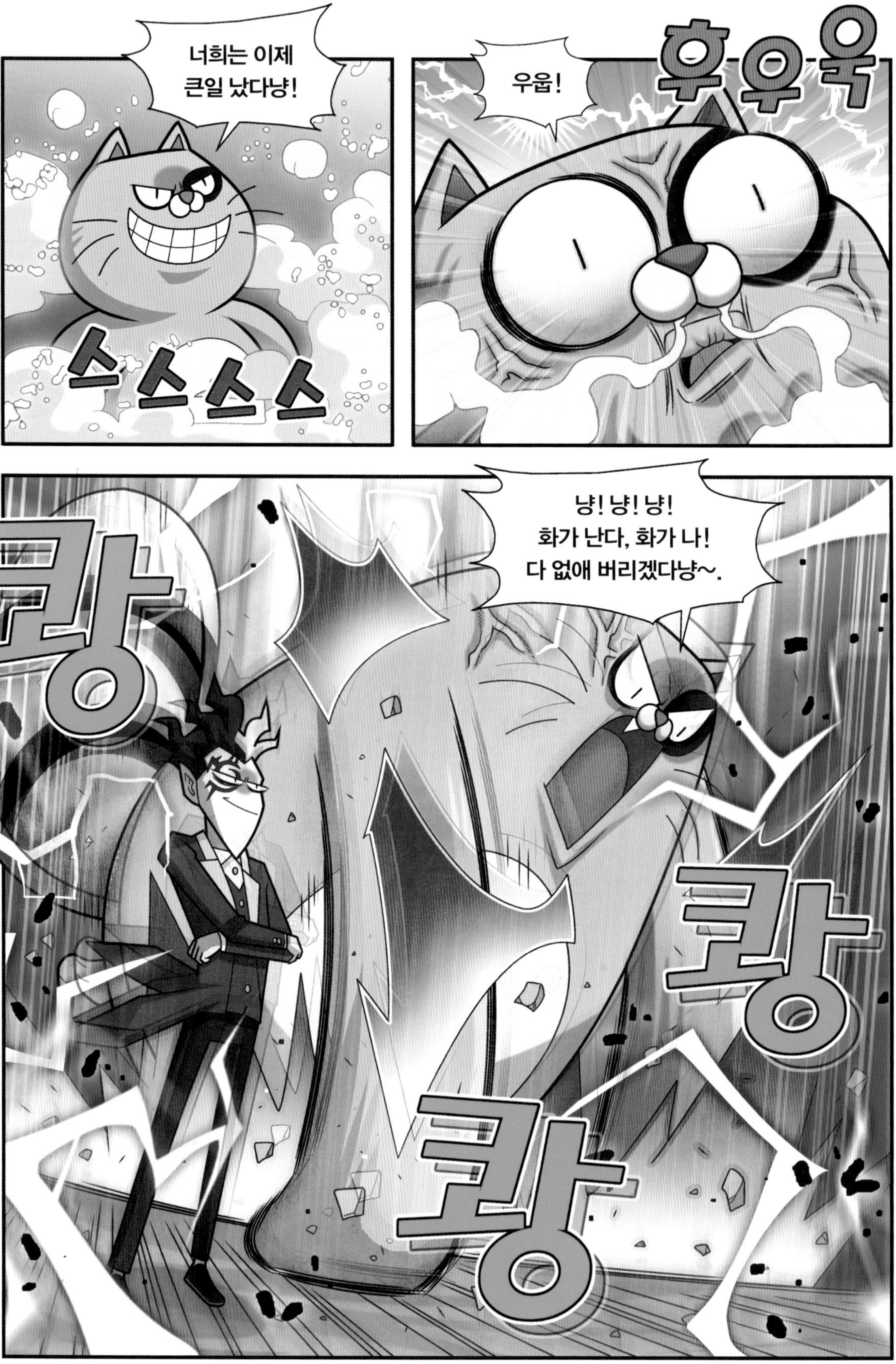
너희는 이제
큰일 났다냥!
스스스스
우웁!
후우웍
냥! 냥! 냥!
화가 난다, 화가 나!
다 없애 버리겠다냥~.
쾅
쾅
쾅

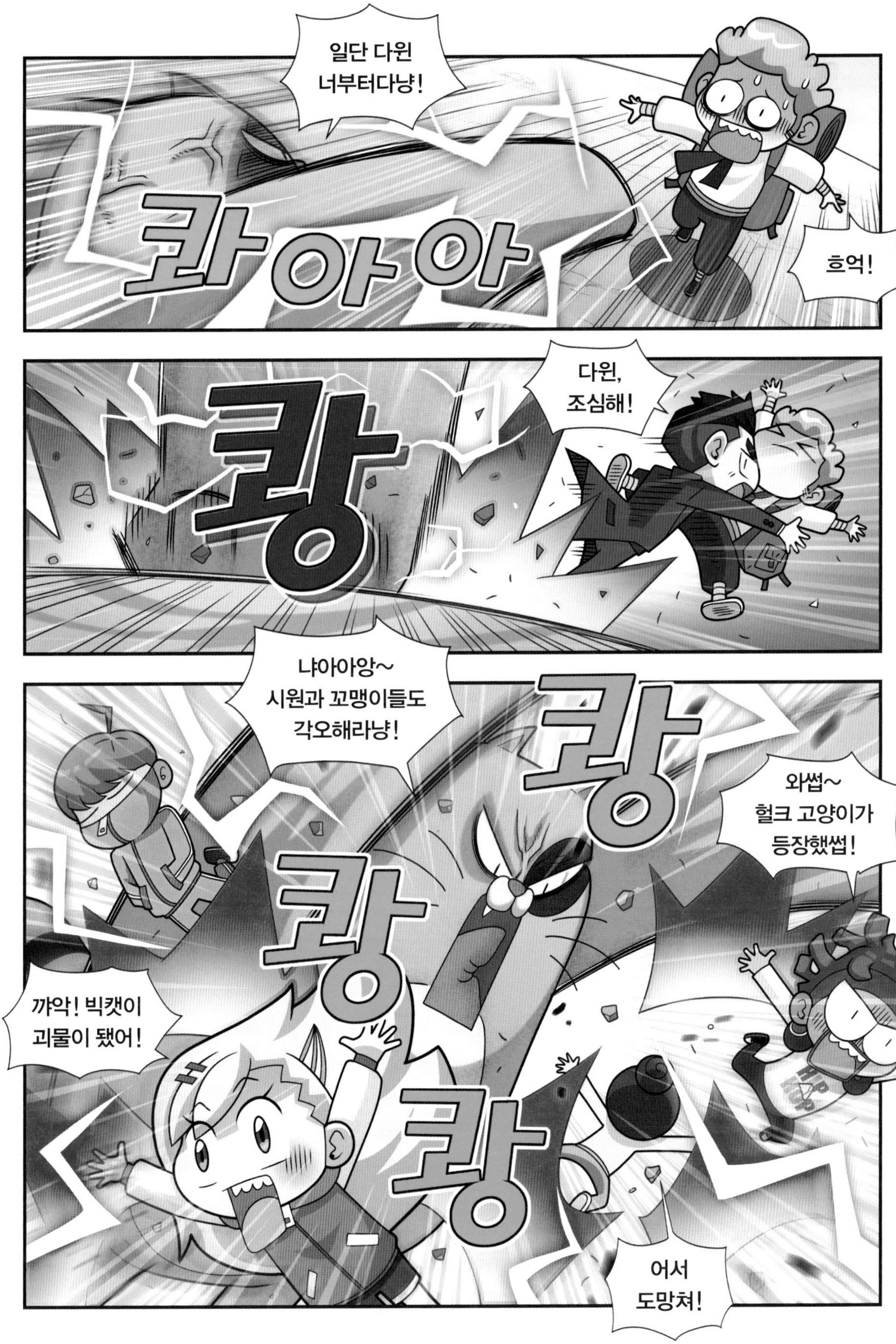
일단 다윈
너부터다냥!
콰아아
흐억!
다윈,
조심해!
쾅
냐아아앙~
시원과 꼬맹이들도
각오해라냥!
쾅
쾅
쾅
와썹~
헐크 고양이가
등장했썹!
꺄악! 빅캣이
괴물이 됐어!
어서
도망쳐!

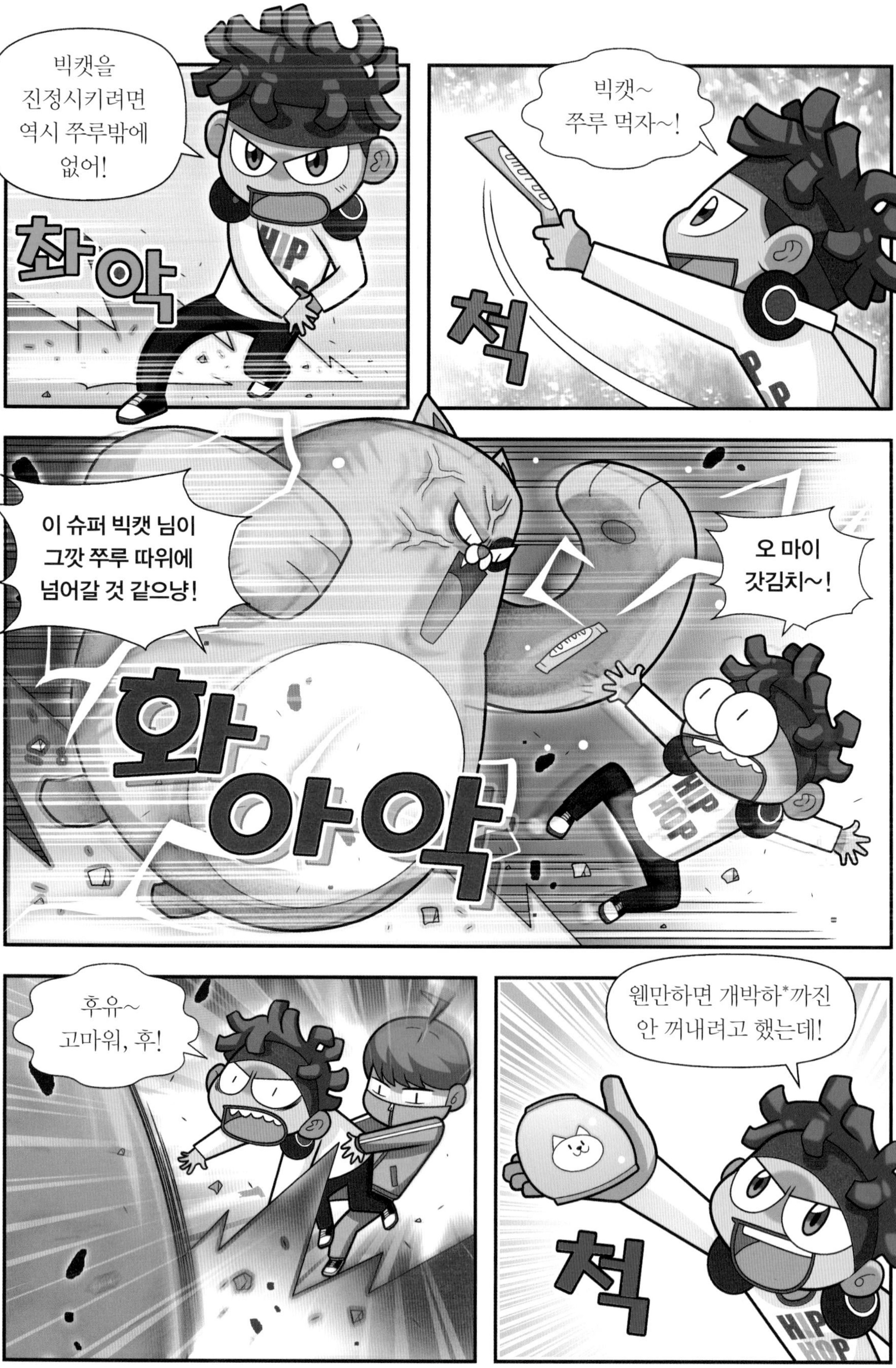
빅캣을 진정시키려면 역시 쭈루밖에 없어!
촤악
빅캣~ 쭈루 먹자~!
척
이 슈퍼 빅캣 님이 그깟 쭈루 따위에 넘어갈 것 같으냥!
오 마이 갓김치~!
화아악
후유~ 고마워, 후!
웬만하면 개박하*까진 안 꺼내려고 했는데!
척

* 개박하: 꿀풀과의 여러해살이풀로, 고양이의 스트레스를 완화해 주는 효과가 있음.

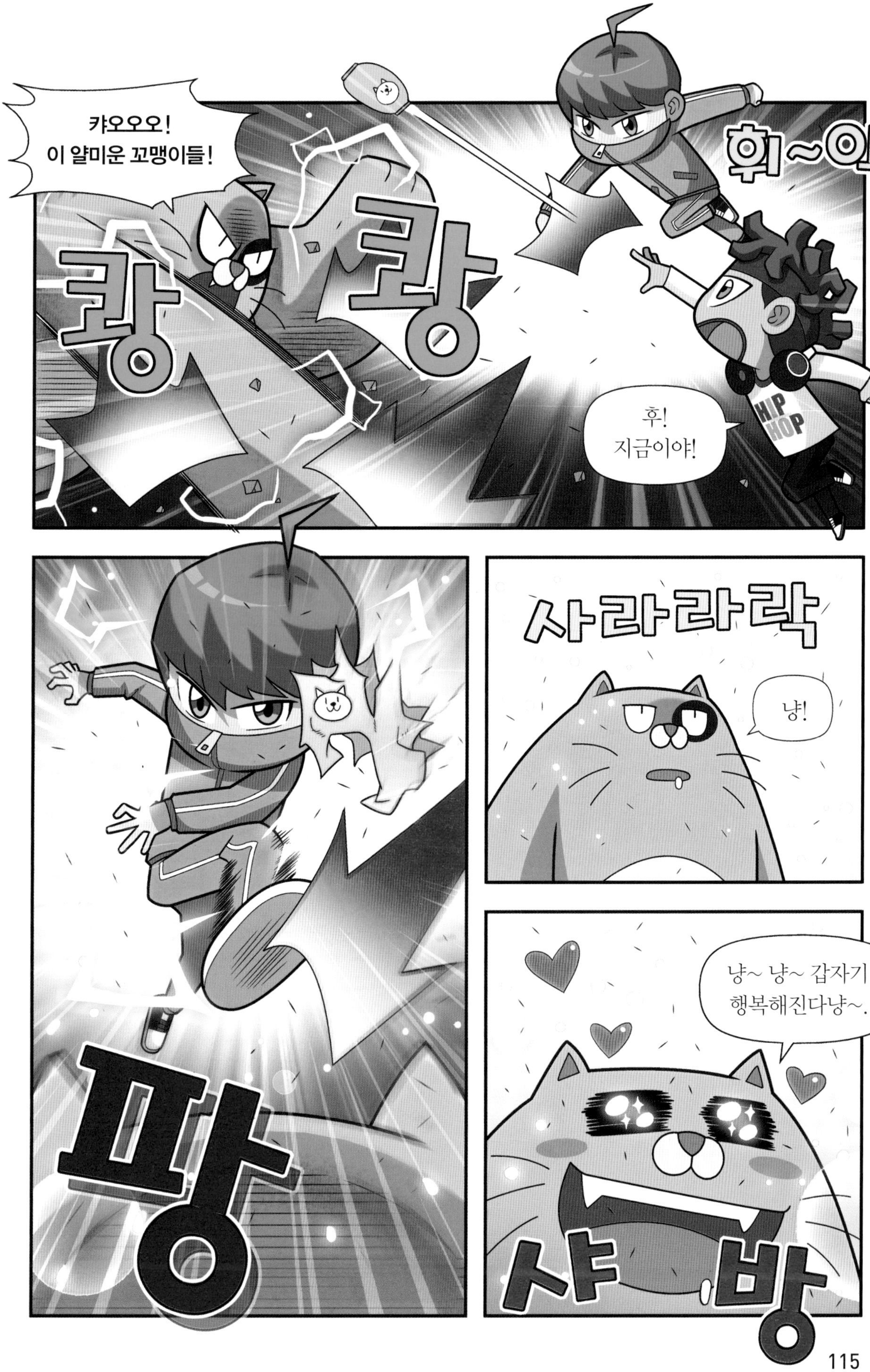

캬오오오!
이 얄미운 꼬맹이들!
쾅 쾅
휘~익
후!
지금이야!
HIP HOP
사라라라락
냥!
팡
냥~ 냥~ 갑자기
행복해진다냥~.
샤 방

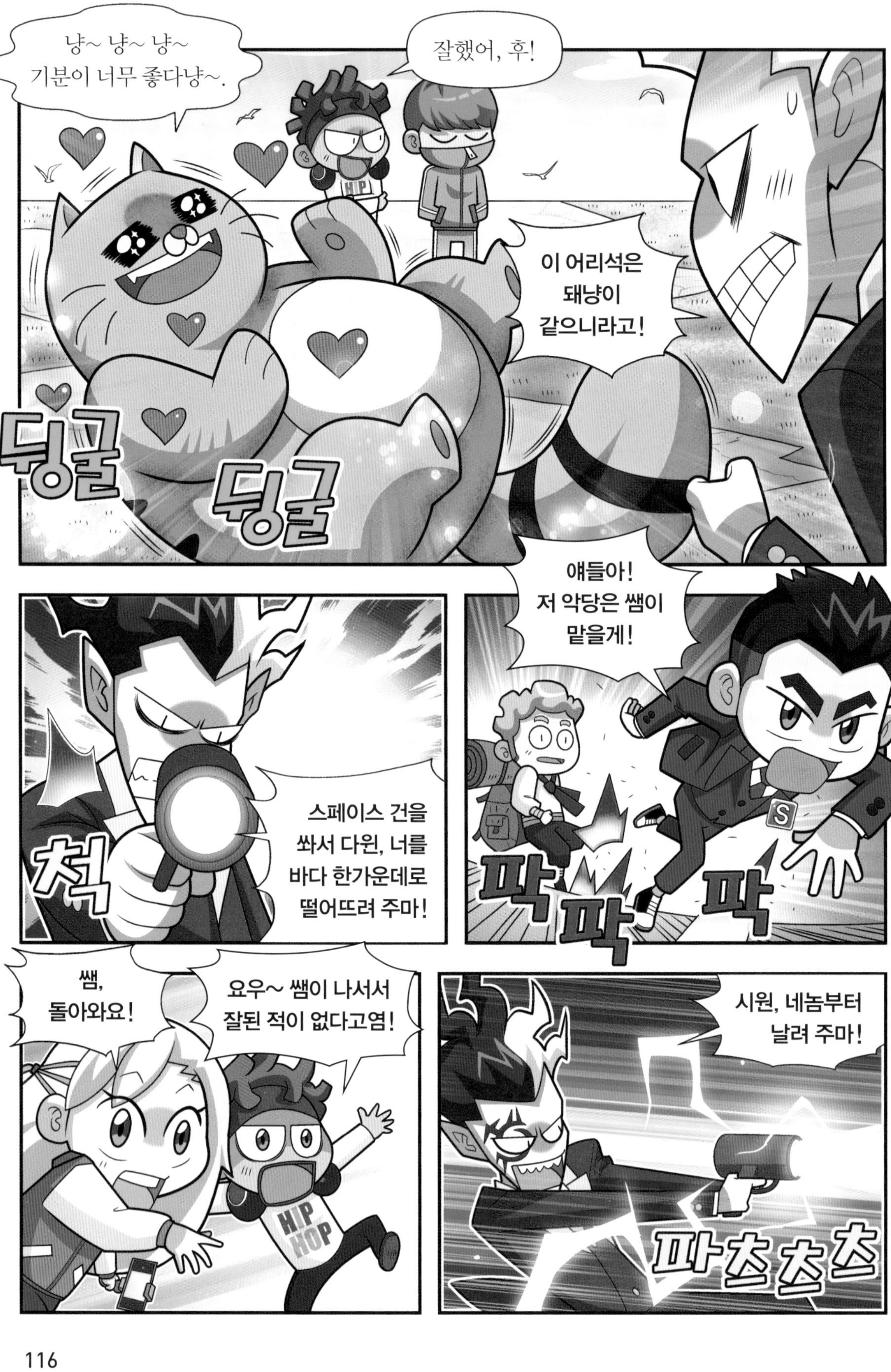
냥~ 냥~ 냥~
기분이 너무 좋다냥~.
잘했어, 후!
이 어리석은
돼냥이
같으니라고!
뒹굴
뒹굴
얘들아!
저 악당은 쌤이
맡을게!
척
스페이스 건을
쏴서 다윈, 너를
바다 한가운데로
떨어뜨려 주마!
팍
팍
팍
쌤,
돌아와요!
요우~ 쌤이 나서서
잘된 적이 없다고염!
시원, 네놈부터
날려 주마!
파츠츠츠

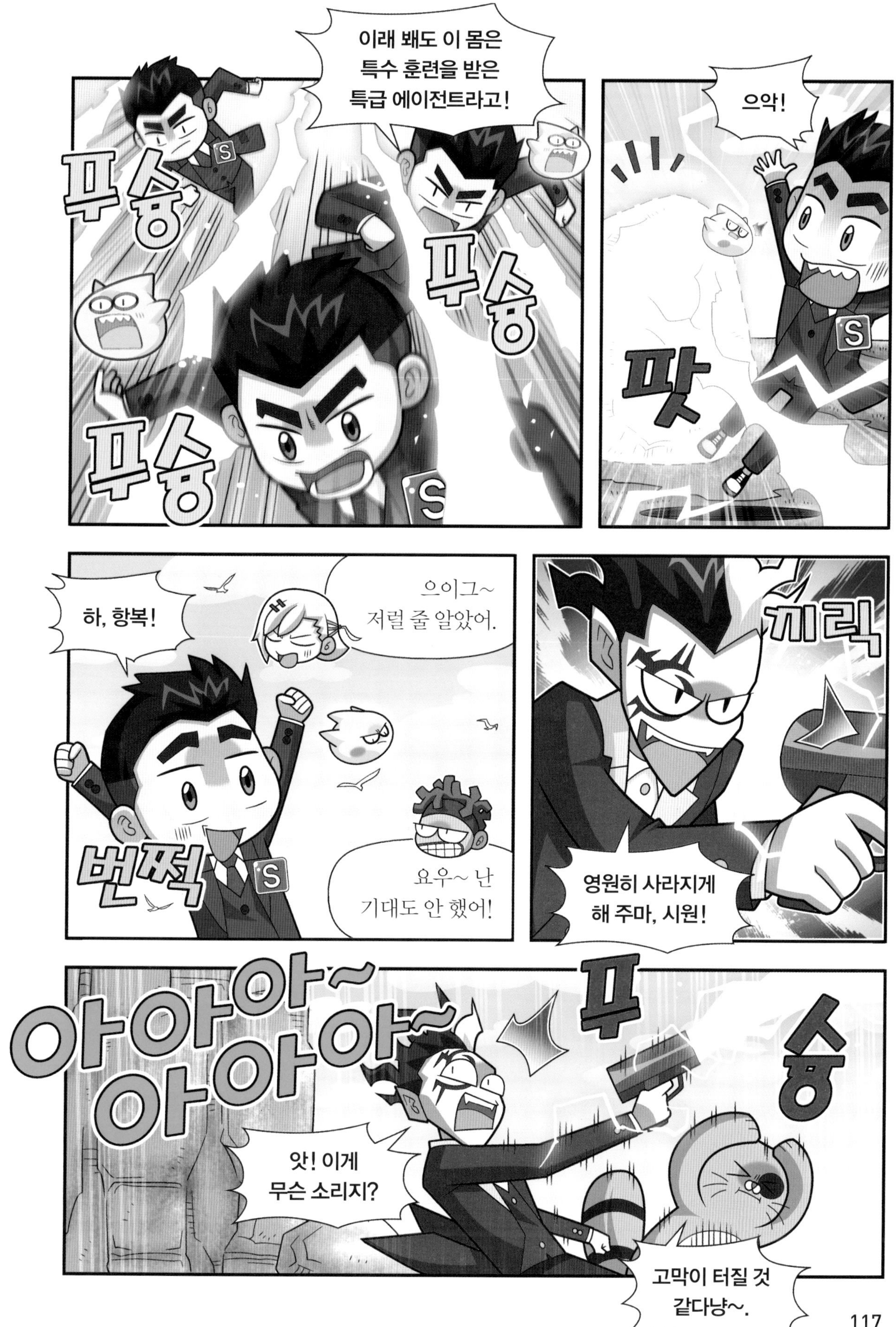
이래 봬도 이 몸은
특수 훈련을 받은
특급 에이전트라고!
푸슝
푸슝
푸슝
으악!
팟
하, 항복!
으이그~
저럴 줄 알았어.
번쩍
요우~ 난
기대도 안 했어!
끼릭
영원히 사라지게
해 주마, 시원!
아아아~
아아아~
푸
슝
앗! 이게
무슨 소리지?
고막이 터질 것
같다냥~.

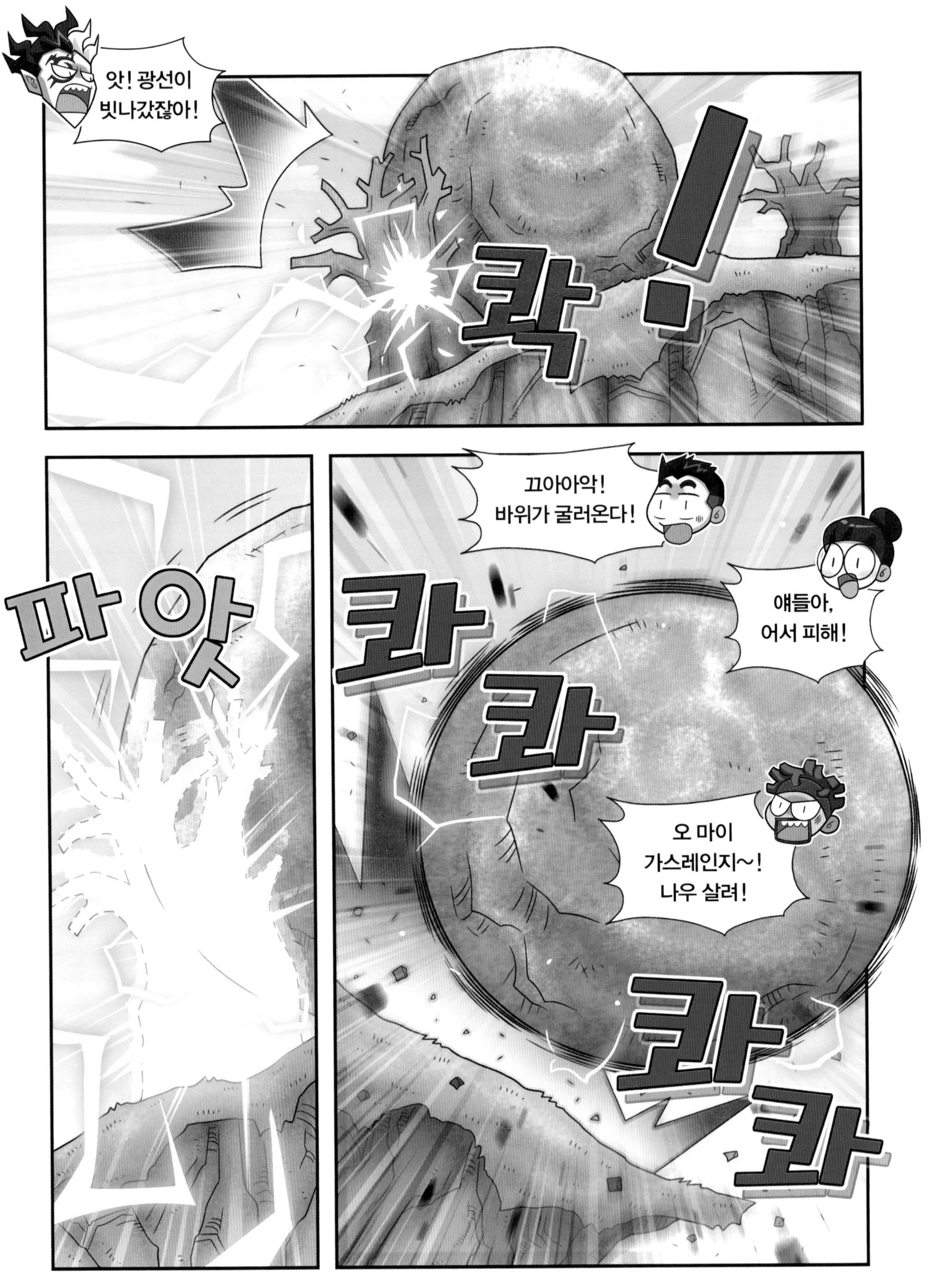
앗! 광선이
빗나갔잖아!
콰칵!
파앗
끄아아악!
바위가 굴러온다!
얘들아,
어서 피해!
콰콰
오 마이
가스레인지~!
나우 살려!
콰콰

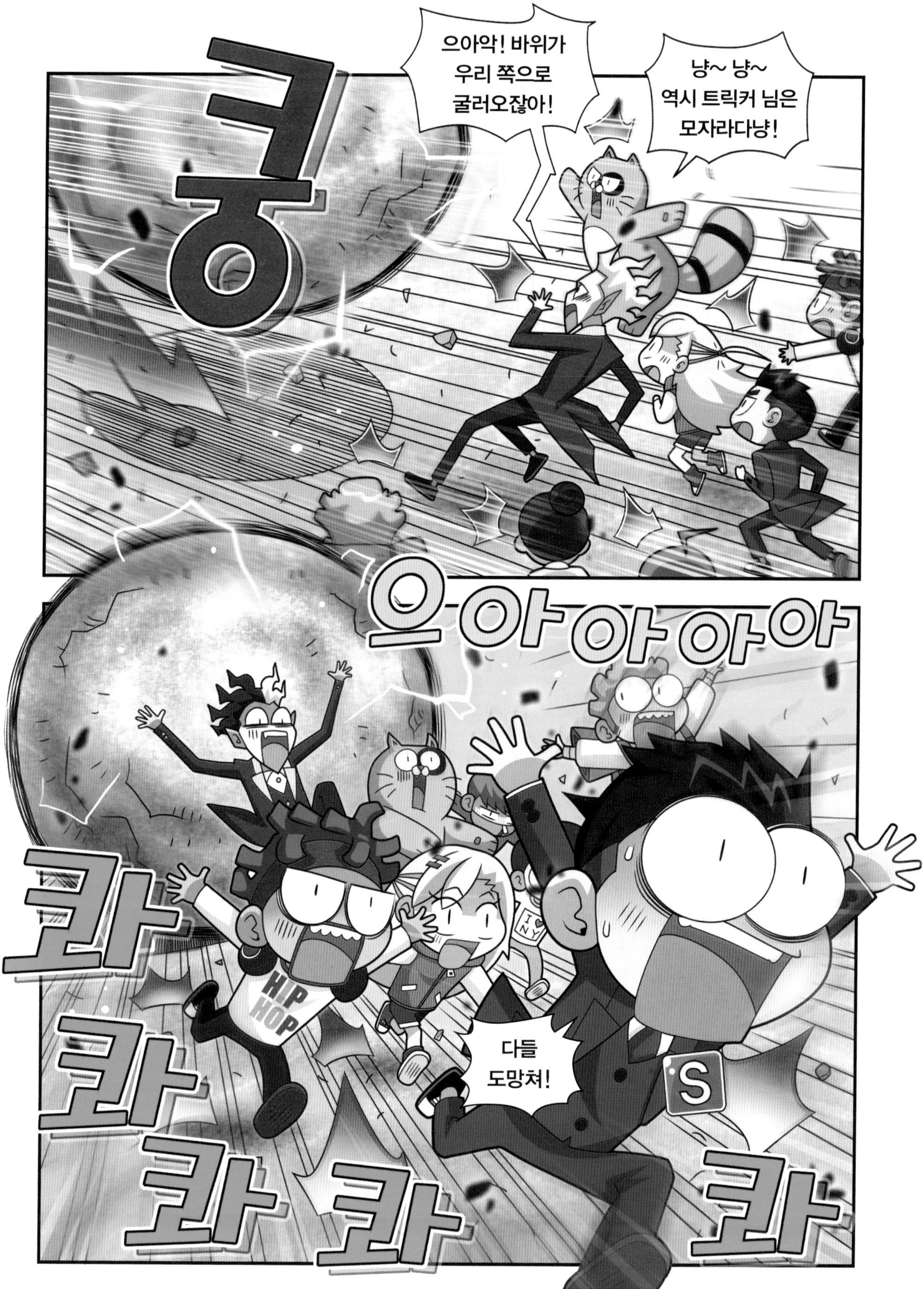

쿵
으아악! 바위가 우리 쪽으로 굴러오잖아!
냥~ 냥~ 역시 트릭커 님은 모자라다냥!
으아아아아아
콰콰콰콰콰
다들 도망쳐!

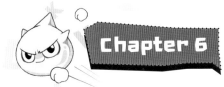

Chapter 6

진화의 의미

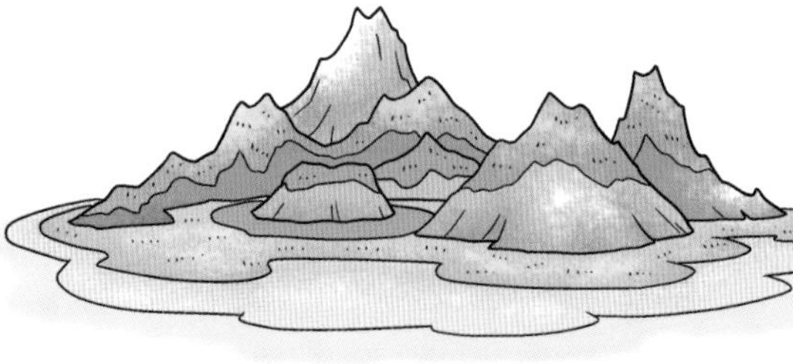

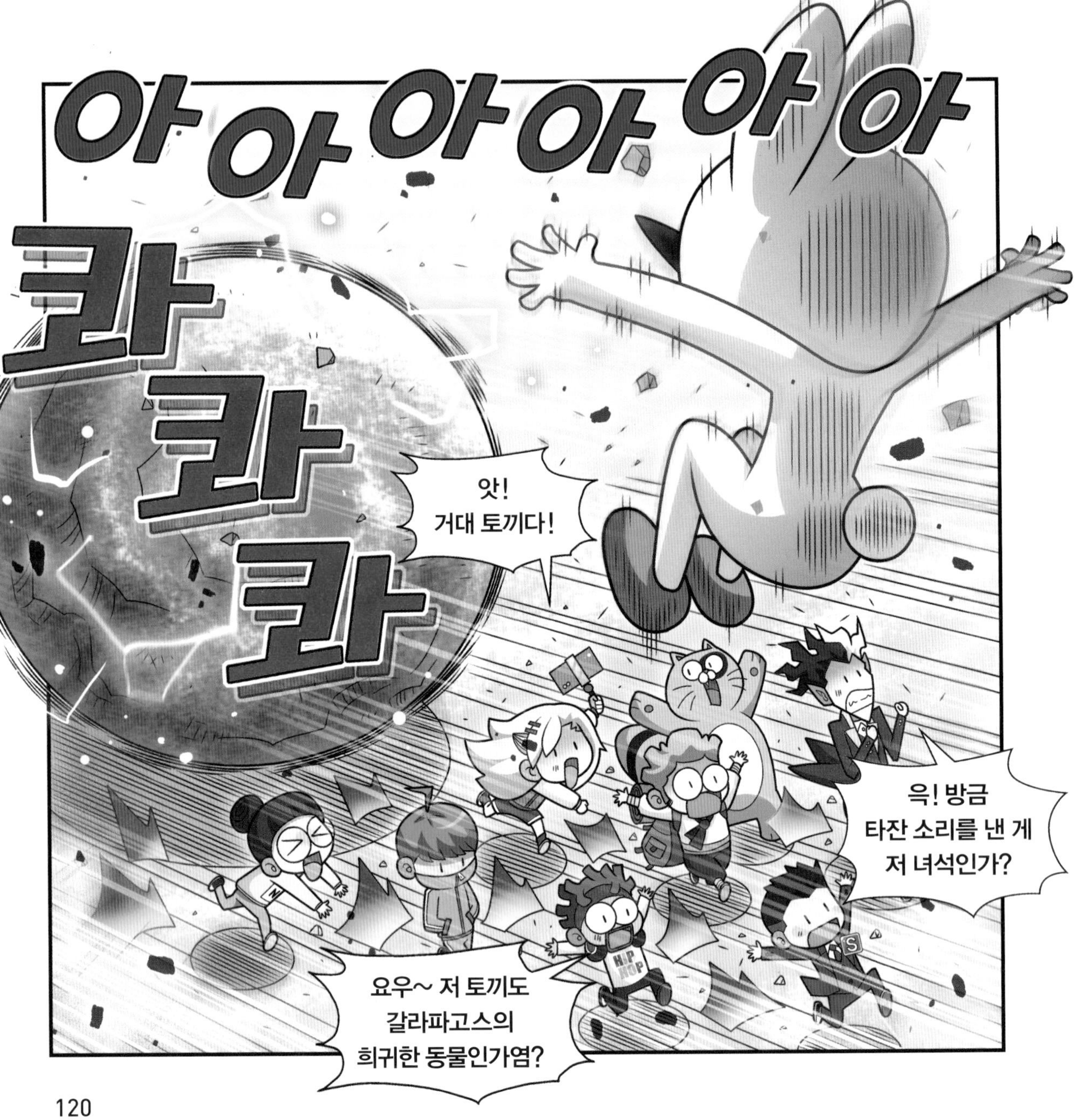

야아아아아아
콰콰콰
앗!
거대 토끼다!
윽! 방금
타잔 소리를 낸 게
저 녀석인가?
요우~ 저 토끼도
갈라파고스의
희귀한 동물인가염?

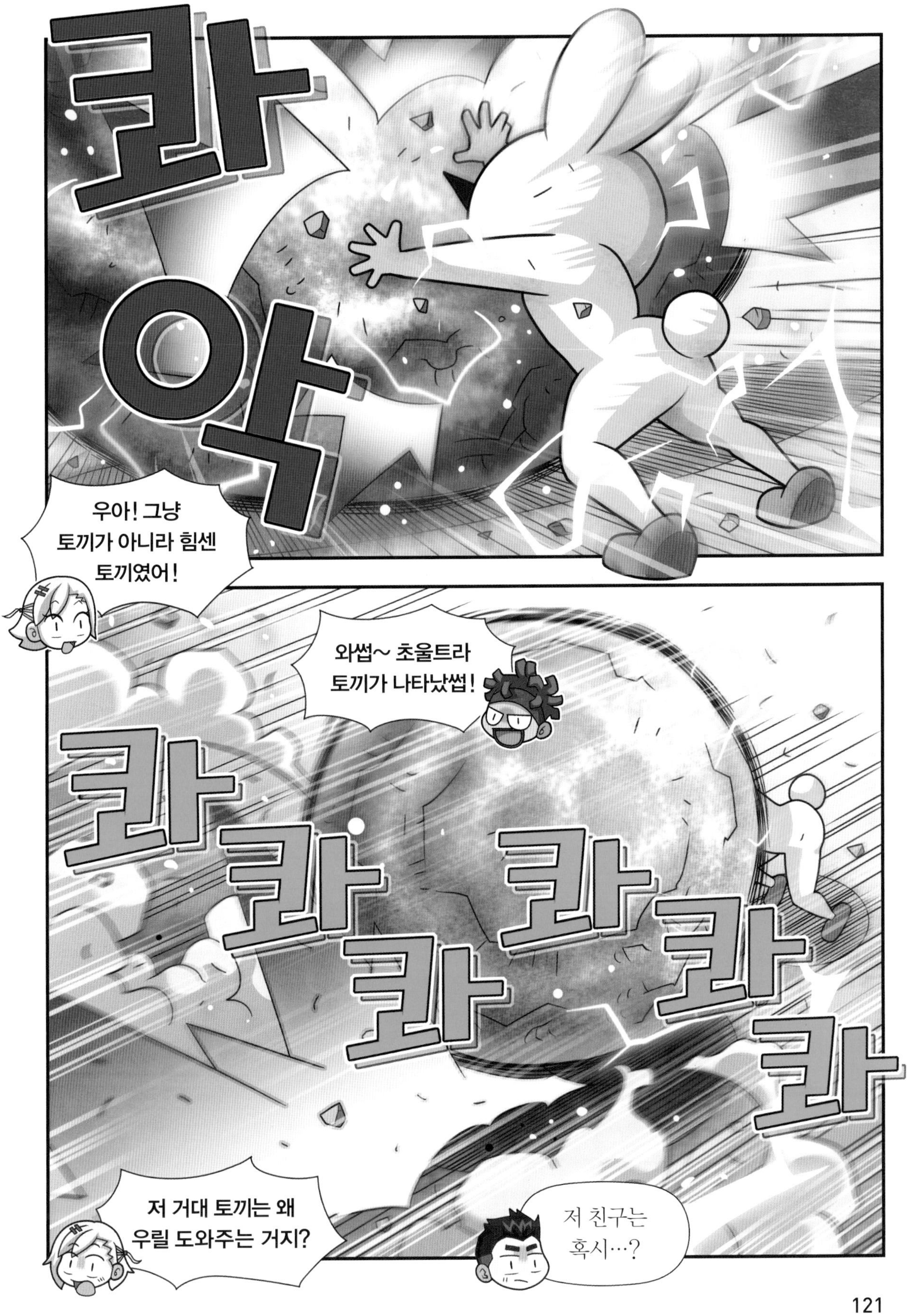
콰
앙
우아! 그냥 토끼가 아니라 힘센 토끼였어!
와썹~ 초울트라 토끼가 나타났썹!
콰
콰
콰
콰
콰
콰
저 거대 토끼는 왜 우릴 도와주는 거지?
저 친구는 혹시…?

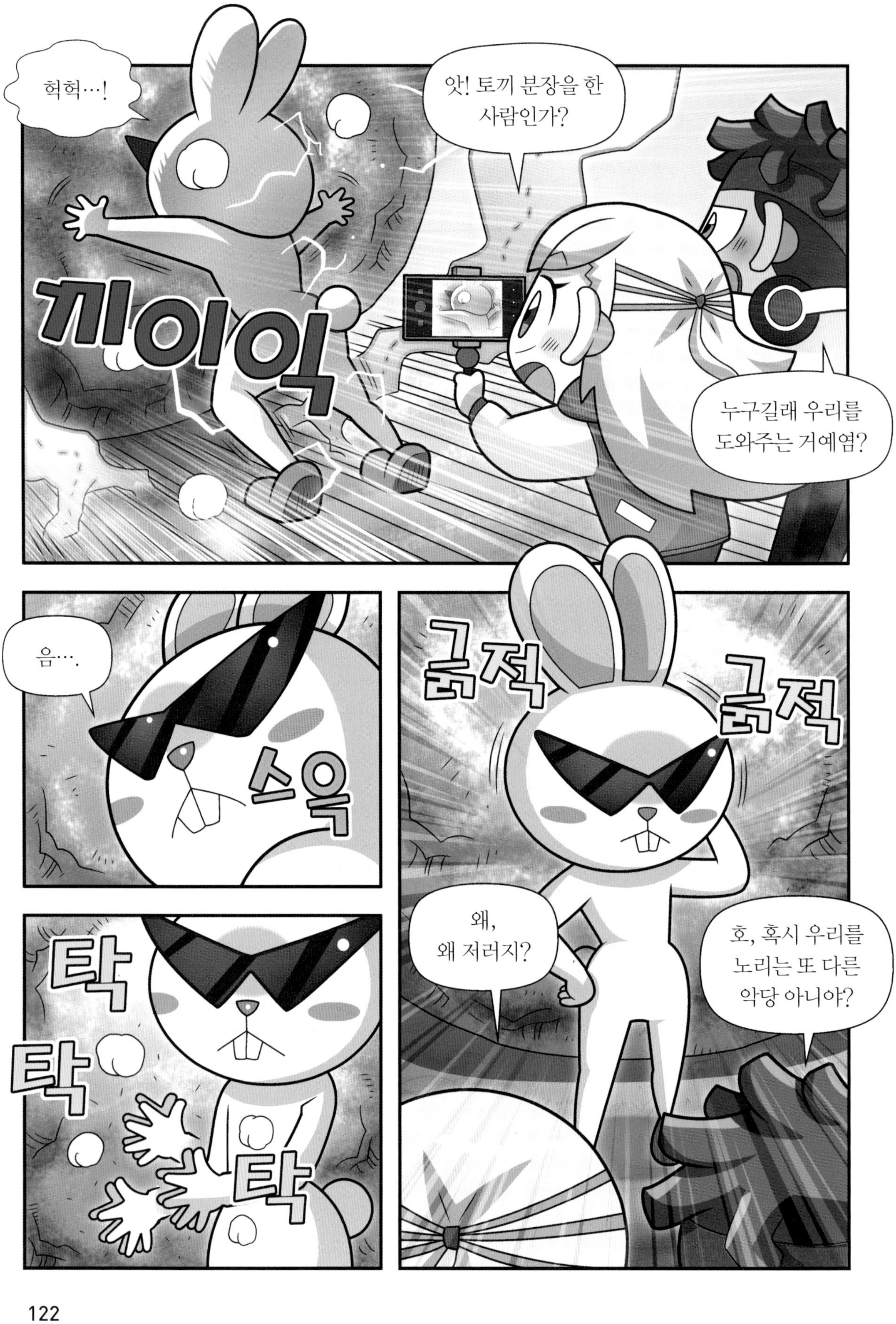
헉헉…!
앗! 토끼 분장을 한 사람인가?
끼이익
누구길래 우리를 도와주는 거예염?
음….
스윽
굽적 굽적
탁
탁
탁
왜, 왜 저러지?
호, 혹시 우리를 노리는 또 다른 악당 아니야?

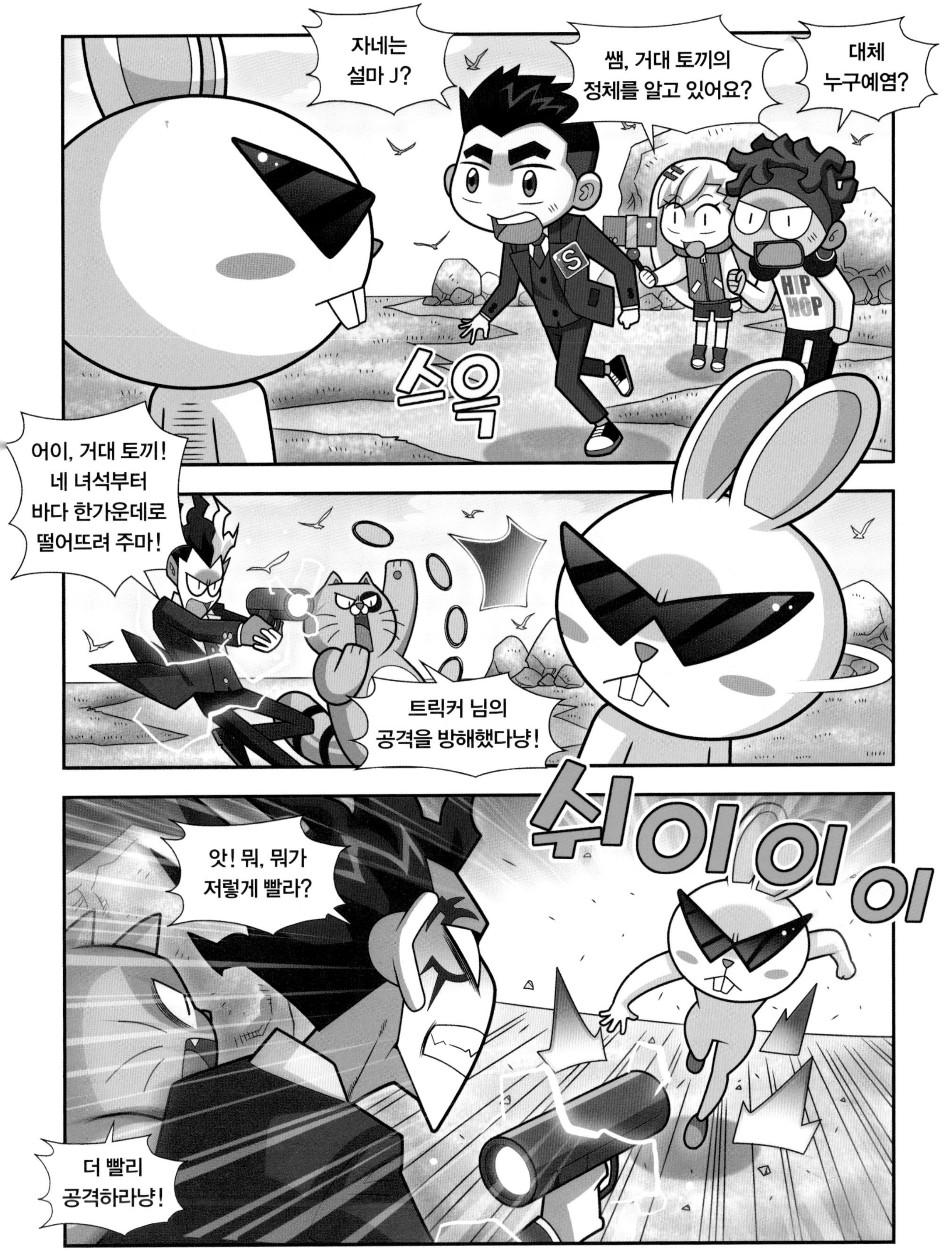
자네는
설마 J?
쌤, 거대 토끼의
정체를 알고 있어요?
대체
누구예염?
스윽
어이, 거대 토끼!
네 녀석부터
바다 한가운데로
떨어뜨려 주마!
트릭커 님의
공격을 방해했다냥!
쉬이이이이
앗! 뭐, 뭐가
저렇게 빨라?
더 빨리
공격하라냥!

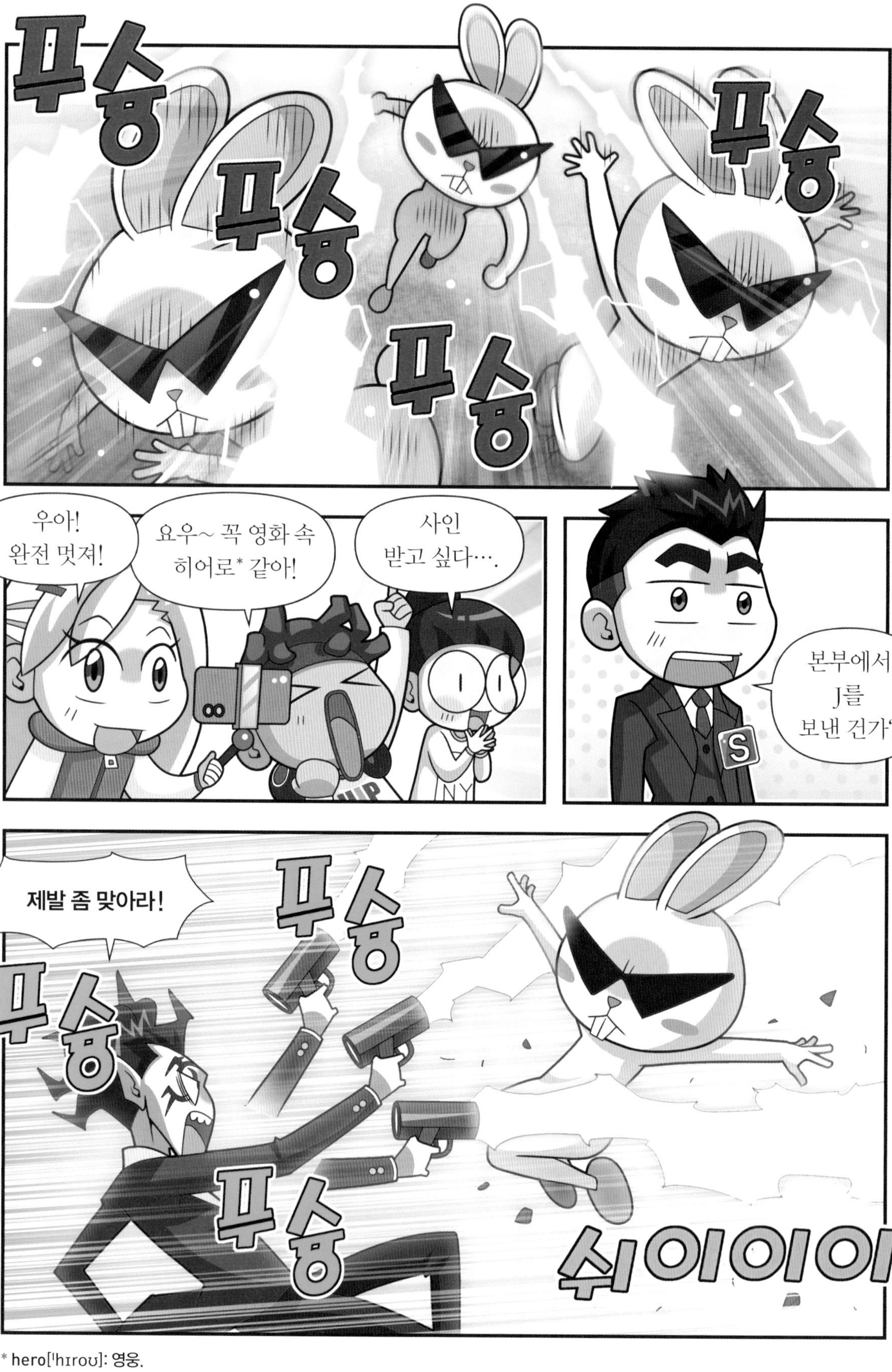

푸슝
푸슝
푸슝
푸슝
우아! 완전 멋져!
요우~ 꼭 영화 속 히어로* 같아!
사인 받고 싶다….
본부에서 J를 보낸 건가?
제발 좀 맞아라!
푸슝
푸슝
푸슝
쉬이이이이

* hero[ˈhɪroʊ]: 영웅.

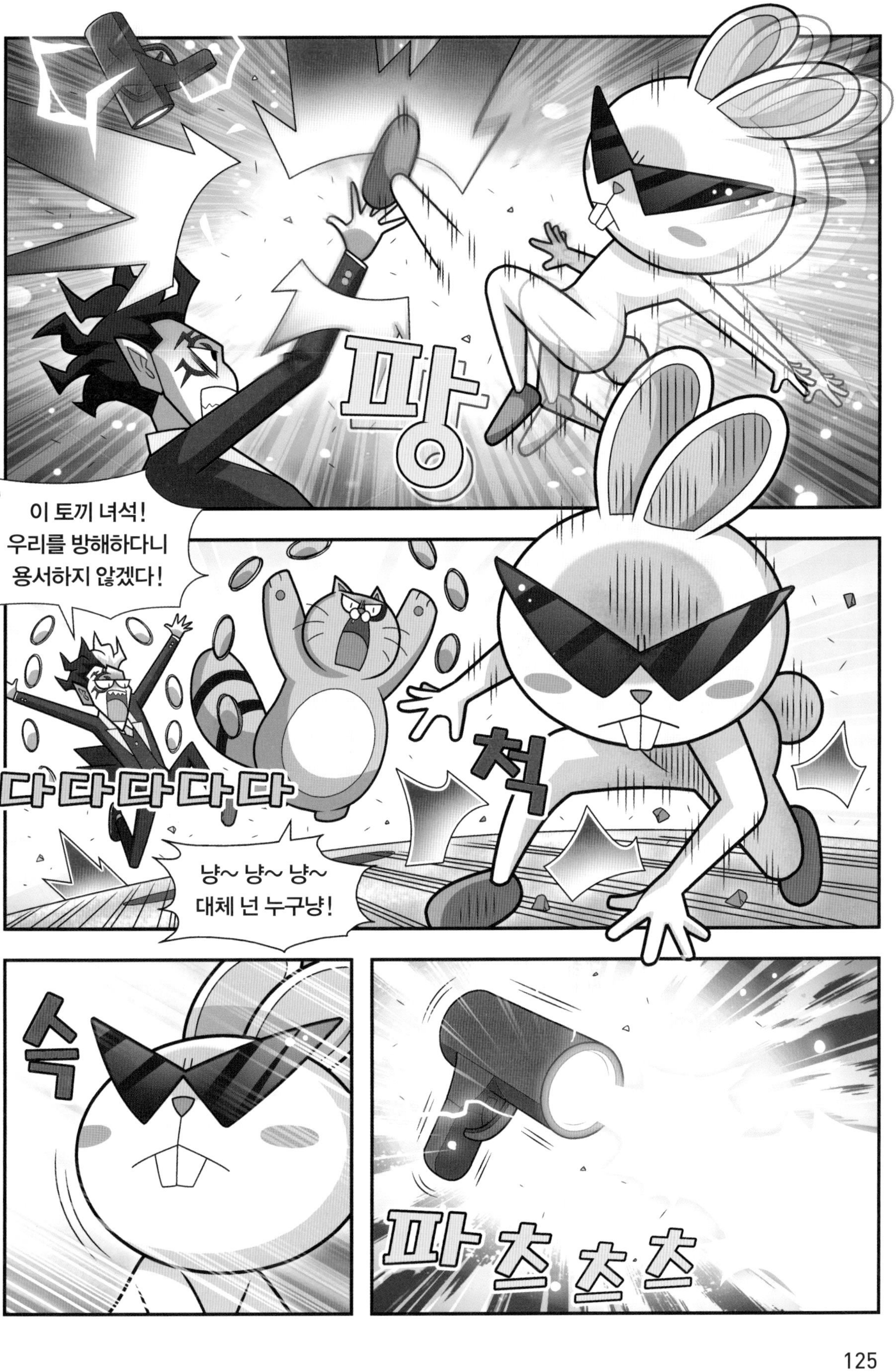

팡
이 토끼 녀석! 우리를 방해하다니 용서하지 않겠다!
다다다다다다
척
냥~ 냥~ 냥~ 대체 넌 누구냥!
슥
파츠츠츠

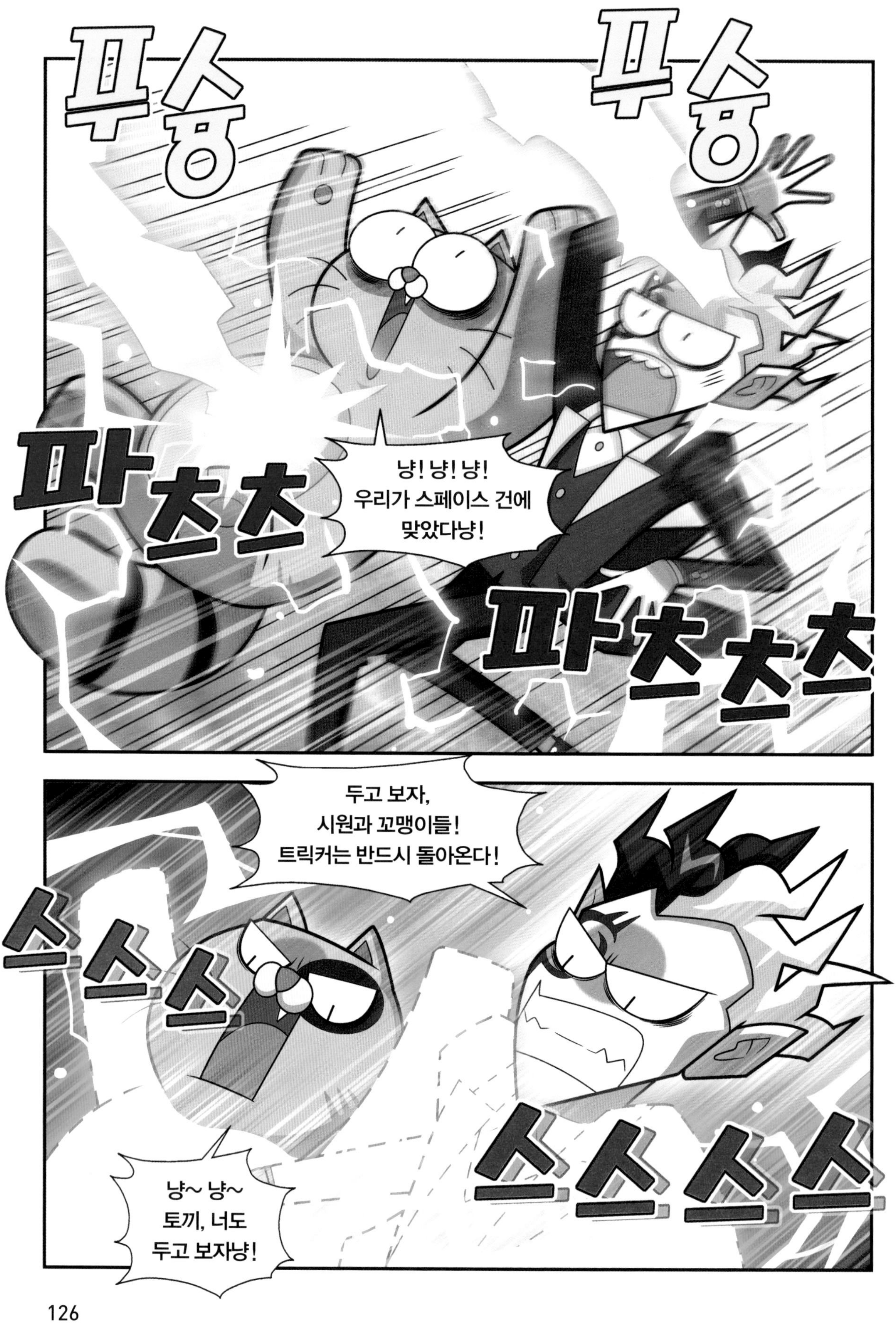

푸슝
푸슝
파츠츠
냥! 냥! 냥! 우리가 스페이스 건에 맞았다냥!
파츠츠츠
두고 보자, 시원과 꼬맹이들! 트릭커는 반드시 돌아온다!
스스스
스스스스
냥~ 냥~ 토끼, 너도 두고 보자냥!

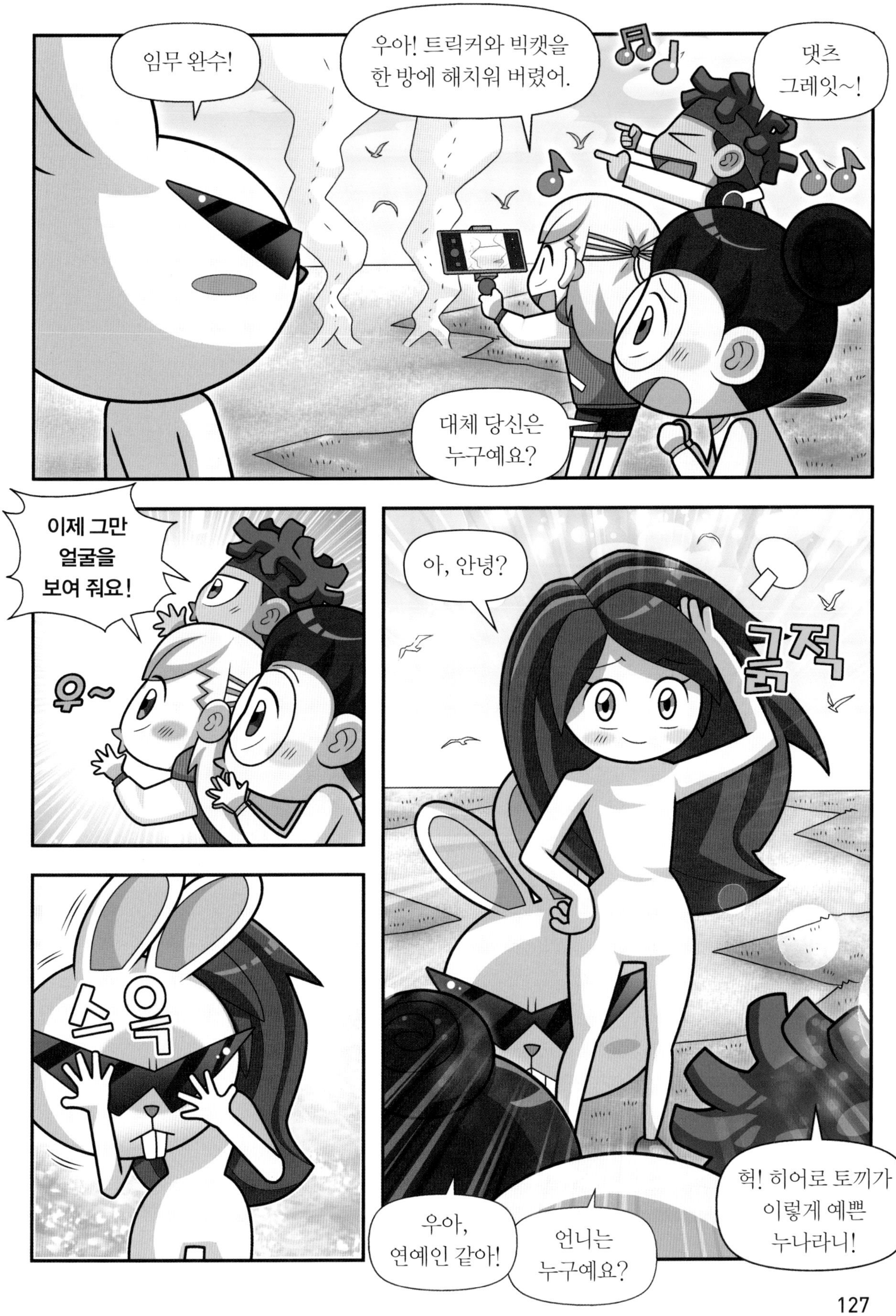
임무 완수!
우아! 트릭커와 빅캣을 한 방에 해치워 버렸어.
댓츠 그레잇~!
대체 당신은 누구예요?
이제 그만 얼굴을 보여 줘요!
우~
스윽
아, 안녕?
긁적
헉! 히어로 토끼가 이렇게 예쁜 누나라니!
언니는 누구예요?
우아, 연예인 같아!

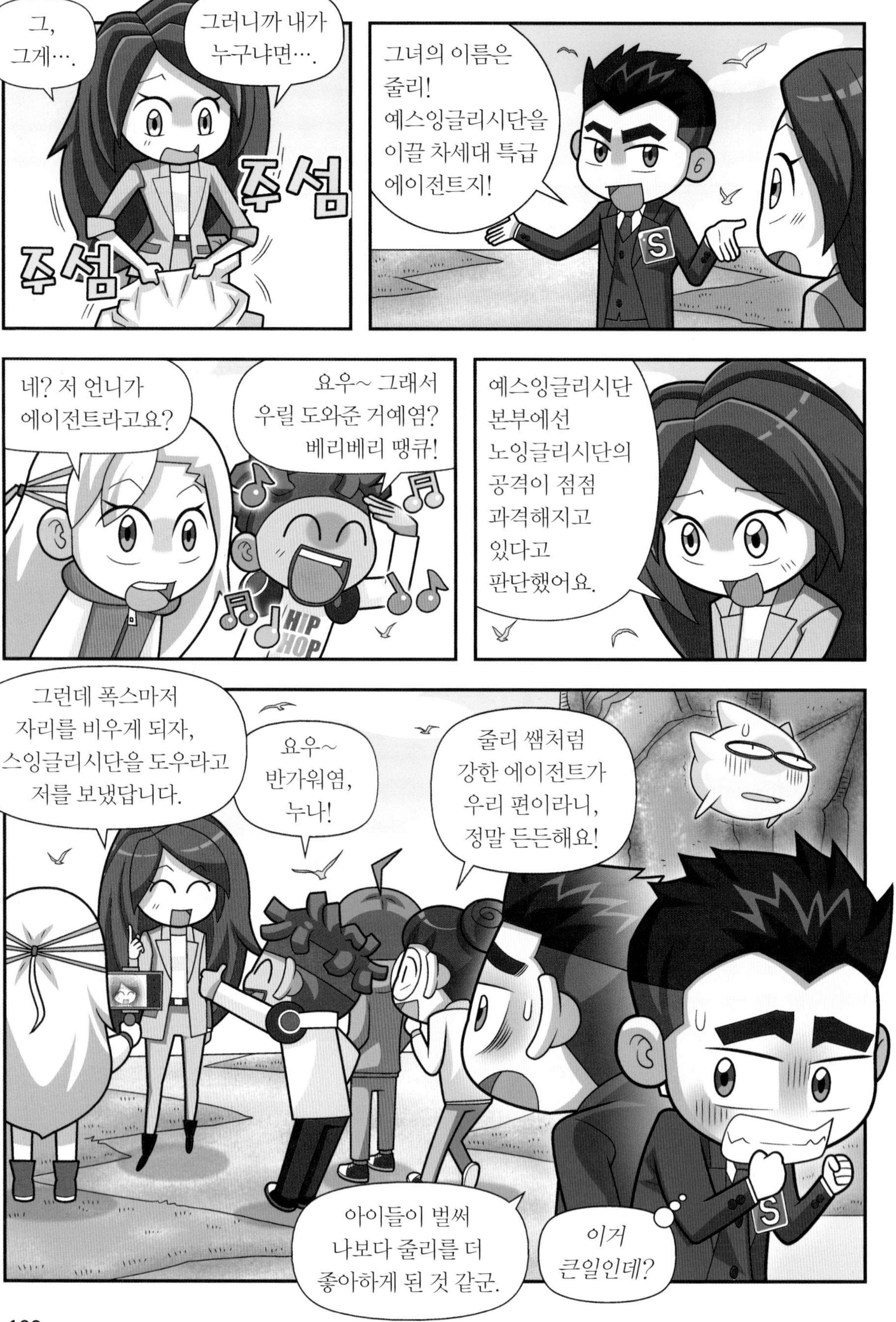
그, 그게….
그러니까 내가 누구냐면….
주섬 주섬
그녀의 이름은 줄리! 예스잉글리시단을 이끌 차세대 특급 에이전트지!
네? 저 언니가 에이전트라고요?
요우~ 그래서 우릴 도와준 거예염? 베리베리 땡큐!
HIP HOP
예스잉글리시단 본부에선 노잉글리시단의 공격이 점점 과격해지고 있다고 판단했어요.
그런데 폭스마저 자리를 비우게 되자, 예스잉글리시단을 도우라고 저를 보냈답니다.
요우~ 반가워염, 누나!
줄리 쌤처럼 강한 에이전트가 우리 편이라니, 정말 든든해요!
아이들이 벌써 나보다 줄리를 더 좋아하게 된 것 같군.
이거 큰일인데?

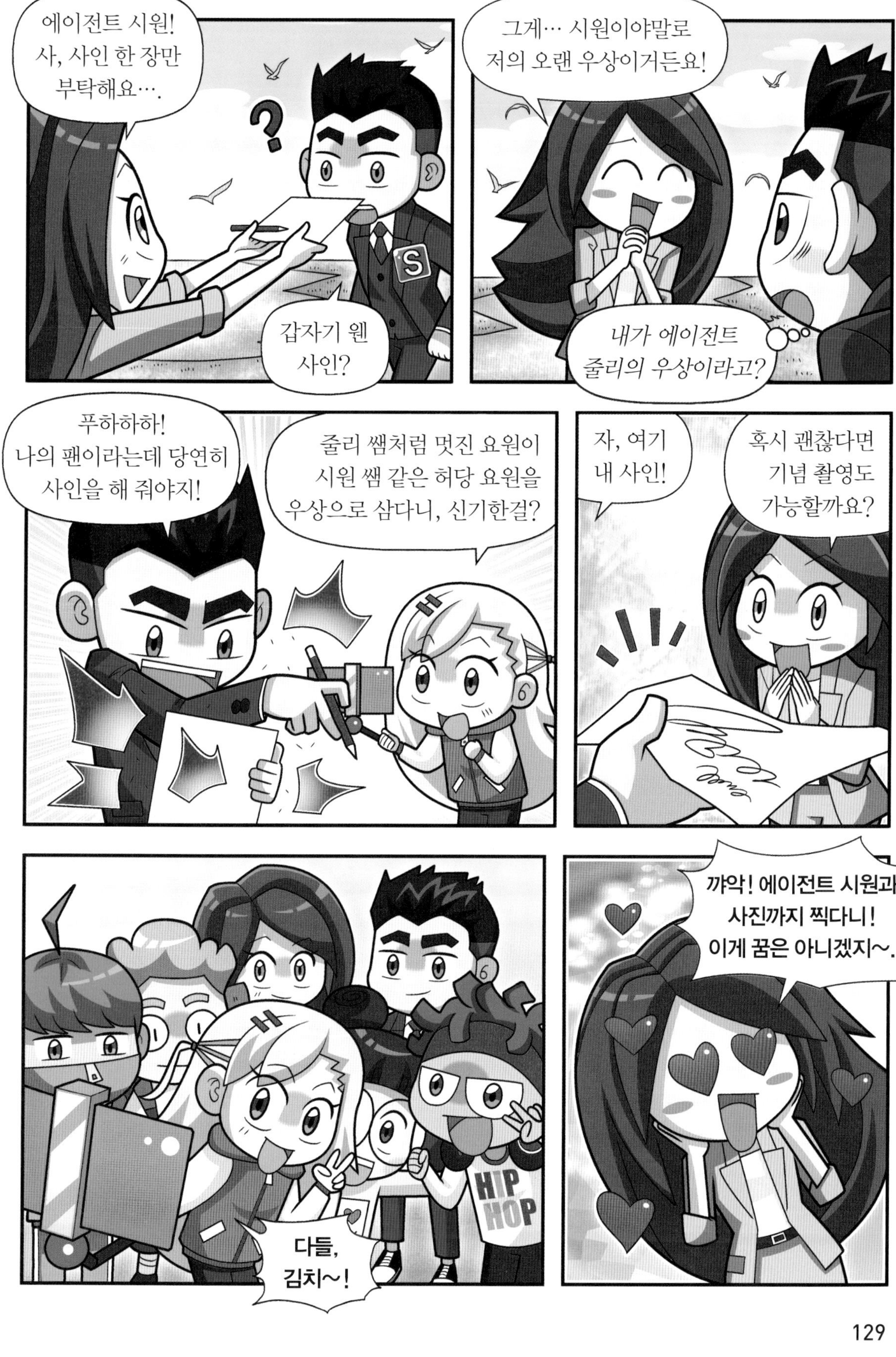
에이전트 시원!
사, 사인 한 장만
부탁해요….
갑자기 웬
사인?
그게… 시원이야말로
저의 오랜 우상이거든요!
내가 에이전트
줄리의 우상이라고?
푸하하하!
나의 팬이라는데 당연히
사인을 해 줘야지!
줄리 쌤처럼 멋진 요원이
시원 쌤 같은 허당 요원을
우상으로 삼다니, 신기한걸?
자, 여기
내 사인!
혹시 괜찮다면
기념 촬영도
가능할까요?
HIP
HOP
다들,
김치~!
꺄악! 에이전트 시원과
사진까지 찍다니!
이게 꿈은 아니겠지~.

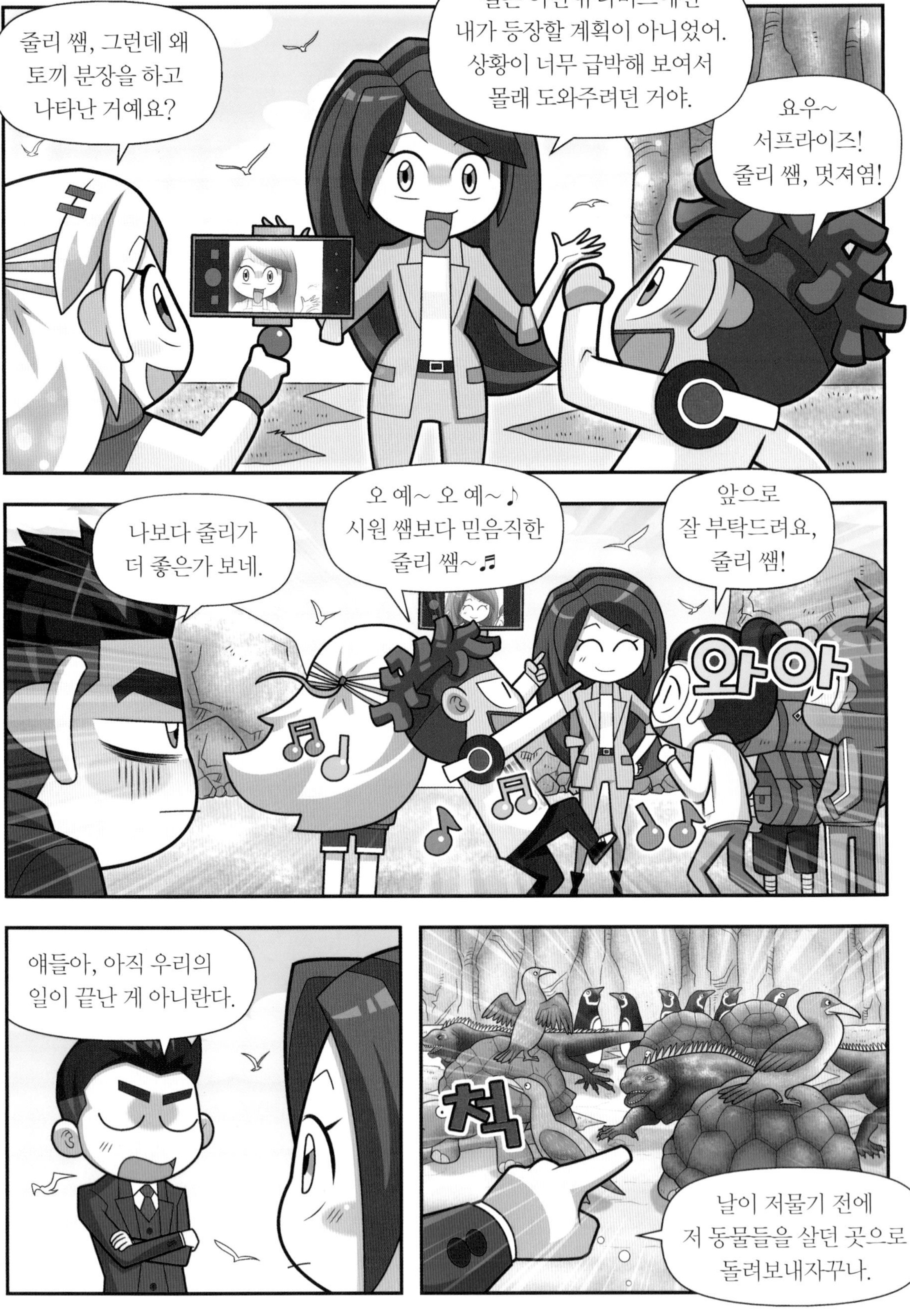
줄리 쌤, 그런데 왜 토끼 분장을 하고 나타난 거예요?
실은 이번 유니버스에선 내가 등장할 계획이 아니었어. 상황이 너무 급박해 보여서 몰래 도와주려던 거야.
요우~ 서프라이즈! 줄리 쌤, 멋져염!
나보다 줄리가 더 좋은가 보네.
오 예~ 오 예~♪ 시원 쌤보다 믿음직한 줄리 쌤~♬
앞으로 잘 부탁드려요, 줄리 쌤!
와아
얘들아, 아직 우리의 일이 끝난 게 아니란다.
척
날이 저물기 전에 저 동물들을 살던 곳으로 돌려보내자꾸나.

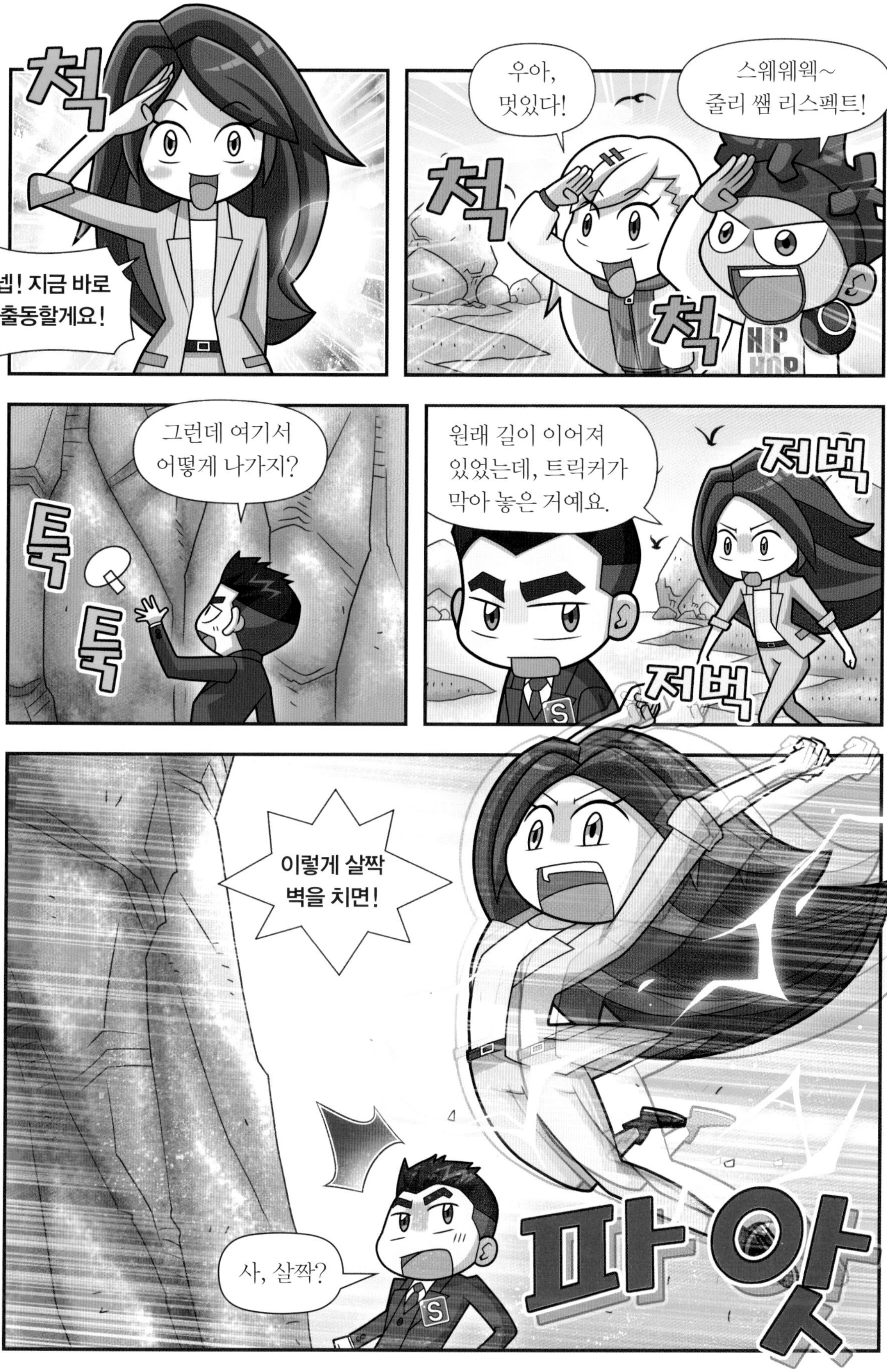
척
넵! 지금 바로 출동할게요!
우아, 멋있다!
스웨웨웩~ 줄리 쌤 리스펙트!
척
척
HIP HOP
그런데 여기서 어떻게 나가지?
툭
툭
원래 길이 이어져 있었는데, 트릭커가 막아 놓은 거예요.
저벅
저벅
이렇게 살짝 벽을 치면!
사, 살짝?
파앗

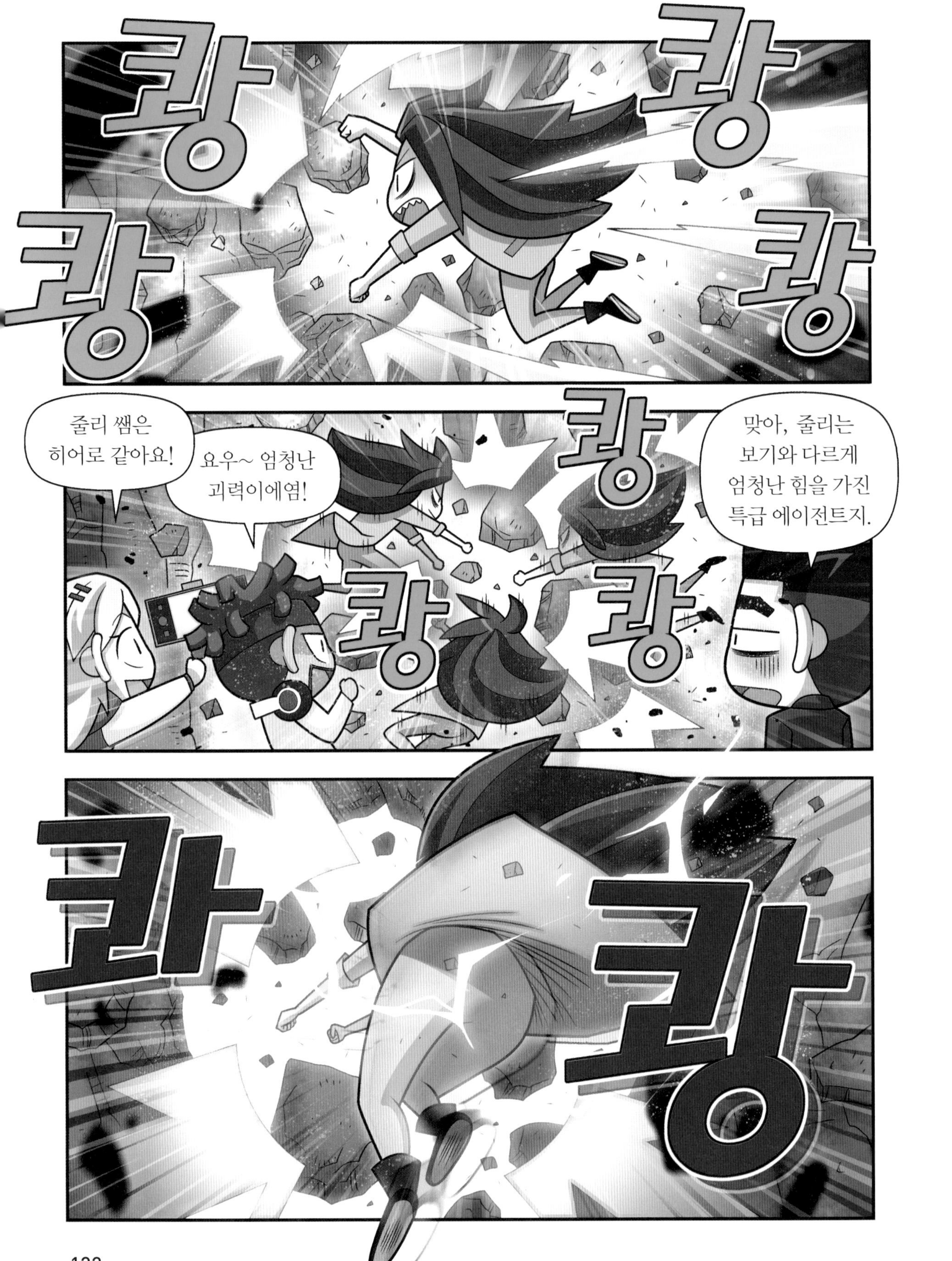

쾅
쾅
쾅
쾅
줄리 쌤은 히어로 같아요!
요우~ 엄청난 괴력이에염!
쾅
맞아, 줄리는 보기와 다르게 엄청난 힘을 가진 특급 에이전트지.
쾅
쾅
콰
쾅

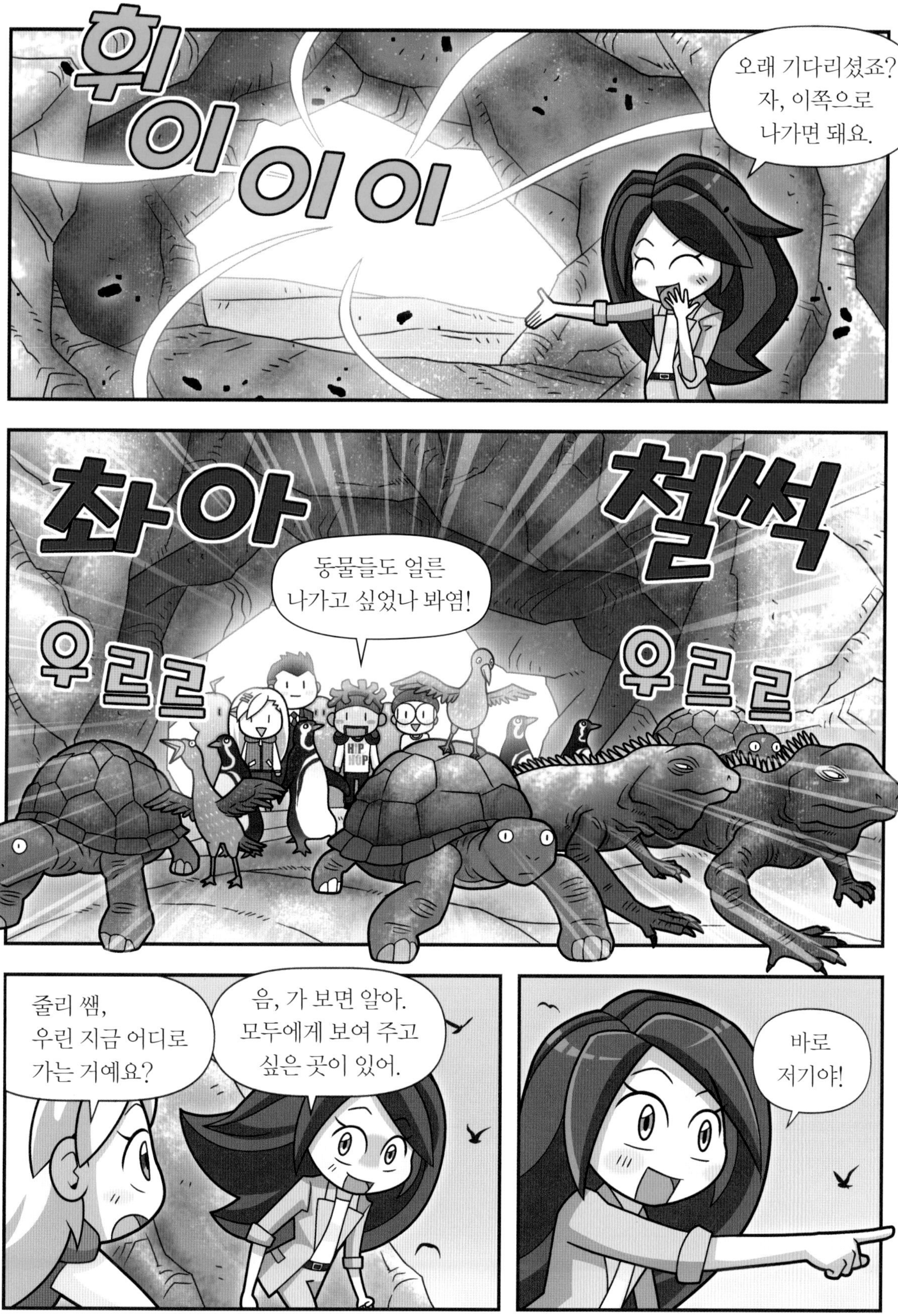
휘이이이이
오래 기다리셨죠? 자, 이쪽으로 나가면 돼요.
촤아
철썩
동물들도 얼른 나가고 싶었나 봐염!
우르르
우르르
HIP HOP
줄리 쌤, 우린 지금 어디로 가는 거예요?
음, 가 보면 알아. 모두에게 보여 주고 싶은 곳이 있어.
바로 저기야!

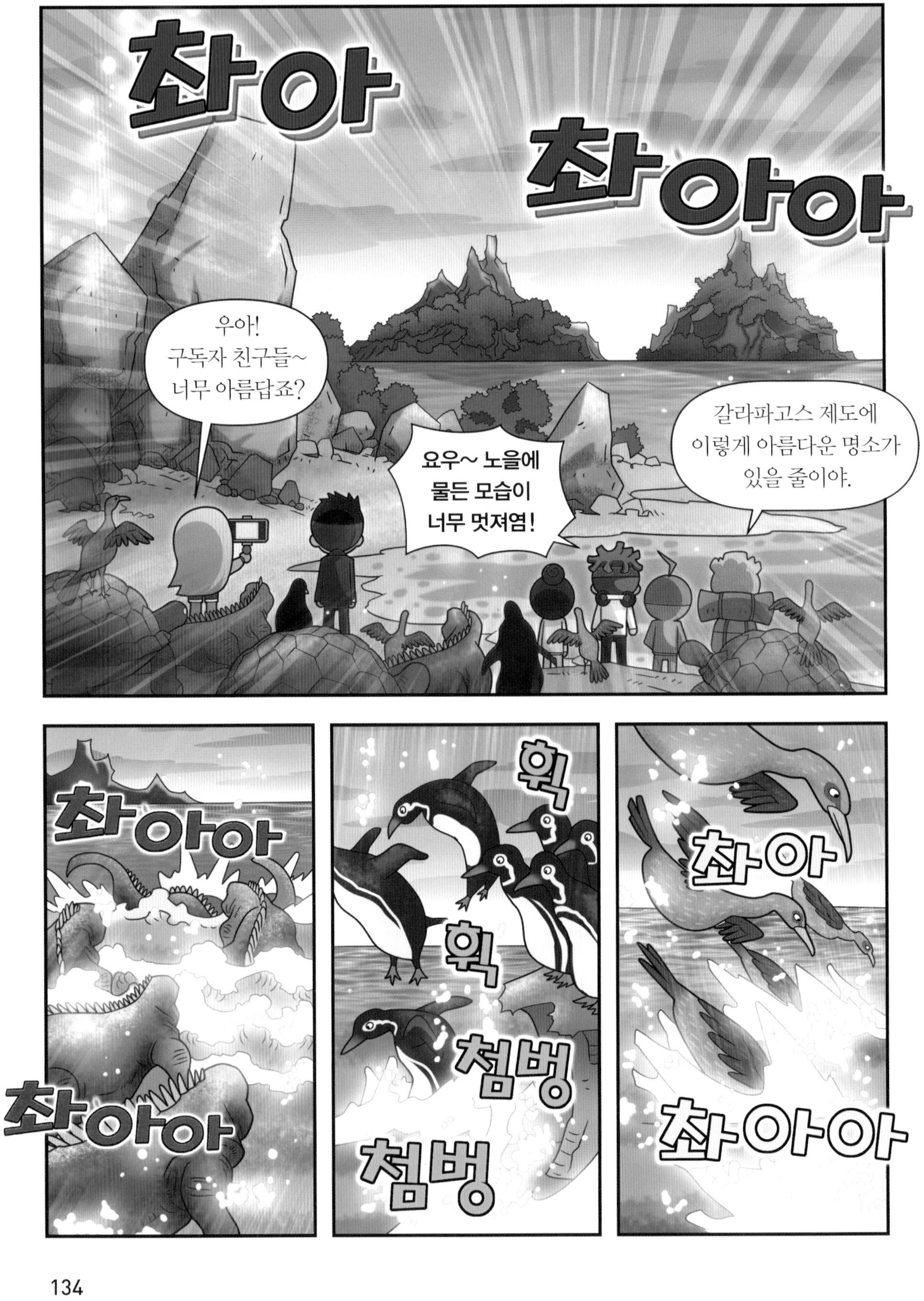

촤아
촤아아
우아!
구독자 친구들~
너무 아름답죠?
요우~ 노을에
물든 모습이
너무 멋져염!
갈라파고스 제도에
이렇게 아름다운 명소가
있을 줄이야.
촤아아
촤아아
휙
휙
첨벙
첨벙
촤아
촤아아

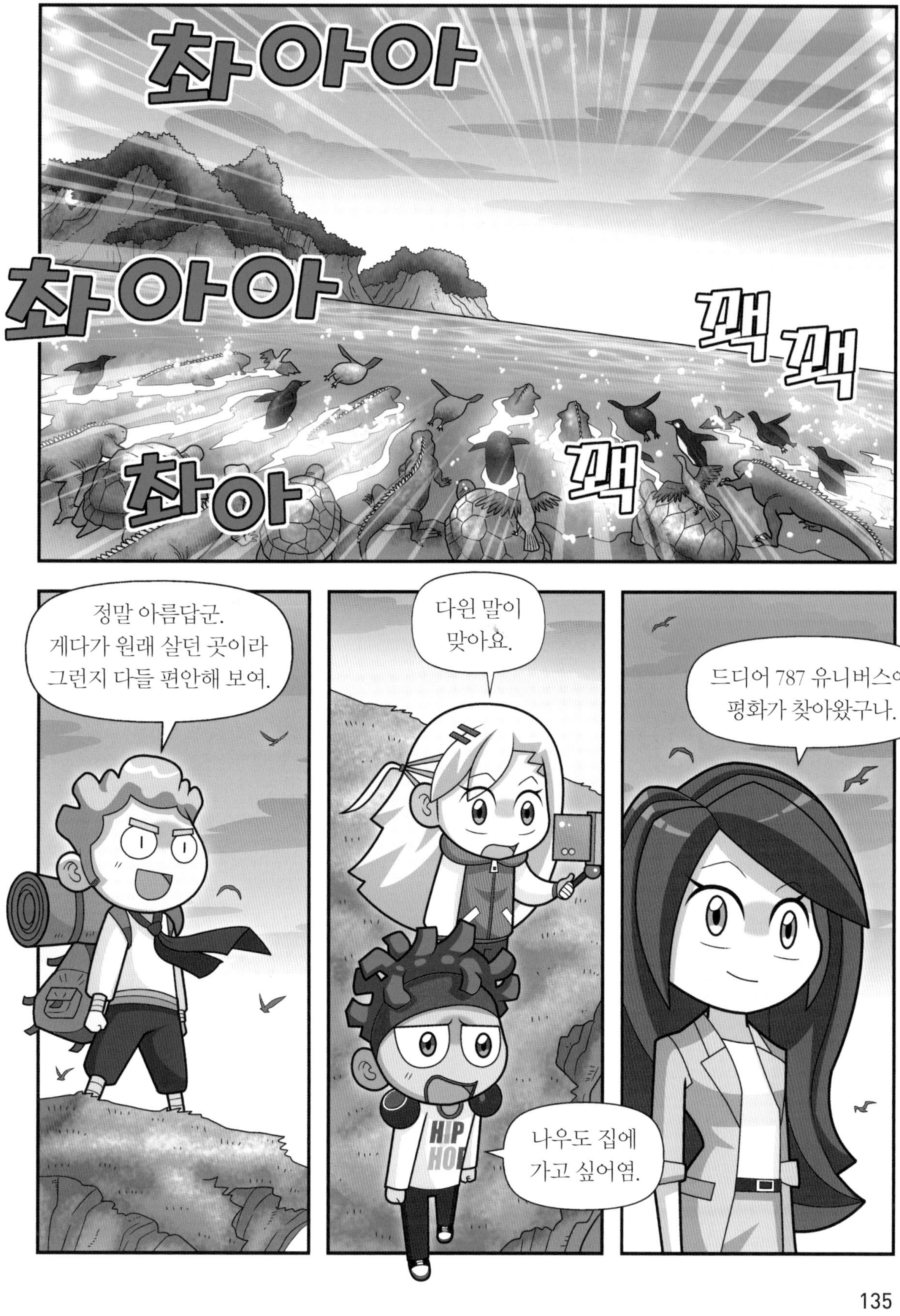

촤아아
촤아아
촤아
꽥 꽥
꽥
정말 아름답군. 게다가 원래 살던 곳이라 그런지 다들 편안해 보여.
다윈 말이 맞아요.
나우도 집에 가고 싶어염.
HIP HOP
드디어 787 유니버스에 평화가 찾아왔구나.

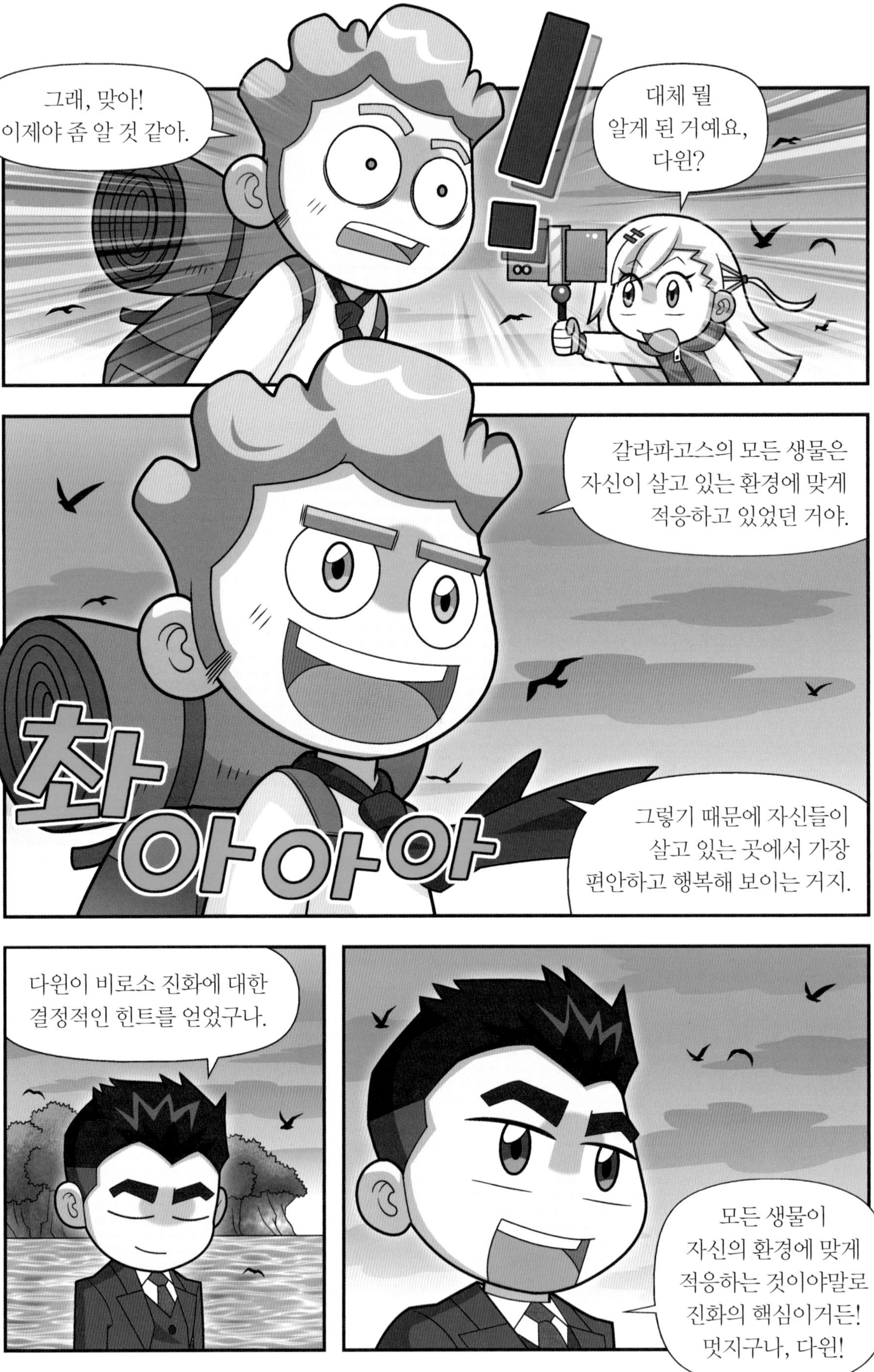
그래, 맞아!
이제야 좀 알 것 같아.
대체 뭘
알게 된 거예요,
다윈?
갈라파고스의 모든 생물은
자신이 살고 있는 환경에 맞게
적응하고 있었던 거야.
촤
아아아
그렇기 때문에 자신들이
살고 있는 곳에서 가장
편안하고 행복해 보이는 거지.
다윈이 비로소 진화에 대한
결정적인 힌트를 얻었구나.
모든 생물이
자신의 환경에 맞게
적응하는 것이야말로
진화의 핵심이거든!
멋지구나, 다윈!

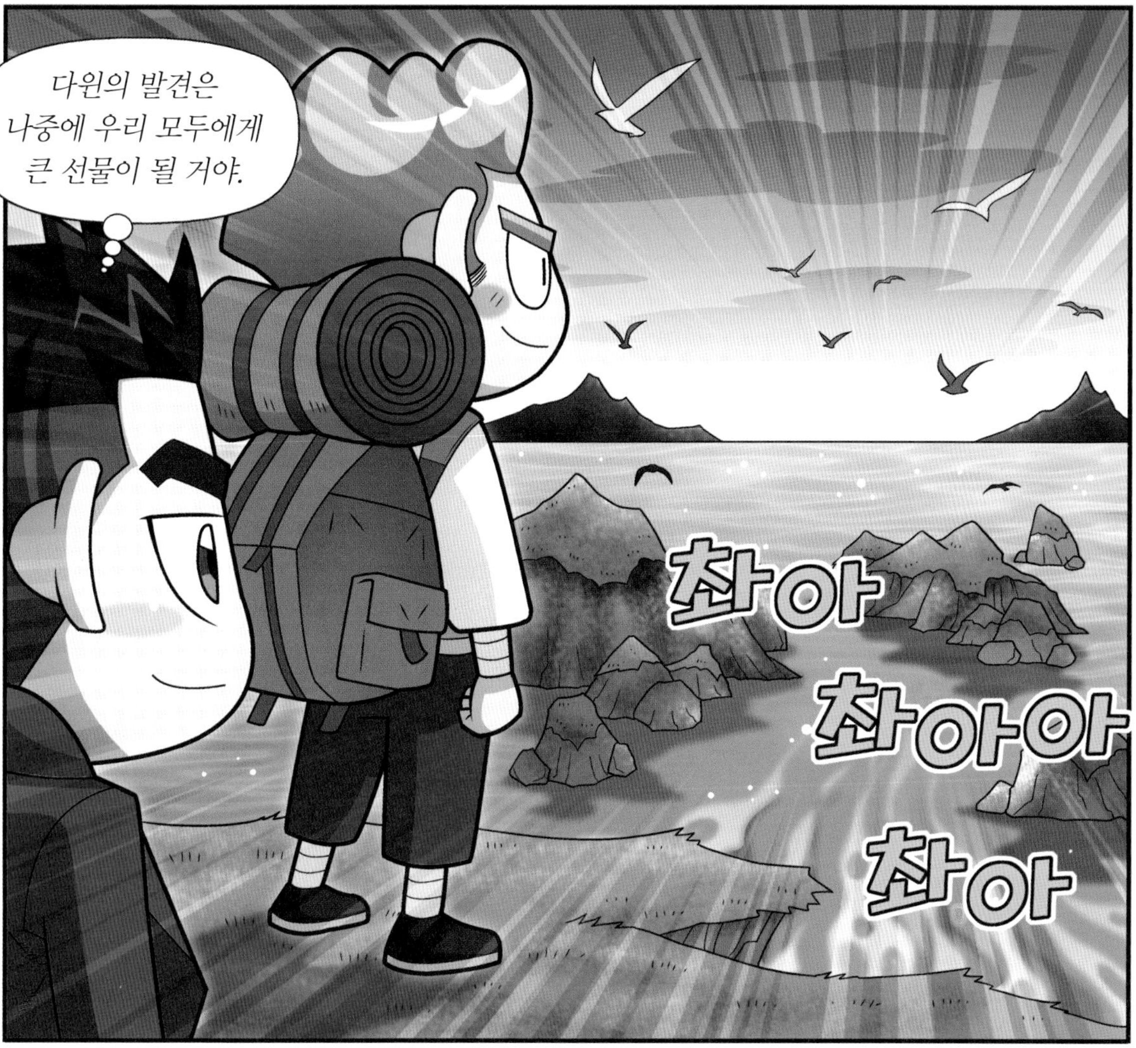
다윈의 발견은 나중에 우리 모두에게 큰 선물이 될 거야.
좌아 좌아아 좌아

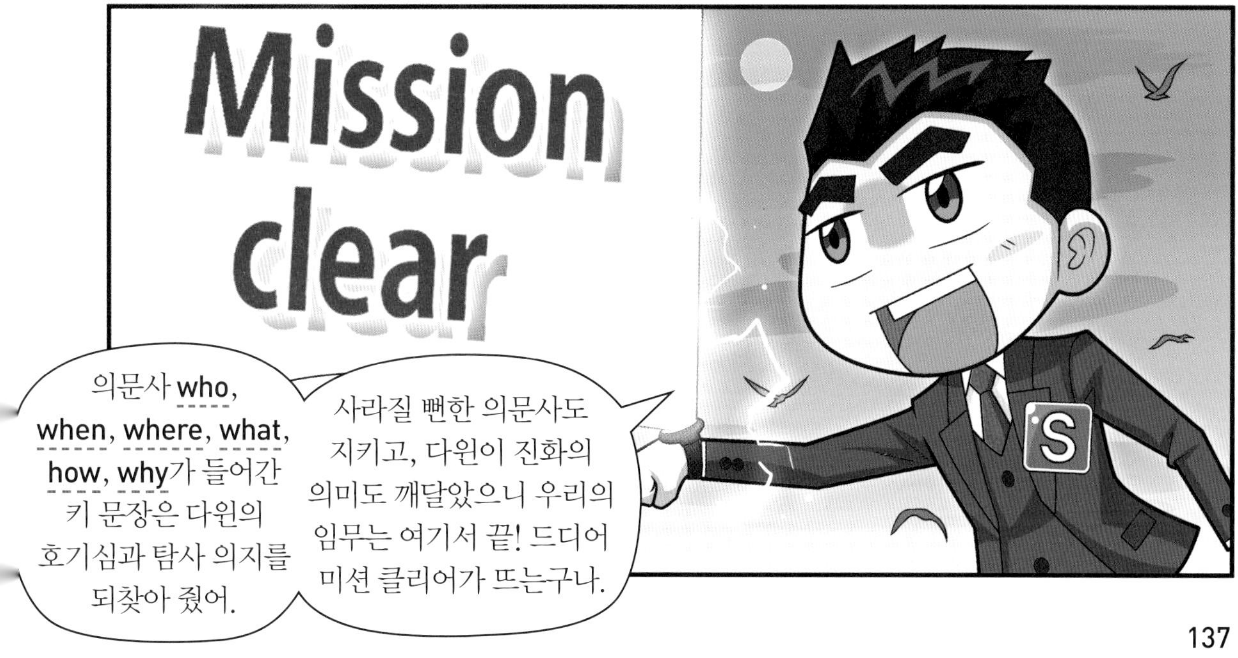
Mission clear
의문사 who, when, where, what, how, why가 들어간 키 문장은 다윈의 호기심과 탐사 의지를 되찾아 줬어.
사라질 뻔한 의문사도 지키고, 다윈이 진화의 의미도 깨달았으니 우리의 임무는 여기서 끝! 드디어 미션 클리어가 뜨는구나.

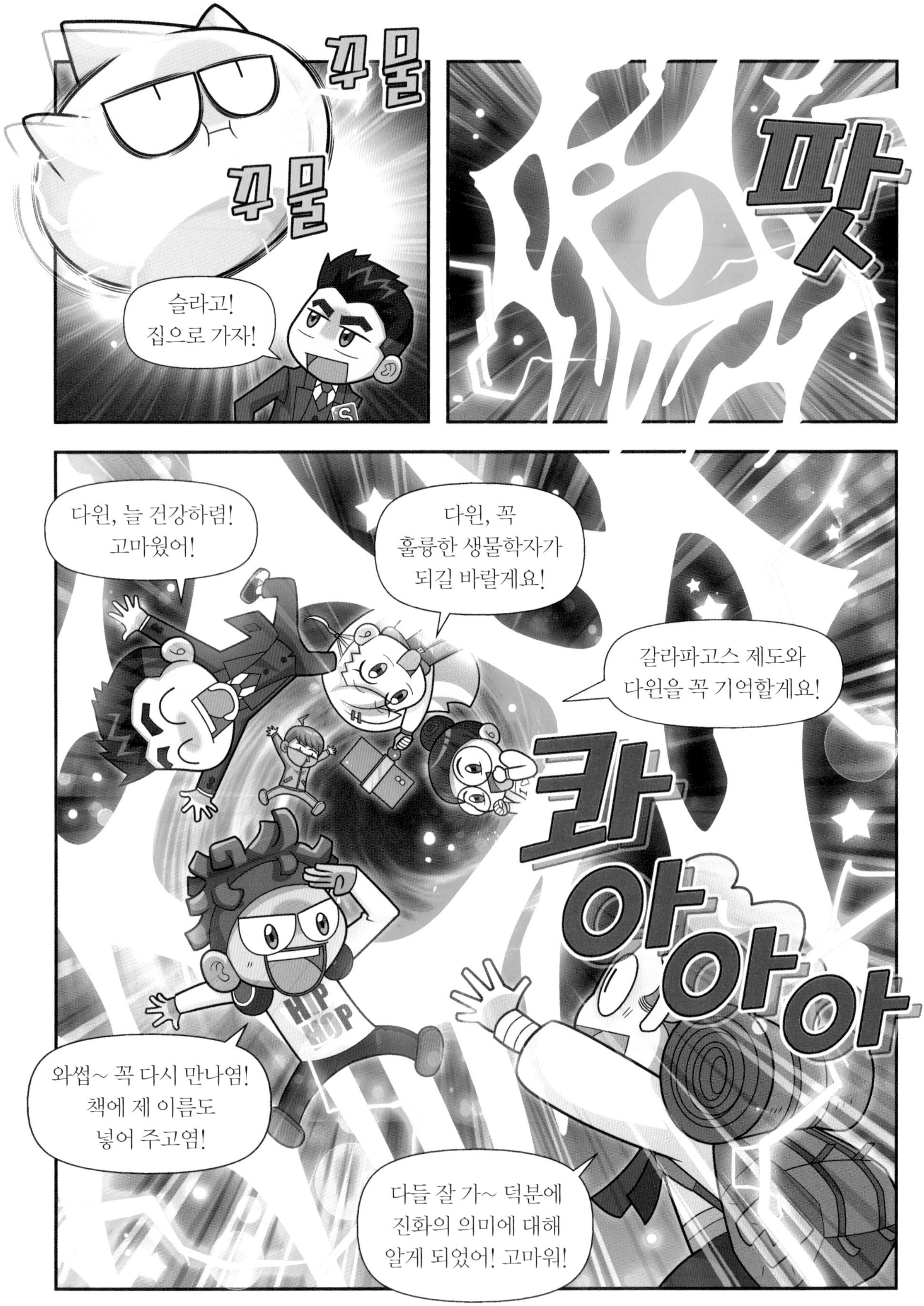
꾸물
꾸물
슬라고! 집으로 가자!
팟
다윈, 늘 건강하렴! 고마웠어!
다윈, 꼭 훌륭한 생물학자가 되길 바랄게요!
갈라파고스 제도와 다윈을 꼭 기억할게요!
콰아아아
와썹~ 꼭 다시 만나염! 책에 제 이름도 넣어 주고염!
다들 잘 가~ 덕분에 진화의 의미에 대해 알게 되었어! 고마워!

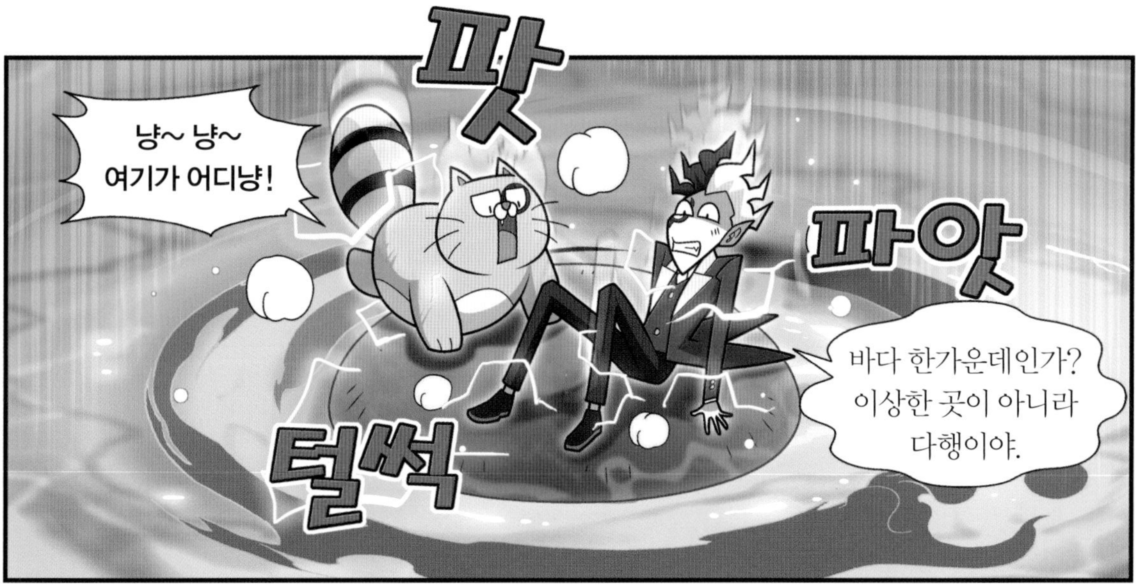
팟
냥~ 냥~
여기가 어디냥!
파앗
털썩
바다 한가운데인가? 이상한 곳이 아니라 다행이야.

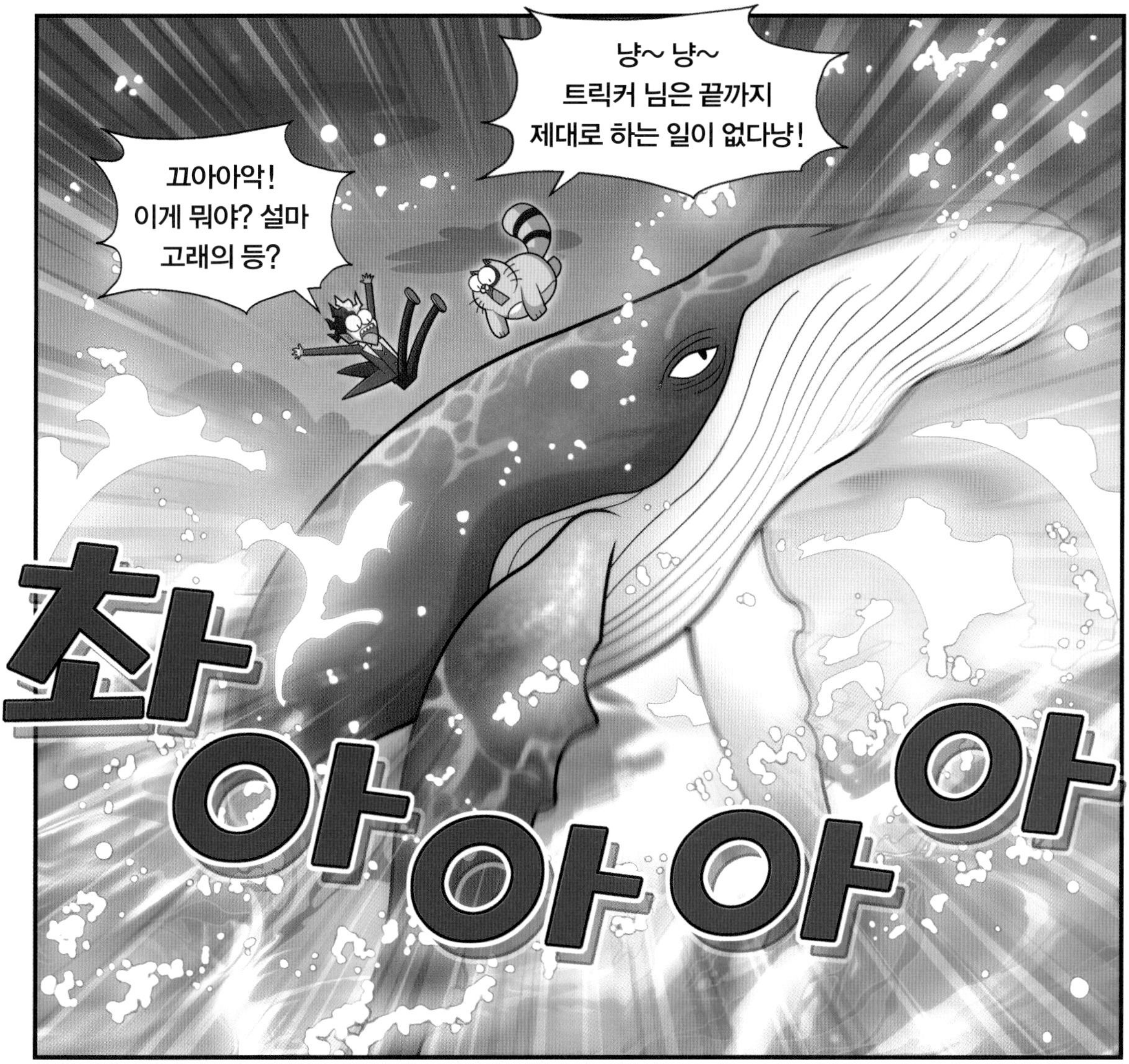
냥~ 냥~
트릭커 님은 끝까지 제대로 하는 일이 없다냥!
끄아아악!
이게 뭐야? 설마 고래의 등?
촤아아아아

예스어학원
수업 시간

1교시	**단어**	Vocabulary	
2교시	**문법 1, 2, 3**	Grammar 1, 2, 3	
3교시	**게임**	Recess	
4교시	**읽고 쓰기**	Reading & Writing	
5교시	**유니버스 이야기**	Story	
6교시	**말하기**	Speaking	
7교시	**쪽지 시험**	Quiz	

예스어학원의 수업 시간표야!
공부를 시작하기 전에
시간표 정도는 봐 둬야겠지?

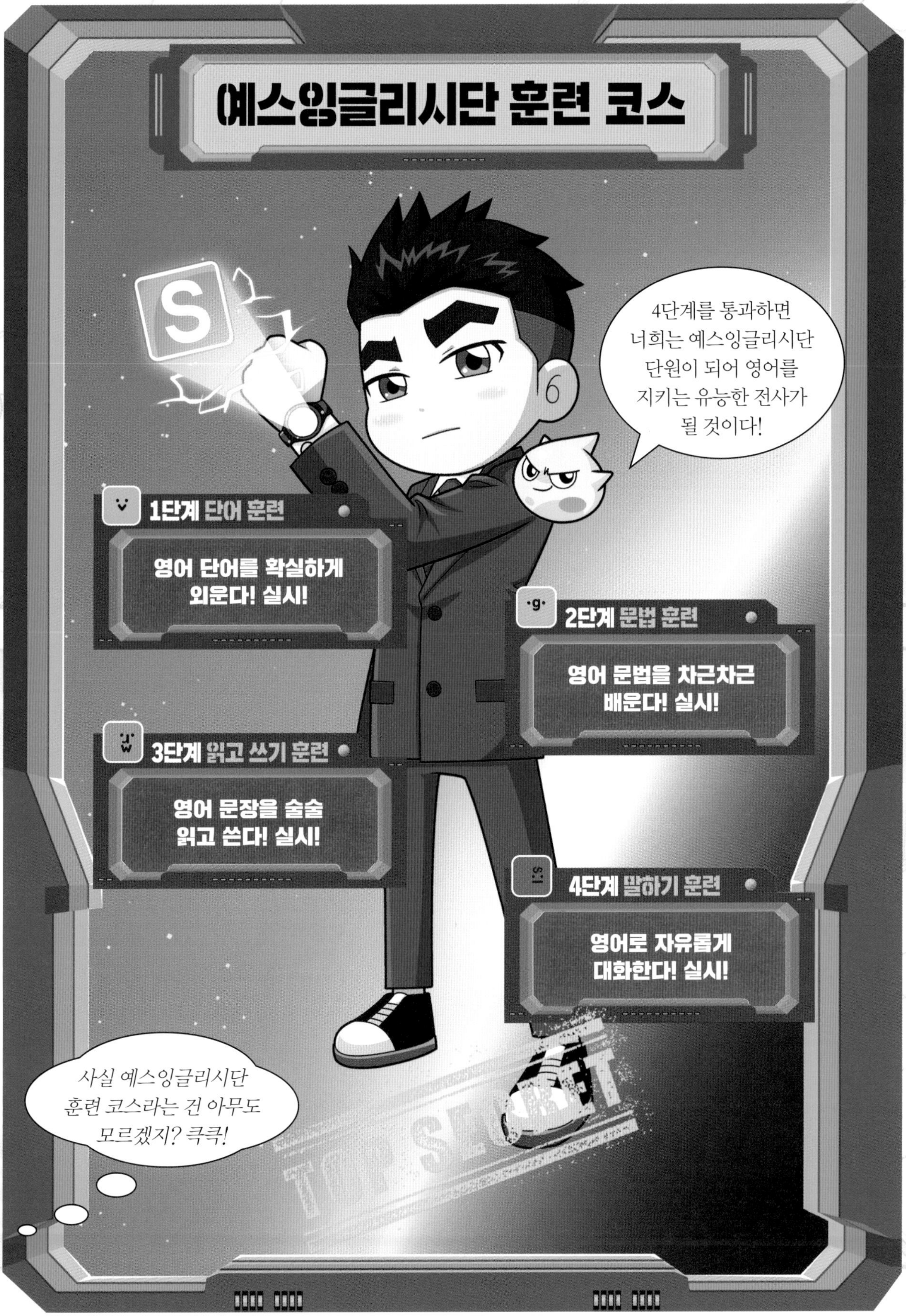
예스잉글리시단 훈련 코스
4단계를 통과하면 너희는 예스잉글리시단 단원이 되어 영어를 지키는 유능한 전사가 될 것이다!
1단계 단어 훈련
영어 단어를 확실하게 외운다! 실시!
2단계 문법 훈련
영어 문법을 차근차근 배운다! 실시!
3단계 읽고 쓰기 훈련
영어 문장을 술술 읽고 쓴다! 실시!
4단계 말하기 훈련
영어로 자유롭게 대화한다! 실시!
사실 예스잉글리시단 훈련 코스라는 건 아무도 모르겠지? 큭큭!
TOP SECRET

step 1. 단어 강의

영어의 첫걸음은 단어를 외우는 것에서부터 시작된단다.
단어를 많이 알아야 영어를 잘할 수 있어. 그럼 15권의 필수 단어를 한번 외워 볼까?

No.	곤충 & 동물	Insect & Animal	No.		
1	애벌레	larva	11	말	horse
2	나비	butterfly	12	얼룩말	zebra
3	잠자리	dragonfly	13	돼지	pig
4	벌	bee	14	암소, 젖소	cow
5	개미	ant	15	곰	bear
6	이구아나	iguana	No.	식물	Plant
7	(육지) 거북	tortoise	16	선인장	cactus
8	펭귄	penguin	17	나무	tree
9	돌고래	dolphin	18	잎	leaf
10	오리	duck	19	풀, 잔디	grass
			20	나뭇가지	branch

루시! 넌 pig랑 정말 닮았어.

무슨 소리! 난 butterfly랑 완전 닮았다고!

원어민 발음 듣기
QR코드를 찍어 봐!

No.	과일 & 채소	Fruit & Vegetable
21	구아버	guava
22	파인애플	pineapple
23	포도	grape
24	배	pear
25	딸기	strawberry

No.	과일 & 채소	Fruit & Vegetable
26	수박	watermelon
27	당근	carrot
28	감자	potato
29	콩	bean
30	양파	onion

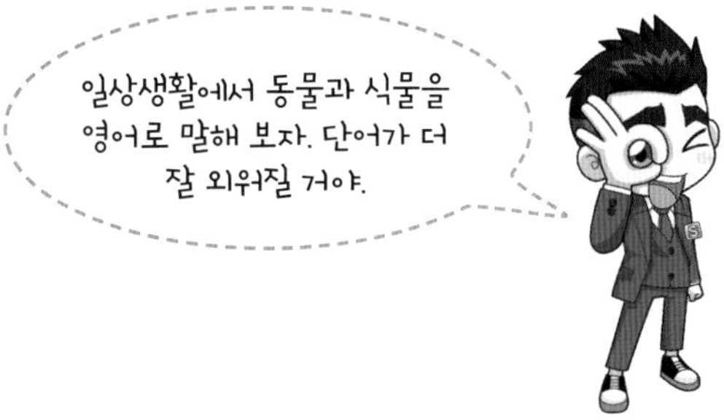
일상생활에서 동물과 식물을 영어로 말해 보자. 단어가 더 잘 외워질 거야.

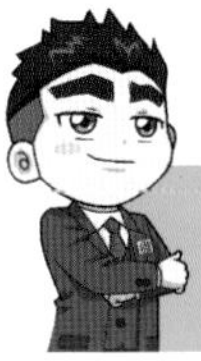

step 2. 단어 시험

단어를 확실하게 외웠는지 한번 볼까? 빈칸을 채워 봐.

- 나비 ______________________
- 벌 ______________________
- 돌고래 ______________________
- 말 ______________________
- 곰 ______________________
- 포도 ______________________
- 배 ______________________
- 딸기 ______________________
- 당근 ______________________
- 감자 ______________________

* 정답은 162~163쪽에 있습니다.

2교시 ·g· 문법 1 • Grammar 1

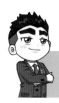

step 1. 문법 강의

의문문이란 어떤 사실을 묻는 문장을 말해. 앞에서 의문문 만드는 법에 대해 배웠던 것 기억하니? 동사를 주어 앞으로 옮겨 주고, 마지막에 물음표를 붙여 주면 돼. 대답은 Yes나 No로 간단하게 할 수 있지.

하지만 구체적인 내용을 꼭 집어서 물어보고 싶을 때는 의문사를 써서 의문문을 만들어야 해. 의문사란 '누가, 언제, 어디서, 무엇을, 어떻게, 왜' 등과 같이 자세한 정보를 묻는 말이야. 의문사가 쓰인 의문문은 Yes나 No로 대답하지 않고, 궁금한 것에 대한 대답만 해 주면 돼.

시원 쌤표 영어 구구단

의문사의 종류						
who	when	where	what	how	why	which
누구	언제	어디에(서)	무엇	어떻게	왜	어느 (것)

의문사를 포함한 의문문에는 어떤 것들이 있을까? 먼저 Be 동사를 활용한 의문사 의문문에 대해 알아보자. Be 동사의 의문문* 앞에 의문사만 붙여 주면 돼.
이렇게 의문사를 쓴 모든 의문문에는 의문사가 맨 앞에 온다는 것을 꼭 기억하자!

Be 동사를 활용한 의문사 의문문

의문사	Be 동사	주어?	
Who	is	he?	그는 누구니?
How	was	your trip?	너의 여행은 어땠니?

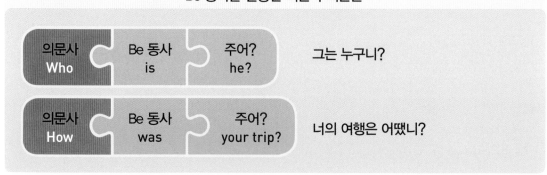

* Be 동사의 의문문을 복습하고 싶다면 《이시원의 영어 대모험》 1권 148쪽을 펼쳐 보세요.

동영상 강의 보기
QR코드를 찍어 봐!

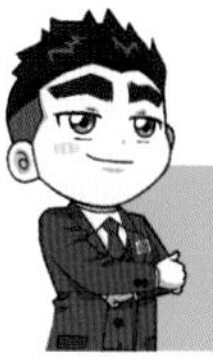

step 2. 문법 정리

Be 동사를 활용한 의문사 의문문과 그 대답의 예를 살펴보자.

Be 동사를 활용한 의문사 의문문	Be 동사를 활용한 의문사 의문문에 대한 답
누가 너의 가장 친한 친구니? **Who is your best friend?**	나의 가장 친한 친구는 루시야. **My best friend is Lucy.**
이게 무엇이니? **What is this?**	이것은 인형이야. **This is a doll.**
네 생일은 언제니? **When is your birthday?**	내 생일은 4월 1일이야. **My birthday is April 1st.**
너는 어디 출신이니? **Where are you from?**	나는 한국에서 왔어. **I am from Korea.**
너는 왜 늦었니? **Why were you late?**	나는 오늘 아침 늦잠을 잤어. **I slept late this morning.**

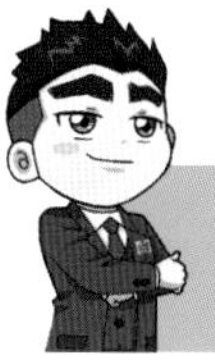

step 3. 문법 대화

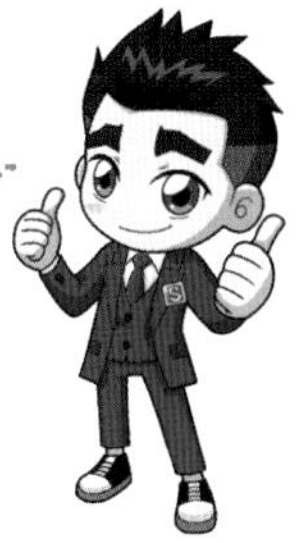
의문사 의문문에 대한 답은
상황에 따라 달라지니 다양하게
연습해 두자!

Be 동사를 활용한 의문사 의문문이 쓰인 대화를 한번 들어 봐!

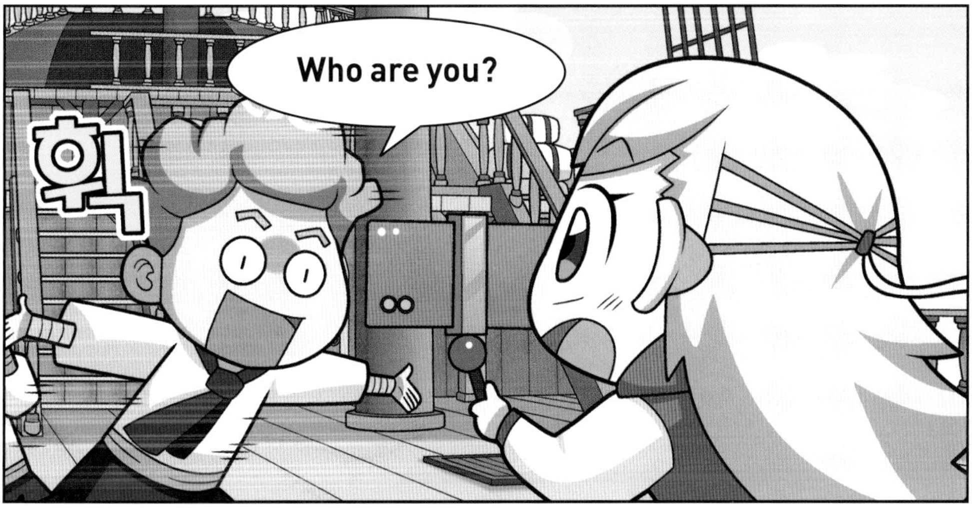
Who are you?
휙

step 1. 문법 강의

다음으로 일반 동사를 활용한 의문사 의문문에 대해 알아보자.
일반 동사의 의문문*을 만들 때, Do나 Does를 썼던 것 기억하니?
일반 동사의 의문문 앞에 궁금한 것에 따라 적절한 의문사를 붙이면
더 구체적으로 물어볼 수 있단다.

일반 동사를 활용한 의문사 의문문은 의문사를 문장 맨 앞에 써 주고 주어에 따라 do나 does를 쓴 다음, 그 뒤에 주어를 넣어 주면 돼. 마지막으로 동사까지 더해 주면 완성이지! 이때 동사는 꼭 동사 원형을 써야 한단다.

일반 동사를 활용한 의문사 의문문

의문사	do/does	주어	일반 동사?
What	do	you	want?

너는 무엇을 원하니?

의문사	do/does	주어	일반 동사?
How	does	the story	end?

그 이야기는 어떻게 끝나니?

의문사	do/does	주어	일반 동사	나머지?
Why	did	he	say	goodbye?

그가 왜 작별 인사를 했니?

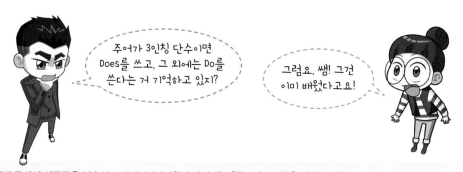

주어가 3인칭 단수이면 Does를 쓰고, 그 외에는 Do를 쓴다는 거 기억하고 있지?

그럼요, 쌤! 그건 이미 배웠다고요!

* 일반 동사의 의문문을 복습하고 싶다면 《이시원의 영어 대모험》 3권 146쪽을 펼쳐 보세요.

동영상 강의 보기
QR코드를 찍어 봐!

step 2. 문법 정리

일반 동사를 활용한 의문사 의문문과 그 대답의 예를 살펴보자.

일반 동사를 활용한 의문사 의문문	일반 동사를 활용한 의문사 의문문에 대한 답
너는 누구를 좋아하니? Who **do you like?**	나는 나우를 좋아해. **I like Nau.**
그는 어디에 살고 있니? Where **does he live?**	그는 서울에 살아. **He lives in Seoul.**
너는 축구와 농구 중 어느 것을 하니? Which **do you play, soccer or basketball?**	나는 축구를 해. **I play soccer.**
루시가 나한테 왜 전화했니? Why **did Lucy call me?**	왜냐하면 그녀는 네가 보고 싶었기 때문이야. **Because she missed you.**
너는 케이크를 어떻게 만드니? How **do you make a cake?**	나는 케이크를 만들기 위해 요리책을 봐. **I look at the cookbook to make a cake.**

step 3. 문법 대화

일반 동사를 활용한 의문사 의문문이 쓰인 대화를 한번 들어 봐!

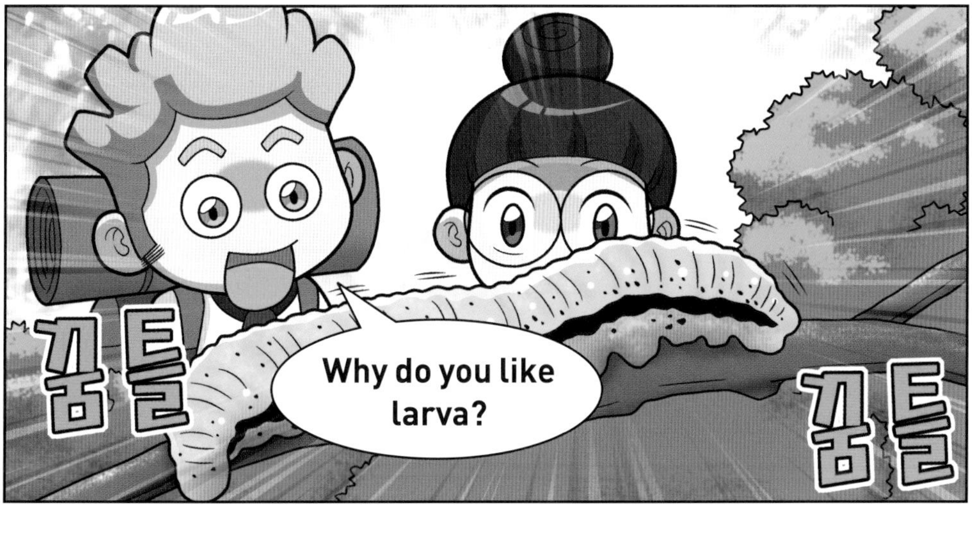
꿈틀
Why do you like larva?
꿈틀

2교시 ·g· 문법 3 • Grammar 3

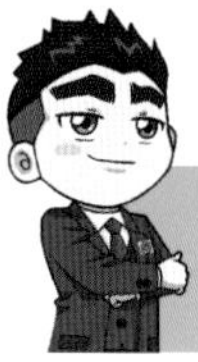

step 1. 문법 강의

마지막으로 조동사를 활용한 의문사 의문문에 대해 알아보자.
앞에서 배운 것과 마찬가지로 조동사의 의문문* 앞에 적절한 의문사를 넣어 주면 돼.
의문사 뒤에는 조동사, 주어, 동사 순으로 영어 단어를 쓰면 된단다.
참! 조동사 뒤에는 무조건 동사 원형이 온다는 건 이미 알고 있겠지?

조동사를 활용한 의문사 의문문

의문사	조동사	주어	동사	나머지?	
Where	will	she	be	from?	그녀는 어디에서 올 거니?
When	can	you	do	it?	너는 언제 할 수 있니?

지금까지 의문사가 들어간 의문문에 대해 기본적인 것을 배워 봤어.
이번에는 의문사가 있는 의문문을 응용한 질문에 대해서도 알려 줄게.
정해진 범위 없이 어떤 사물에 대해 물을 때는 'What + 명사 의문문'을,
정해진 범위 안에서 선택 사항을 물을 때는 'Which + 명사 의문문'을 쓸 수 있단다.

의문사가 있는 의문문의 활용

구분	What + 명사 의문문	Which + 명사 의문문
Be 동사	**What color is your favorite?** 네가 좋아하는 색이 무슨 색이니?	**Which color is your favorite, black or white?** 너는 검은색과 흰색 중 어느 색을 좋아하니?
일반 동사	**What pen do you need?** 너는 무슨 펜이 필요하니?	**Which pen do you need, red one or blue one?** 너는 빨간색과 파란색 중 어느 펜이 필요하니?
조동사	**What book will you choose?** 너는 무슨 책을 고를 거니?	**Which book will you choose, fairy tale or novel?** 너는 동화와 소설 중 어느 책을 고를 거니?

* 조동사의 의문문을 복습하고 싶다면 《이시원의 영어 대모험》 4권 146쪽, 7권 148쪽을 펼쳐 보세요.

동영상 강의 보기
QR코드를 찍어 봐!

step 2. 문법 정리

조동사를 활용한 의문사 의문문과 그 대답의 예를 살펴보자.

조동사를 활용한 의문사 의문문	조동사를 활용한 의문사 의문문에 대한 답
너는 무엇을 만들 거니? What **will you make?**	나는 장난감을 만들 거야. **I will make toys.**
내가 누구와 놀 수 있니? Who **can I play with?**	너는 리아와 놀 수 있어. **You can play with Lia.**
그녀는 언제 떠나야 하니? When **must she leave?**	그녀는 내일 떠나야 해. **She must leave tomorrow.**
우리는 어디로 가야 하는 거니? Where **should we go?**	우리는 집으로 가야 해. **We should go home.**
너는 우유와 주스 중 어느 것을 마실 거니? Which **will you drink, milk or juice?**	나는 우유를 마실 거야. **I will drink milk.**

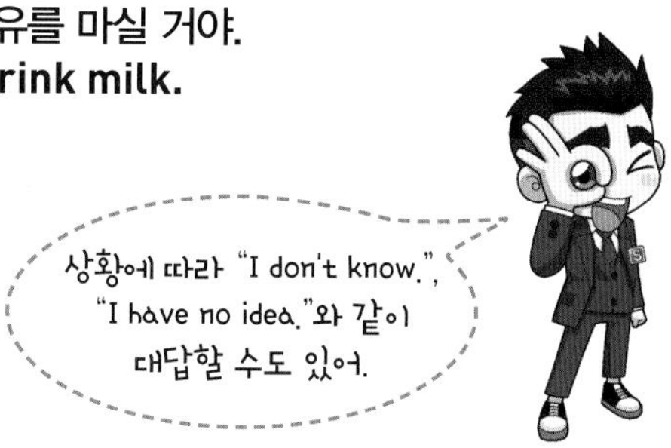
상황에 따라 "I don't know.",
"I have no idea."와 같이
대답할 수도 있어.

step 3. 문법 대화

조동사를 활용한 의문사 의문문이 쓰인 대화를 한번 들어 봐!

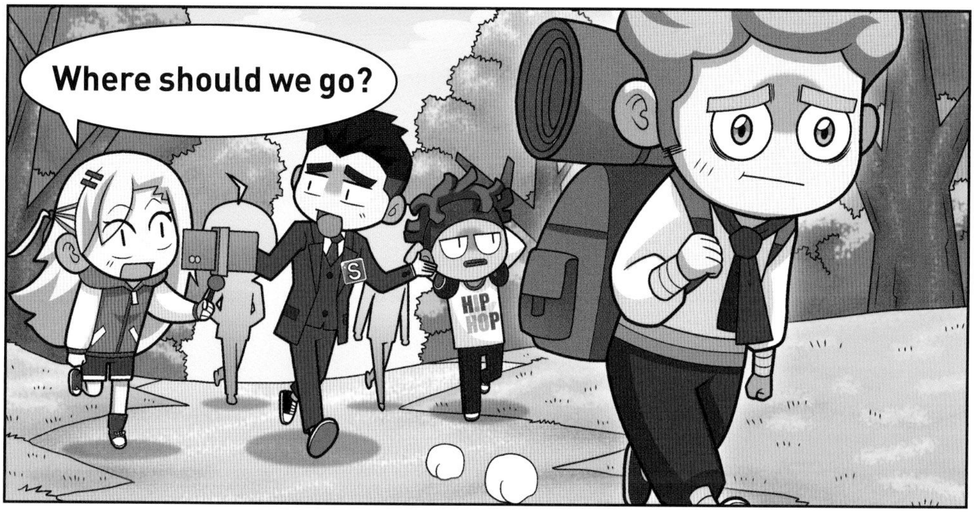
Where should we go?
HIP HOP

3교시 게임 • Recess

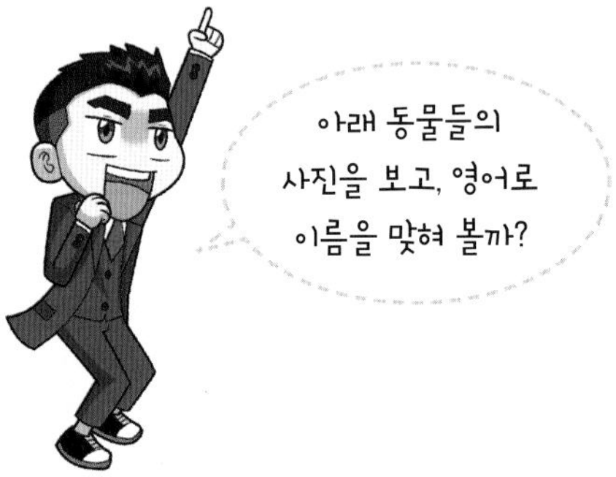
아래 동물들의
사진을 보고, 영어로
이름을 맞혀 볼까?

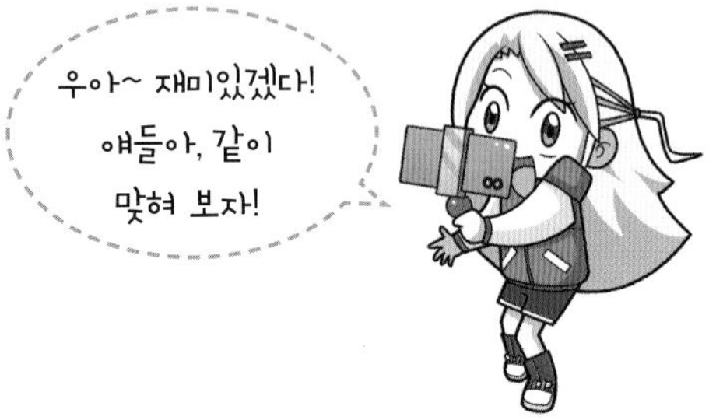
우아~ 재미있겠다!
얘들아, 같이
맞혀 보자!

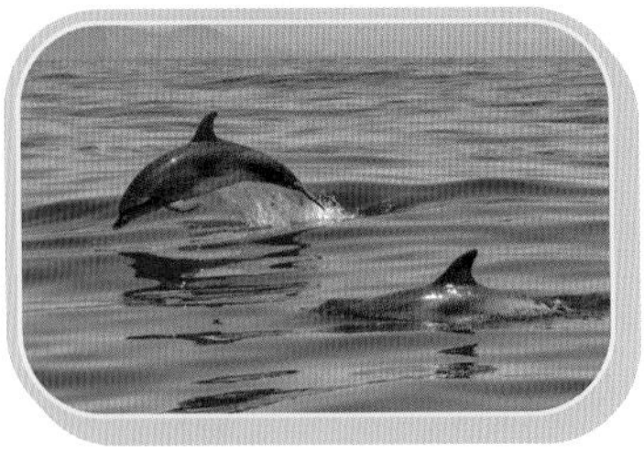

bee

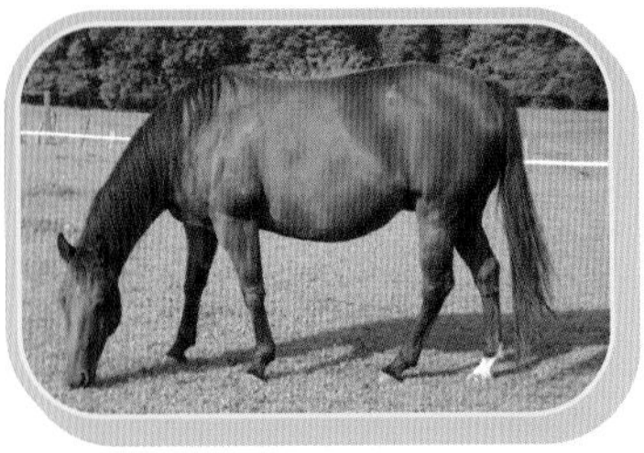

dolphin

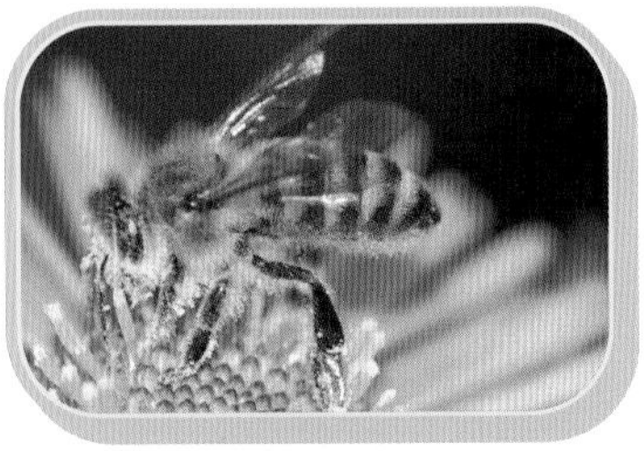

horse

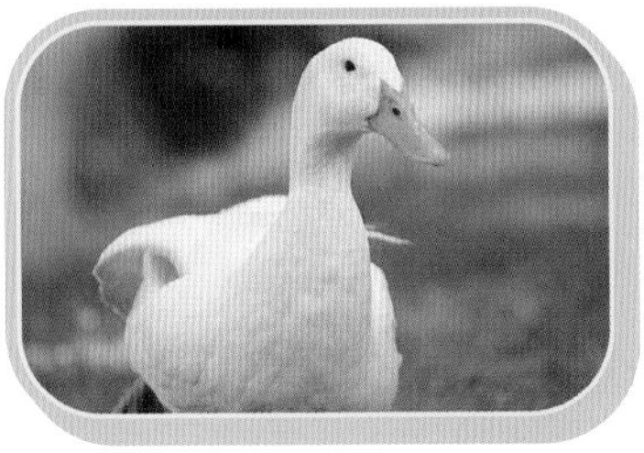

duck

Crossword

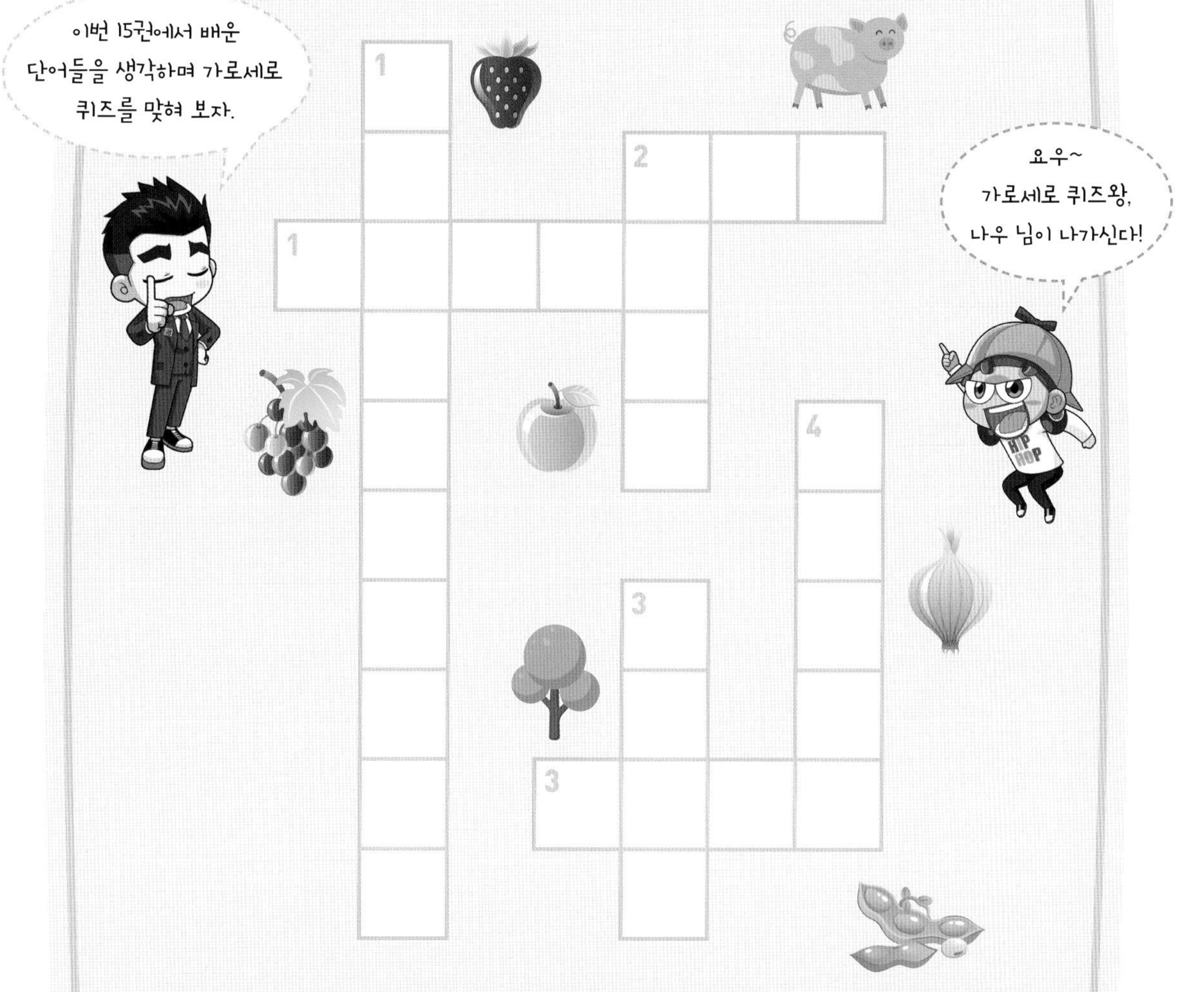
이번 15권에서 배운 단어들을 생각하며 가로세로 퀴즈를 맞혀 보자.
요우~ 가로세로 퀴즈왕, 나우 님이 나가신다!
HIP HOP

가로

1. 포도　2. 돼지　3. 콩

세로

1. 딸기　2. 배　3. 나무　4. 양파

＊정답은 162~163쪽에 있습니다.

4교시 읽고 쓰기 • Reading & Writing

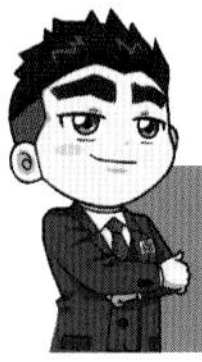

step 1. 읽기

자유자재로 영어를 읽고, 쓰고, 말하고 싶다면, 문장 만들기 연습을 반복해야 하지.
먼저 다음 문장들이 익숙해질 때까지 읽어 볼까?

• 누가 너의 가장 친한 친구니?	**Who is your best friend?**
• 이게 무엇이니?	**What is this?**
• 네 생일은 언제니?	**When is your birthday?**
• 너는 어디 출신이니?	**Where are you from?**
• 너는 왜 늦었니?	**Why were you late?**
• 그 음식은 어땠니?	**How was the food?**
• 저 소녀는 누구니?	**Who is that girl?**
• 너는 누구한테 전화하는 거니?	**Who are you calling?**
• 그녀의 학교는 어디니?	**Where is her school?**
• 너는 누구를 좋아하니?	**Who do you like?**
• 너는 점심으로 무엇을 먹었니?	**What did you have for lunch?**
• 그는 어디에 살고 있니?	**Where does he live?**
• 루시가 나한테 왜 전화했니?	**Why did Lucy call me?**
• 너는 케이크를 어떻게 만드니?	**How do you make a cake?**

문장 만들기 연습

1회 ☐ 2회 ☐ 3회 ☐

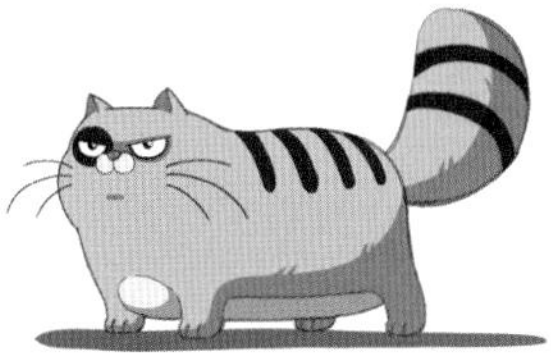

• 그 콘서트는 언제 시작하니?	When does the concert begin?
• 너는 축구와 농구 중 어느 것을 하니?	Which do you play, soccer or basketball?
• 내가 누구와 놀 수 있니?	Who can I play with?
• 너는 무엇을 만들 거니?	What will you make?
• 그녀는 언제 떠나야 하니?	When must she leave?
• 우리는 어디로 가야 하는 거니?	Where should we go?
• 그가 왜 돌아와야 하니?	Why should he come back?
• 너는 기타를 어떻게 연주할 수 있니?	How can you play the guitar?
• 점심은 어디에서 먹을 수 있니?	Where can I have lunch?
• 너는 우유와 주스 중 어느 것을 마실 거니?	Which will you drink, milk or juice?
• 네가 좋아하는 색이 무슨 색이니?	What color is your favorite?
• 너는 무슨 펜이 필요하니?	What pen do you need?
• 너는 무슨 책을 고를 거니?	What book will you choose?
• 너는 검은색과 흰색 중 어느 색을 좋아하니?	Which color is your favorite, black or white?
• 너는 빨간색과 파란색 중 어느 펜이 필요하니?	Which pen do you need, red one or blue one?
• 너는 동화와 소설 중 어느 책을 고를 거니?	Which book will you choose, fairy tale or novel?

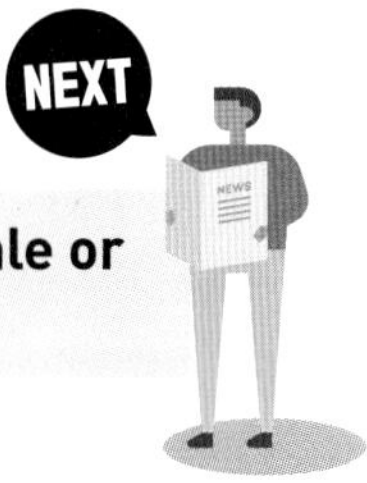
NEXT

4교시 읽고 쓰기 • Reading & Writing

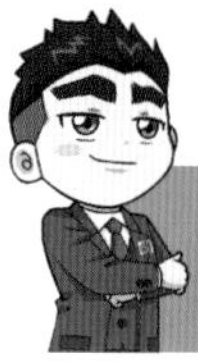

step 2. 쓰기

익숙해진 문장들을 이제 한번 써 볼까? 괄호 안의 단어를 보고, 순서에 맞게 문장을 만들어 보자.

❶ 너는 어디 출신이니? **(Where, you, are, from)**

____ ?

❷ 그 콘서트는 언제 시작하니? **(does, the, When, begin, concert)**

____ ?

❸ 너는 빨간색과 파란색 중 어느 펜이 필요하니?
(Which, red, one, or, pen, do, you, need, blue, one)

____ ?

❹ 이게 무엇이니? **(is, this, What)**

____ ?

❺ 점심은 어디에서 먹을 수 있니? **(have, lunch, Where, can, I)**

____ ?

❻ 너는 기타를 어떻게 연주할 수 있니? **(the, guitar, play, How, you, can)**

____ ?

❼ 루시가 나한테 왜 전화했니? **(did, Lucy, Why, call, me)**

____ ?

❽ 너는 누구한테 전화하는 거니? **(are, you, calling, Who)**

____ ?

이제 다양한 의문사가 쓰인 문장을 영어로 써 볼까? 영작을 하다 보면 실력이 훨씬 늘 거야. 잘 모르겠으면, 아래에 있는 WORD BOX를 참고해!

❶ 누가 너의 가장 친한 친구니? _____ ?

❷ 우리는 어디로 가야 하는 거니? _____ ?

❸ 그녀는 언제 떠나야 하니? _____ ?

❹ 너는 케이크를 어떻게 만드니? _____ ?

❺ 네가 좋아하는 색이 무슨 색이니? _____ ?

❻ 너는 검은색과 흰색 중 어느 색을
   좋아하니? _____ ?

❼ 너는 우유와 주스 중 어느 것을 마실 거니? _____ ?

❽ 그녀의 학교는 어디니? _____ ?

WORD BOX

• Who	• is	• cake	• will	• or	• should
• juice	• How	• When	• What	• black	• your
• do	• Where	• milk	• best	• you	• we
• must	• Which	• drink	• white	• friend	• she
• go	• leave	• make	• a	• her	• school
• color	• favorite				

✦ 정답은 162~163쪽에 있습니다.

우리가 열다섯 번째로 다녀온 곳은 바로 787 유니버스란다. '진화론'으로 유명한 영국의 생물학자, 다윈이 있는 유니버스이지. 어떤 곳인지 좀 더 자세히 알아볼까?

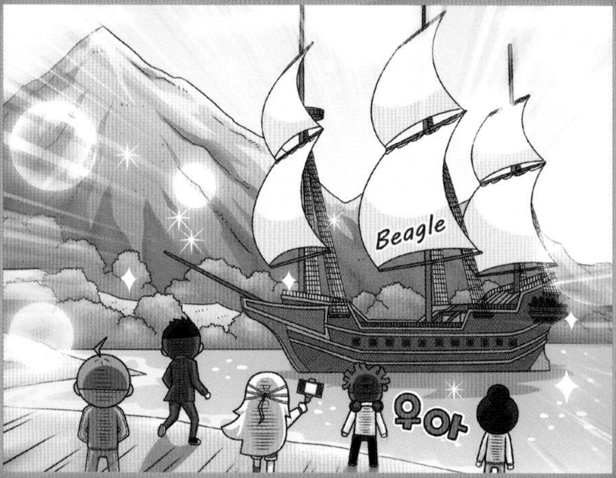
Beagle
우아

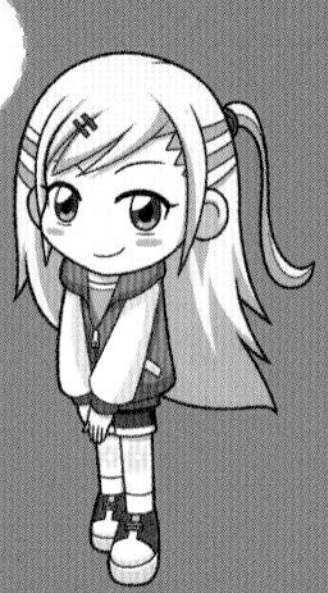
다윈이 호기심을 잃고 탐사를 포기했다면 787 유니버스는 어떻게 되었을까요?

◀787 유니버스
위치 지구와 멀리 떨어진 곳
상황 트릭커가 이상한 저주로 질문을 금지시켜 다윈의 탐사를 방해함.
키 문장 "Who did their wings cut?" "What is it?" "How can it swim?" 등

787 유니버스 이야기: 의문사 의문문

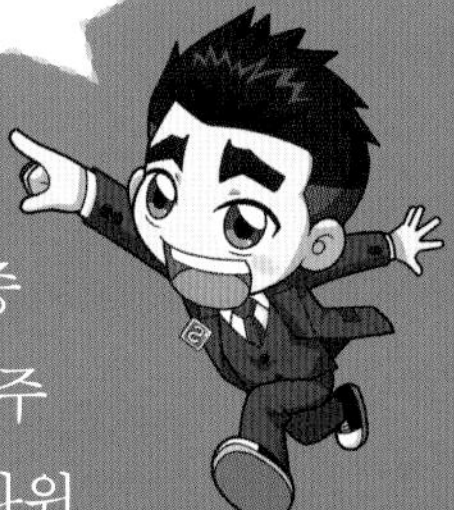
'다윈의 진화론'이 세상의 빛을 보지 못하고, 지구에선 진화론과 관련된 영어가 사라졌겠지?

787 유니버스는 청년 과학자, 찰스 다윈이 생명체를 탐사 중인 의문사 유니버스예요. 우연히 '비글호'라고 적힌 유람선에 탑승한 예스잉글리시단은 또 다른 비글호가 정박해 있던 갈라파고스 제도에 불시착하고, 다윈을 만나게 돼요. 그런데 이 섬에는 이상한 저주가 있었어요. 대답이 길어지는 성가신 질문을 하면 궁금증의 대상이 사라진다고 해요. 이 저주 때문에 다윈은 탐사에 어려움을 겪어요. 저주를 피하기 위해 의문사를 쓰지 않고 예, 아니오로 대답할 수 있는 질문만 하던 다윈은 탐사에 대한 의지와 호기심마저 잃어버릴 위기에 놓이지요. 그런데 예스잉글리시단이 저주가 트릭커의 속임수임을 밝혀 내고, 새로운 조력자 줄리 쌤이 트릭커를 혼내 주면서 다윈은 본격적으로 탐사를 시작하게 돼요. "Who did their wings cut?", "What is it?", "How can it swim?", "Where are they living?", "When did they come here?", "Why are they acting differently?" 등 의문사가 들어간 질문들은 787 유니버스의 키 문장이자, 다윈의 호기심과 탐사에 대한 의지를 되찾게 해 준 명대사예요.

우리 지구의 실제 이야기: 다윈의 《종의 기원》, 그리고 evolution

찰스 로버트 다윈(Charles Robert Darwin)은 영국의 유명한 생물학자로서 오늘날까지 전해지는 '진화론'에 크게 기여한 인물이에요. 다윈은 1859년에 《종의 기원》이라는 책을 출간했는데, 그 책에서 진화론을 발표했어요. 《종의 기원》이 탄생하기까지 자료 조사부터 집필까지 약 20년의 세월이 걸렸지요. 이 책이 나오면서 진화론과 evolution, 즉 진화라는 뜻을 가진 단어도 유명해졌어요. 하지만 사실 이 단어가 《종의 기원》 초판에는 사용된 적이 없다는 사실, 혹시 알고 있나요? 이 책이 처음 세상에 나왔을 때는 진화라는 말이 실려 있지 않았어요. 왜냐하면

©픽사베이

▲ 찰스 로버트 다윈

다윈은 자신이 주장하는 진화의 개념이 진보의 개념과 혼용되는 것을 원하지 않았기 때문이에요. 또 진화론이 처음 세상에 알려졌을 때 많은 사람들은 다윈의 주장을 온전히 믿지 않았어요. 당시에 생물이 진화한다는 생각은 아무도 해 본 적이 없었기 때문이지요. 하지만 시간이 흐르며 사람들은 진화론을 인정하게 되고, 이는 자연과 언어 등 인류 문명에 커다란 발전을 가져왔어요. 다윈의 진화론을 영어에 적용해 보면, 영어 또한 하나의 언어로서 환경이 변하고 시간이 흐름에 따라 진화해 나간다는 걸 알 수 있답니다.

영국의 탐사선, 비글호(Beagle)

다윈은 1831년, 갈라파고스 제도를 탐사하기 위해 비글호에 올라탔어요. 1820년에 군함으로 만들어진 비글호는 이후 탐사선으로 개조되어 영국의 신대륙 탐험 및 동식물 탐사의 목적으로 이용되었어요. 1826~1830년에 걸친 첫 항해를 시작으로 모두 세 차례의 대양 탐사에 동원되었지요. 다윈은 비글호의 두 번째 항해에 동승했어요. 당시 청년 과학자였던 다윈은 항해 도중 지질학, 생물학적 발견을 했으며, 생물 진화의 열쇠가 된 중요한 증거를 확보했어요. 모든 생명체는 신의 창조물로서 불변하는 존재가 아니라 같은 종이더라도 서식 지역과 환경, 시간에 따라 서로 다른 형태로 변해 왔다는 사실을 갈라파고스 제도의 거북 등을 통해 확인했어요. 이후 비글호는 한 차례 더 대양을 항해한 후 1870년에 해체됐어요.

©위키미디어

▲ 비글호

6교시 말하기 • Speaking

step 1. 대화 보기

만화에서 나오는 대사, '캔 아이 헬프 유(Can I help you)?'는 어떨 때 쓰는 말일까?

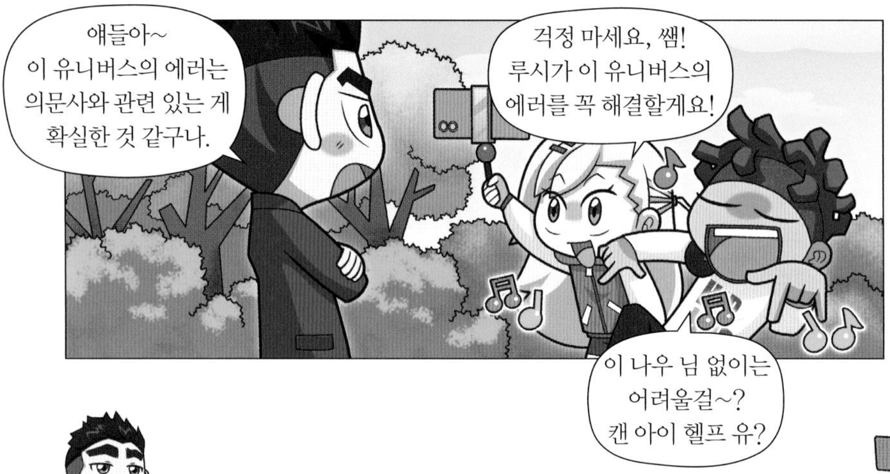

얘들아~ 이 유니버스의 에러는 의문사와 관련 있는 게 확실한 것 같구나.
걱정 마세요, 쌤! 루시가 이 유니버스의 에러를 꼭 해결할게요!
이 나우 님 없이는 어려울걸~? 캔 아이 헬프 유?

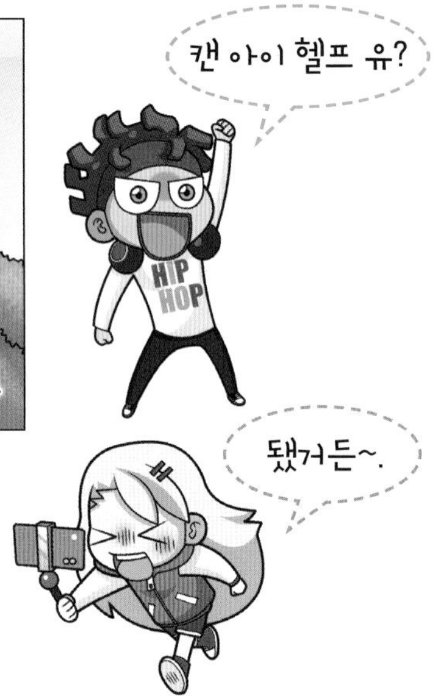

캔 아이 헬프 유?
HIP HOP
됐거든~.

step 2. 대화 더하기

'캔 아이 헬프 유(Can I help you)?'는 '도와 드릴까요?'라는 뜻이야.
도움이 필요한 사람에게 건네는 인사말 같은 표현이지. 그렇다면 이와 비슷한 의미로 쓰이는 영어 표현들은 뭐가 있을까? 친구들이 하는 말을 듣고 따라 해 보렴.

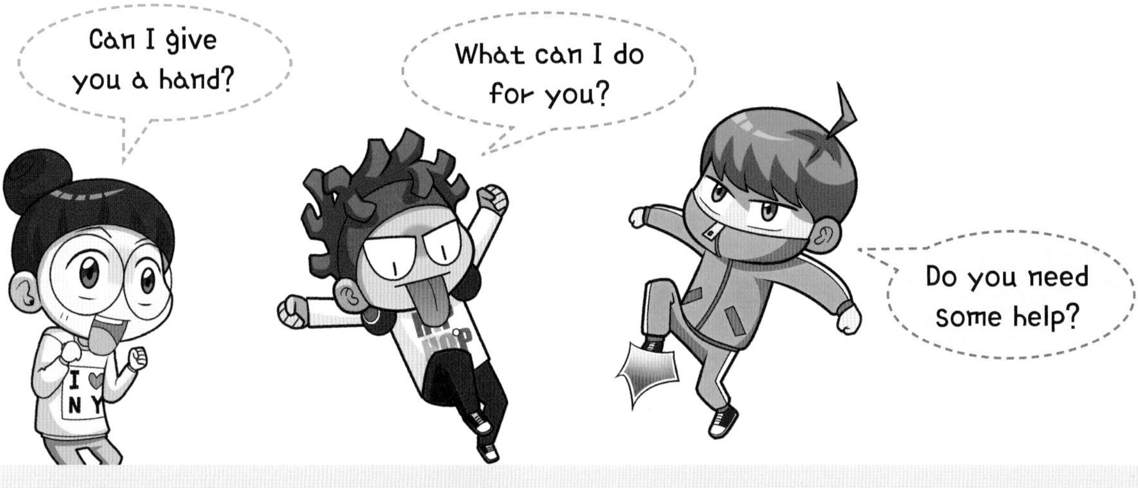

Can I give you a hand?
What can I do for you?
Do you need some help?

한눈에 보는 이번 수업 핵심 정리

여기까지 열심히 공부한 여러분 모두 굿 잡! 어떤 걸 배웠는지 떠올려 볼까?

1. 의문사의 종류에 대해 배웠어.

who는 '누구', when은 '언제', where은 '어디에',
what은 '무엇', how는 '어떻게', why는 '왜',
which는 '어느'라는 뜻의 의문사야.

2. Be 동사를 활용한 의문사 의문문에 대해 배웠어.

의문사	Be 동사	주어	나머지?

3. 일반 동사를 활용한 의문사 의문문에 대해 배웠어.

의문사	do/does	주어	일반 동사	나머지?

4. 조동사를 활용한 의문사 의문문에 대해 배웠어.

의문사	조동사	주어	동사	나머지?

어때, 쉽지? 다음 시간에 또 보자!

7교시 쪽지 시험 • Quiz

수업 시간에 잘 들었는지 쪽지 시험을 한번 볼까?

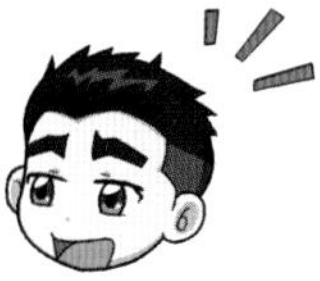

1. 다음 중 동물을 가리키는 단어가 아닌 것은 무엇일까요?

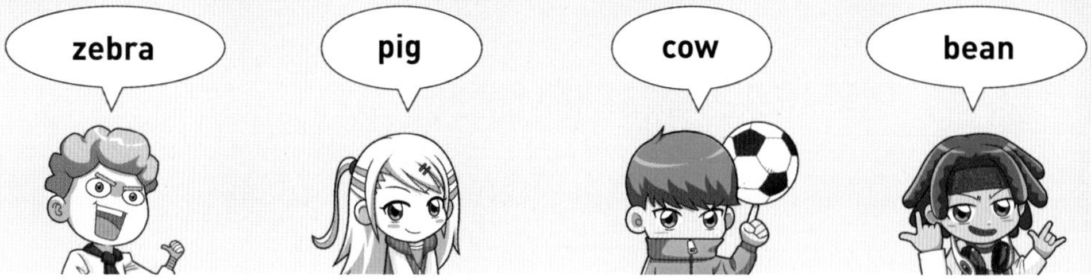
zebra
pig
cow
bean

2. 예스잉글리시단이 갈라파고스 제도에서 보지 못한 것은 무엇일까요?

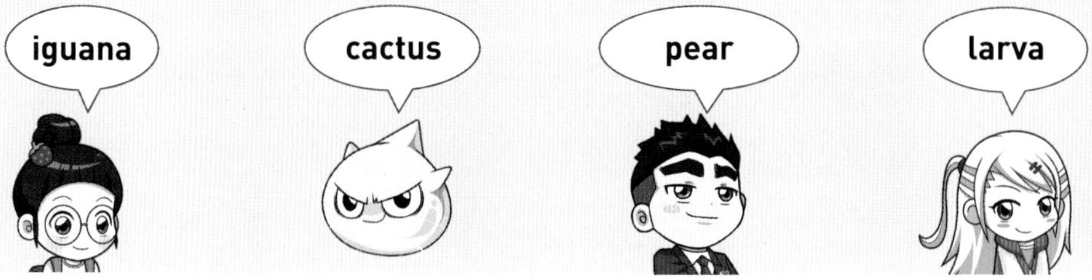
iguana
cactus
pear
larva

3. 다음 중 다리가 가장 많은 생물은 무엇일까요?

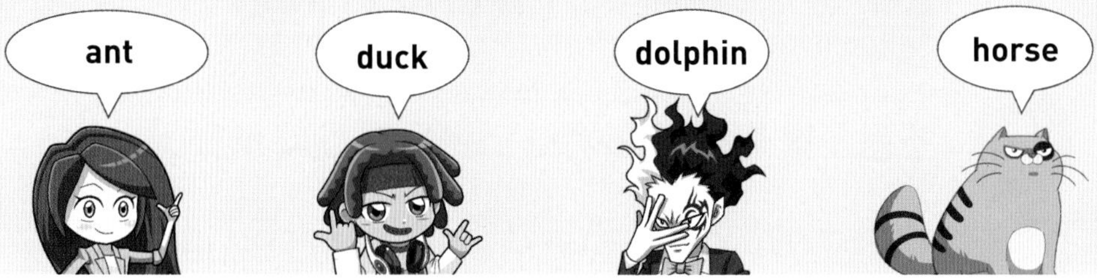
ant
duck
dolphin
horse

4. 다음 중 틀린 말은 어느 것일까요?

① 의문사 who는 '누가', '누구', '누구를'로 해석하면 된다.
② 의문사가 있는 의문문에서는 의문사가 문장 맨 앞에 온다.
③ 의문사는 문장에서 생략할 수 있다.
④ 의문사 which는 정해진 범위 안에서 선택 사항을 물을 때 쓸 수 있다.

5. 다음 중 올바른 문장은 무엇일까요?

① **Who that girl is?**
② **When is your birthday?**
③ **Where he does live?**
④ **Why should he came back?**

6. 다음 중 틀린 문장은 무엇일까요?

① **How was the food?**
② **What did you have for lunch?**
③ **How can you play the guitar?**
④ **Which you do play, soccer or basketball?**

7. 문장의 빈칸을 완성해 보세요.

① 너는 누구를 좋아하니? **(　　　) do you like?**
② 우리는 어디로 가야 하는 거니? **(　　　) should we go?**
③ 너는 케이크를 어떻게 만드니? **(　　　) do you make a cake?**
④ 너는 무슨 책을 고를 거니? **(　　　) book will you choose?**

8. 다음 문장을 완성해 보세요.

(　　)(　　)(　　)?
These are cactuses.
와
HIP HOP

＊정답은 162~163쪽에 있습니다.

수업 끝!

정답 • Answer

P 143

• 나비	butterfly	• 포도	grape
• 벌	bee	• 배	pear
• 돌고래	dolphin	• 딸기	strawberry
• 말	horse	• 당근	carrot
• 곰	bear	• 감자	potato

P 150~151

bee
dolphin
horse
duck

strawberry
pig
grape
pear
onion
tree
bean

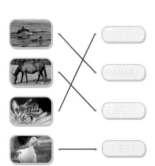

P 154

❶ Where are you from

❷ When does the concert begin

❸ Which pen do you need, red one or blue one

❹ What is this

❺ Where can I have lunch

❻ How can you play the guitar

❼ Why did Lucy call me

❽ Who are you calling

P 155

❶ <u>Who is your best friend</u> ☑

❷ <u>Where should we go</u> ☑

❸ <u>When must she leave</u> ☑

❹ <u>How do you make a cake</u> ☑

❺ <u>What color is your favorite</u> ☑

❻ <u>Which color is your favorite, black or white</u> ☑

❼ <u>Which will you drink, milk or juice</u> ☑

❽ <u>Where is her school</u> ☑

P 160

1.
bean

2.
pear

3.
ant

4. ③

P 161

5. ②　　6. ④　　7. ①﹝ Who ﹞　　8. ﹝ What ﹞﹝ are ﹞﹝ these ﹞
　　　　　　　　　　②﹝ Where ﹞
　　　　　　　　　　③﹝ How ﹞
　　　　　　　　　　④﹝ What ﹞

다음 권 미리 보기

지령서

노잉글리시단의 중간 보스 트릭커!
또다시 실패한다면 너도 스마일의 뒤를
따르게 될 것이다.
다음 목적지는 337 유니버스이다! 당장 떠나라!

목적지: 337 유니버스
위치: 지구와 조금 가까운 곳
특징: 소년 보안관 웨스티가
        마을의 무법자들과 싸우고 있다.

보스가 주는 지령

337 유니버스는 미국 서부 개척 시대의
마지막 카우보이 마을이 있는 곳이다.
보안관이 자리를 비운 틈을 타 얼마 남지 않은 마을 사람들을
쫓아내고 카우보이 마을이 역사 속으로 영영 사라지게 만들어라!
마지막 카우보이 마을이 사라지면 관련 영어가 사라지는 것은 물론,
미국의 정체성마저 흔들리겠지! 자, 가서 노잉글리시단이
얼마나 무서운 힘을 가졌는지 똑똑히 보여 주고 와라!

추신: 예스잉글리시단이 함부로 나설 수 없도록
      그들 중 한 명을 빌런으로 만들어라!

노잉글리시단
Mr. 보스

루시와 후의 다툼.jpg

답답해. 언제까지 눈으로만 말할 거야? 아까는 영어로 또박또박 말했어야지!

헉! 루시…

왹

예스 꼬맹이들, 각오해라냥!

이번엔 결코 쉽지 않을 것이다!

새 유니버스로 출동.jpg

빨리 337 유니버스로 출동해요, 시원 쌤!

슬라고! 출동!

척

만화로 읽는 초등 인문학
그리스 로마 신화

글 박시연 | 그림 최우빈 | 정보 글·감수 김헌
1-23권 12,000원 | 24-28권 14,000원

신화는 계속 됩니다!

그리스 로마 신화 속 인물들도
나와 같은 고민을 했다고?

서양 고전 전문가 김헌 교수님이 들려주는
고민 해결 인문학 동화!

기획 김헌 | 글 서지원 | 그림 최우빈 | 값 13,000원

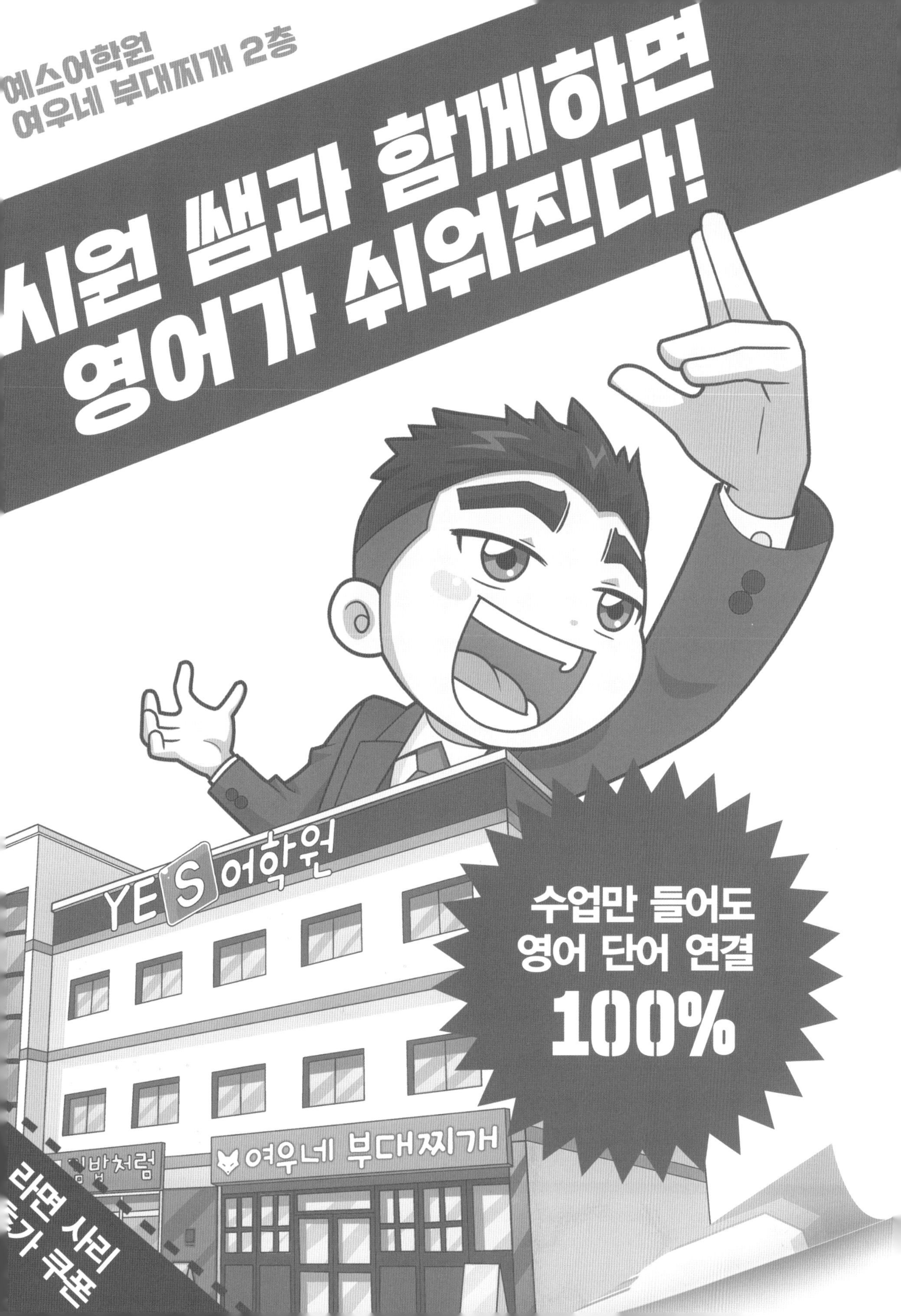
예스어학원
여우네 부대찌개 2층
시원 쌤과 함께하면
영어가 쉬워진다!
YES 어학원
수업만 들어도
영어 단어 연결
100%
여우네 부대찌개
라면 사리

예스잉글리시
신입 단원 모집

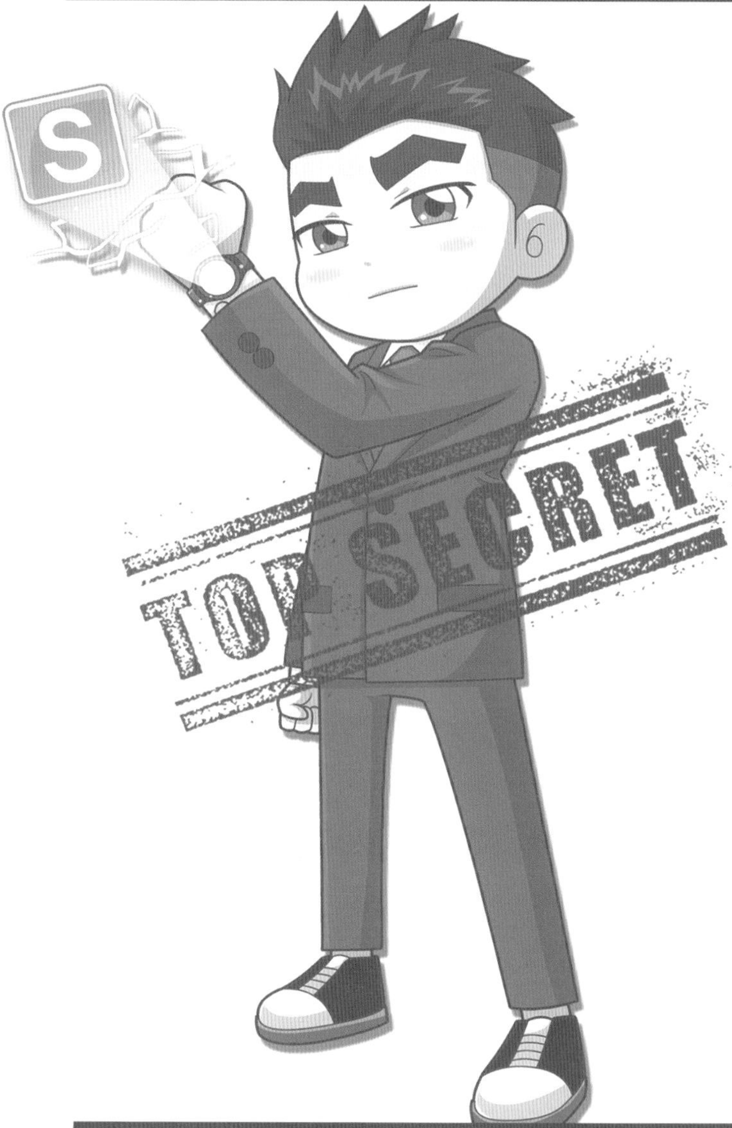
S
TOP SECRET

코드 네임 : 에스원 요원과
영어 유니버스를 구하라!